하나님의
반전을 **기대하라**

하나님의 반전을 기대하라

발행 2015년 8월 29일

지은이 정기영
발행인 윤상문
디자인 여수정
발행처 킹덤북스
등록 제2009-29호(2009년 10월 19일)
주소 경기도 용인시 기흥구 동백동 622-2
문의 전화 031-275-0196 팩스 031-275-0296

ISBN 978-89-94157-08-5 (03230)

Copyright ⓒ 2015 정기영
이 책은 저작권법에 따라 보호받는 저작물이므로 무단전재와 복제를 금지하며,
이 책의 내용의 전부 또는 일부를 이용하려면 반드시 저작권자와 킹덤북스의 서면 동의를 받아야 합니다.

※ 잘못된 책은 구입하신 곳에서 교환하여 드립니다.
※ 책 가격은 표지 뒷면에 있습니다.

 킹덤북스(Kingdom Books)는 문서사역을 통해 하나님의 나라를 확장하고, 한국 교회와 세계 교회를 섬기고자 설립된 출판사입니다.

하나님의 반전을 기대하라
Expect a reversal of God

정기영 지음

킹덤북스
Kingdom Books

저자 서문

　한국 사회는 아파하고 있습니다. 중학교 시절, 일본은 자살을 많이 하는 나라인데 그 원인이 정신적인 문제라는 이야기를 들었던 기억이 있습니다. 그 때는 그것이 남의 이야기처럼 들렸습니다. 아무런 느낌도 없었습니다. 그런데 지금은 한국이 자살 1위라는 이야기를 듣고 있습니다. 한 해 무려 1만 5천여 명의 사람이 자살한다는 것입니다. 이유가 무엇일까요? 전문가들은 '희망'을 찾지 못했기 때문이라고 말합니다. 그렇습니다. 이 시대는 희망이 필요한 시대입니다.

　오늘날 한국 교회는 희망을 노래해야 합니다. 복음은 희망이기 때문입니다. 마귀의 유혹으로 아담과 하와는 하나님의 말씀을 어기고 선악과를 따 먹었습니다. 그리고 그들은 타락했으며 죽는 존재가 되었습니다. 그러나 하나님은 여인의 후손을 통해서 생명을 주시겠다고 약속해 주셨습니다. 그것은 곧 희망이었습니다. 그 희망은 바로 예수 그리스도이십니다. 우리의 모든 절망과 죽음과 죄와 질병과 가난과 고통과 눈물은 예수 그리스도 안에서 희망이 되고, 생명이 되고, 용서와 회복과 기쁨이 됩니다. 예수님만이 참된 진리이시며, 유일한 구원의 길이 되십니다. 어떤 죄인도 예수님을 만나면 회심이 일어나고 죄 사함을 받고 다시 시작할 수 있는 힘을 얻었습니다. 12년간 혈루증을 앓던 여인이 예수님의 옷에 손만 대어도 나을 수 있다는 믿음으로 예수님의 옷에 손을 대자 질병의 근원이 치유되었습니다. 예수님은 모든 이들의 희망이셨습니다. 그래서 교회는 오직 예수님만을 선포해야 합니다.

그리고 모든 그리스도인들은 내 인생을 변화시켜 주시고, 모든 위기를 기회로 바꾸시는 하나님의 반전을 기대해야 합니다. 왜냐하면 성경은 하나님의 극적인 반전(dramatic reversal)을 기록한 말씀이기 때문입니다. 마귀의 유혹으로 타락한 인류를 하나님은 예수님의 십자가의 죽으심으로 다시 회복시키셨습니다. 예수님의 십자가의 죽음으로 모든 것이 끝났다고 생각했지만 하나님은 예수님을 삼일 만에 죽음에서 일으키셨습니다. 모두가 끝이라고 말할 때 하나님은 새로운 시작을 행하셨습니다. 모두가 절망이라고 말할 때 하나님은 희망을 만들어 내셨습니다.

구약 성경을 보십시오. 거대한 거인 골리앗 앞에 이스라엘 병사들이 떨고 있을 때 어린 소년 다윗이 감히 그 거인을 쓰러뜨릴지 누가 알았겠습니까? 더 놀라운 것은 칼과 창으로 싸운 것이 아니라 물맷돌로 그 거인을 이겼다는 것입니다. 어디 그뿐입니까? 추격해오는 이집트 군대 앞에서 홍해가 갈라진 사건, 교회를 핍박하던 사울이 다메섹 도상에서 예수님을 만난 후 전도자가 되어 교회를 세우고 성경을 기록한 사도 바울이 된 사건, 갈릴리 촌구석의 젊은이들이 세상을 변화시킨 예수님의 제자들로 쓰임 받은 사건 등등 성경에는 하나님의 반전으로 가득 차 있습니다. 하나님은 지금도 살아 역사하시며 주권자로서 온 세상을 통치하고 계십니다. 이 하나님을 바로 알고 믿는다면 우리는 어떤 상황에서도 희망을 노래할 수 있게 될 것입니다. 그리고 우리의 믿음대로 역사하시는 하나님을 경험하게 되리라 확신합니다.

본서는 신갈중앙교회 주일 오전 예배 시간에 설교한 내용입니다. 설교를 할 때마다 성도들이 현실에 지배당하지 않고 하나님의 말씀에 포로되어 하나님의 뜻대로 사는 위대한 용사들이 일어나기를 기도했습니다. 그리고 말씀을 듣고 어떤 고난과 아픔 속에서도 사도 바울과 같이 견고한 믿음으로 승리하며, 하나님의 반전을 경험하기를 소망했습니다. 같은 마음으로 본서를 내 놓습니다. 본서를 읽는 모든 분들이 낮은 자를 높이시고 가난한 자를 부요하게 하시며 절망을 희망으로 바꾸어 주시는 하나님의 반전을 경험하기를 간절히 기도합니다. 그래서 모든 아픔과 고난과 상처를 이겨내고 결국 나에게 기쁨과 승리와 기적을 주시는 하나님을 경험하시기를 간절히 기도합니다.

끝으로, 부족한 사람의 설교를 책으로 내 주신 킹덤북스(Kigndom Books) 대표이신 윤상문 목사님께 깊이 감사드립니다. 또한 늘 옆에서 기도로 함께 해준 사랑하는 아내 이경화 사모와 사랑하는 두 딸, 하랑이와 예랑이, 그리고 막내 아들 여랑이에게 이 지면을 통해서 사랑한다, 고맙다라고 고백하고 싶습니다. 그리고 기도로 함께 해주신 신갈중앙교회 교우들 모두에게 감사드리며 모든 영광을 하나님께 올려 드립니다.

2015년 8월
저자 정기영 목사

차 례

저자 서문 5

01장 가장 소중한 금 "지금" 11
02장 거북이 같은 기도 응답의 이유 22
03장 광야를 지날 때 34
04장 광야에서 일하시는 하나님 45
05장 그래도 하나님은 기억해 주신다 58
06장 그러면 어떻게 살아야 하는가? 70
07장 기도해도 문제가 더 악화될 때 81
08장 눈물을 기쁨으로 바꾸어주신다 92
09장 모두가 끝이라고 할 때 하나님은 시작하신다 103
10장 메마른 시대 속에 생명수를 누리는 삶 116
11장 바라봄의 원리 128
12장 빈들에 임하는 하나님의 은혜 141
13장 새로운 기회를 주시는 하나님 154

14장 설교가 들리지 않을 때   166

15장 승리가 예약된 사람들   178

16장 실패했다고 느꼈을 때   188

17장 우리와 함께 하시는 하나님   199

18장 이해할 수 없는 고난을 당할 때   212

19장 절망을 축복으로 바꾼 여인   224

20장 축복의 전주곡   237

21장 폭풍 속에서 일하시는 하나님   249

22장 셀라하마느곳, 하나님은 우리의 피난처가 되신다   262

23장 하나님의 기준은 우리와 다르다   275

24장 인간의 한계 속에 임하는 주님의 은혜   287

25장 흠있는 자를 부르시고 사용하시고 높이시는 하나님   298

01장

가장 소중한 금 "지금"

눅 13:22-30

저와 친분이 있는 동기 목사님이 경기도 일산에 있는 한 교회에 담임목사 청빙을 받았습니다. 이 교회는 15년 전에 동기 목사님이 교육전도사로 섬겼던 교회였습니다. 그 교회가 이 목사님을 담임목사로 청빙한 이유는 그 당시에 충성을 다한 모습을 성도들이 생생하게 기억하고 있었기 때문입니다. 그래서 15년 후에 담임목사로 청빙하게 된 것입니다.

어떤 분은 "내가 목사가 되면 그 때 충성하리라", "내가 큰 교회 담임목사가 되면 그 때 열심히 해야지."라고 생각하는 분이 있습니다. 그러나 이것은 틀린 생각입니다. 지금 최선을 다해야 하는 것입니다. 내일이라는 것은 '지금'을 지나야 있는 것이지 지금이 없이 내일은 없는 것입니다. 그래서 가장 중요한 금은 바로 지금인 것입니다.

여러분, 미래의 일을 아는 사람이 누가 있습니까? 미래의 기회는 시간이 흐른다고 자연히 찾아오는 것이 아닙니다. 미래의 기회를 잡으려면 오늘 최선을 다해야 합니다. 지금 잘해야 하고, 지금 결단해야 하고, 지금 충성해야 하는 것입니다.

예수님께서 예루살렘으로 들어가셨습니다. 그러자 어떤 사람이 예수님께 놀라운 질문을 했습니다. "주여 구원받는 자가 적으니까?"(눅 13:23) 이것이 무슨 뜻입니까? 이 질문은 유대인들의 우월주의 사상이 들어 있는 질문입니다. 즉 '우리 유대인들만 구원받는 것 아닙니까?' 이렇게 묻는 것입니다.

그러면 예수님이 뭐라고 답변하셔야 합니까? "그래 구원받는 사람이 10억 명은 된다."라고 하시든지 혹은 "아니다. 구원받은 사람은 5천만 명만 구원받는다." 이렇게 말씀하셔야 되지 않습니까? 그런데 예수님의 답변이 무엇입니까? "좁은 문으로 들어가기를 힘쓰라."(눅 13:24)는 것입니다. 동문서답 같지요? 몇 명이나 구원받을 수 있느냐고 질문했더니, 좁은 문으로 가라고 하십니다. 무슨 뜻이에요? "미래에 누가 구원받느냐, 얼마나 구원받느냐가 중요한 것이 아니라, 지금 너희가 좁은 문으로 곧 진리의 길로, 믿음의 길로 가고 있느냐가 중요하다"는 것입니다.

부교역자로 계신 어떤 목사님이 이렇게 말하는 것을 들은 적이 있습니다. 자신은 담임목사가 되면 정말 잘할 수 있을 것 같다는 것입니다. 이 말이 과연 맞습니까? 아닙니다. 나중에 담임목사가 되는 것이 중요한 것이 아니라, 지금 잘하느냐가 중요한 것입니다. 지금 잘하지 못하는 사람이 어떻게 미래를 말할 수 있습니까? "내가 장로가 되면 잘할 것이다." 지금 충성하지 못하는 사람은 장로가 되어도 더 충성하지 못하는 것입니다. 지금 장로가 아니지만 장로보다 더 교회를 사랑하고, 장로보다 충성하고 헌신하고 섬기는 사람이 미래에 장로가 되어서 더 잘하는 것입니다. 우리는 늘 지금을 쉽게 생각하고, 지금을 중요하게 생각하지 아니하고 늘 미래만 바라보는 경향이 있습니다. 그러나 주님은 뭐라고 하시죠? '누가 구원을 받을 것인가?'가 중요한 것이 아니라, 지금 좁은 문으로 들어가고 있느냐가 중요하다는 것입니다. 지금 충성하는 사람, 지금을 소중히 여기고 지금 헌신하는 사람, 지금 믿음의 길로 가고 있는 사람을 기뻐하시고 축복하신다는 것입니다.

그러면 주님은 지금 우리의 무엇을 보실까요?

1. 출신이 아니라 지금의 나

오늘 어떤 사람이 예수님에게 충격적인 질문을 하나 던졌습니다. 그것이 무엇입니까? '미래에 구원받는 사람의 숫자가 얼마나 되느냐'는 것입니다. 이 질문의 의도가 무엇입니까? 구원은 오직 유대인들만 받느냐는 것입니다. 당시 유대인들은 구원은 오직 유대인들에게만 있다고 생각했기 때문입니다.

그런데 오늘 예수님이 뭐라고 하십니까? 출신이 중요한 것이 아니라, 지금 좁은 길로 가고 있는 사람, 지금 예수님 믿고 충성을 다하고 있느냐가 중요하다는 것입니다.

지금 총신대학교 신학대학원을 들어가면 1학년 동안 전체 학생들이 기숙사 생활을 합니다. 제가 기숙사에 들어갔는데, 아주 공교롭게도 강남 사랑의 교회 출신 분들과 함께 생활을 하게 되었습니다. 그분들은 또 대부분 유명한 명문대 출신들이었습니다. 제가 거기에 껴서 생활을 하는데, 그분들은 얼마나 프라이드가 대단한지 모릅니다. 자신들은 하나님의 특별한 부르심을 받고 왔다고 믿고 있었습니다. 그들에 비해서 제 자신은 정말 초라했습니다. 저는 그렇게 유명한 강남의 대형 교회 출신이 아니었습니다. 유명한 명문대학 출신도 아닙니다. 그냥 아주 평범한 그런 신학생이었습니다. 지금도 그 때를 생각하면 제 자신이 얼마나 초라했는지 모릅니다. 그 때 제가 할 수 있는 것은 열심히 공부하고, 열심히 목회를 배우고, 또 "지금 최선을 다하자"는 것뿐이었습니다. 그래서 사역 하는 교회에서 열심히 전도하고, 가르치고, 맡은 부서의 부흥을 위해 최선을 다했습니다. 한 영혼이 교회에 나오지 않으면 초초했습니다. 그래서 그 영혼이 꼭 교회에 나오도록 하기 위해서 심방도 하고 학교도 찾아 가고 또 길에서 기다렸다가 그 아이를 붙잡고 함께 햄버거를 먹으며 대화를 했습니다. 한 영혼도 놓치기 싫었습니다. 그 순간이 전부인 것처럼 최선을 다했습니다. 하나님이 이 모습을 매우 기뻐하셨으리라 생각합니다. 하나님 앞에서 명문대 출신이 뭐가 그렇게 중요합니까? 또 세상의 스펙이 뭐 그렇게 능력이 되겠습니까? 그것보다 지금 주님 앞에 마음과 뜻을 다하면 그것이 하나님의 기쁨이 되고, 하나님과 동행하는 복을 누리는 것 아니겠습니까?

어떤 분은 보통 명문 기독교 가정이 되려면 5대째가 되어야 한다고 합니다. 5대째 기독교 가정의 출신이 얼마나 대단합니까? 어떤 분은 그것을 아주 자랑스럽게 생각합니다. 물론 자랑스러운 일입니다. 그러나 지금 충성하지 아니하고, 지금 믿음으로 헌신하지 않으면 그것이 무슨 자랑이겠습니까? 우리는 출신을 자랑하지 말아야 합니다. 우리가 자랑해야 하는 것은 어디 출신이네 하는 것이 아니라, "지금 충성을 다하고 있느냐? 지금 믿음의 길로 가고 있느냐?" 하는 것이 중요합니다. 지금 믿음의 길로 충실히 가고 있다면 누구든지 하나님 앞에서 귀하게 쓰임을 받을 수 있을 것입니다. 지금 헌신하는 것이 중요한 것이지 스펙이 중요한 것이 아닙니다.

5대째 기독교 가정의 출신이 중요한 것이 아닙니다. 대형교회 출신이 중요한 것도 아닙니다. 명문대학교 출신이 중요한 것이 아닙니다. 지금 내가 충성하고 있느냐? 지금 내가 하나님의 기쁨이 되고 있느냐 하는 것이 가장 중요한 것입니다. 하나님은 우리가 명문가의 출신이 아니라고 해도, 지금 충성하면, 지금 좁은 문으로 들어가면, 우리를 귀히 여겨 주시고 높여 주십니다.

그러므로 좋은 출신이 아니라고 낙심할 이유가 없습니다. 우리는 그런 것을 붙잡는 사람이 되어서는 안 됩니다. 우리는 '지금 좁은 문, 곧 진리의 길, 예수님께 충성하는 길'로 가면 되는 것입니다. 출신 때문에 흔들리지 말고, 지금 충성을 다하여 하나님께 인정받는 믿음의 사람이 되기를 바랍니다.

2. 스펙이 아니라 지금의 나

전도를 하다 보면 이런 분들이 있습니다. "저도 한 때는 교회에 다녔었습니다. 저는 청년부 회장 출신입니다. 제 이모부님은 목사님이시고 저도 그 교회에서 성가대까지 한 사람입니다." 저는 그런 말을 들으면 정말 답답합니다. 그래서 뭐 어쩌라는 것입니까? 예전에 교회에 열심히 다니고, 예전에 충성했으니까 이제는 가만히 있어도 된다는 것입니까? 그것이 뭐가 중요합니까? 중요한 것은 지금 뭐하느냐가 중요한 것입니다. 그래서 제가 다시 질문합니다. "그럼 지금은 뭐하세요?"라고 물으면 그냥 씨익 웃습니다.

이런 시가 생각납니다. 김상용 선생님의 '남으로 창을 내겠소'라는 시입니다. "왜 사냐건, 웃지요." 그냥 웃는 것입니다. 할 말이 없다는 거지요. 옛날에 성가대를 하고 옛날에 청년회장을 했다는 것이 중요한 것이 아니라, 지금이 중요한 것입니다.

26절을 보세요. "그 때에 너희가 말하되 우리는 주 앞에서 먹고 마셨으며 주는 또한 우리를 길거리에서 가르치셨나이다 하나." 무슨 말씀이에요? "주님 제가 옛날에는 주님 말씀 듣고 나름대로 열심히 했던 사람이었습니다." 그렇게 말한다는 것입니다. 그런데 예수님은 뭐라고 하십니까? "그가 너희에게 말하여 이르되, 나는 너희가 어디에서 왔는지 알지 못하노라 행악하는 모든 자들아 나를 떠나가라 하리라." 지금 주님을 배신하고, 지금 믿음을 잃어버리고, 지금 진리가 아닌 거짓 것에 끌려가고, 지금 주 앞에 충성하지 않는 자들을 주님은 모른다고 하십니다. 무슨 말이에요? 과거 경력이 중요한 것이 아니라, 지금이 가장 중요하다는 것입니다.

주일학교 예배시간에 문 뒤에서 조용히 아이들의 신발을 신발장에 정리해 주시던 어느 집사님이 계셨습니다. 이분은 은행 지점장이셨는데, 안티 기독교인이셨습니다. 지극히 세상적으로 사셨던 분이셨습니다. 그리고 우리나라 사람들은 어릴 때 교회 한두 번이라고 가보는데, 이분은 교회 가본 적도 없는 분이었습니다. 결혼 후 아내가 예수님을 잘 믿었습니다. 아내가 함께 교회 가자고 하면 차를 타고 아내를 교회에 보내주고, 자신은 교회 주차장에서 라디오 들으며 잠을 자곤 했습니다. 그러던 어느 날, 예배가 끝날 시간이 되었는데 예배가 끝나지 않았습니다. 한 참을 기다리다가 답답해서 아내를 찾으려 예배당에 들어갔는데, 거기서 그만 하나님을 만났습니다. 놀라운 체험을 하고 예수님을 영접한 후, 세례를 받고 신앙생활을 하게 된 것입니다. 그리고 안수집사가 되었습니다. 그런데 이분이 얼마나 예수님을 잘 믿고, 얼마나 충성하고, 얼마나 겸손하게 헌신하는지 교회에서 별명이 '바른생활'이었습니다. 이분이 제일 부러워하는 것이 '중고등학생이나 청년들이 수련회' 가는 것이었습니다. 자신은 교회를 중년이 되어서 다녔기 때문에 그런 추억이 없는 것입니다. 자신은 인생의 60%를 주님 없이 살았습니다. 그래서 그 집사님은 내게 남은 40% 인생이라도 주님께 100% 헌신하자는 마음으로 주님을 섬기고 있습니다. 주일학교 아이들 신발을 다 정리해 주고, 주일 예배가 다 끝나면 혼자 남아서 교회 청소를 다 합니다. 머리가 다 희어져 버린 은행 지점장이 빗자루를 들고 아주 열심히 청소를 합니다.

여러분, 하나님께서 이분을 어떻게 보시겠습니까? 신앙 경륜이 짧다고 무시 하시겠습니까? 아닙니다. 하나님은 지금 충성하고 계신 그분을 높이시고 더 놀랍게 축복하십니다.

그래서 우리 주님께서 뭐라고 하셨습니까? 30절을 보세요. "보라 나중 된 자로서 먼저 될 자도 있고 먼저 된 자로서 나중 될 자도 있느니라 하시니라."

나중에 신앙을 시작하고, 교회에 맨 나중에 오고, 맨 꼴찌로 제자훈련을 받았다고 해도, 지금 충성하고, 지금 좁은 문으로 가고, 지금 예수님께 헌신하는 자가 먼저 된다는 것입니다.

우리 교회는 작은 교회였습니다. 물론 지금도 작습니다. 그러나 비록 작고 나중 된 자일지 모르지만, "지금" 우리가 더 충성하고, 우리가 더 많이 열정적으로 복음을 전하고, 더 많이 하나님께 헌신하면 하나님께서 우리를 먼저 된 자로 세워 주실 줄로 믿습니다.

옛날에 신앙생활 잘하셨습니까? 잘하셨습니다. 지금은 더 잘 해야 한다는 마음으로 항상 사셔야 합니다. 옛날에 신앙생활 잘못하셨습니까? 괜찮습니다. 지금 잘하시면 됩니다.

장로가 된 다음에, 집사가 된 다음에, 내 사업이 번창한 후에, 내 인생의 문제가 해결 된 다음에 신앙생활 잘해보겠다고 하는 분들이 있습니다. 아닙니다. 지금 충성하셔야 합니다. 그러면 하나님의 기쁨이 되는 직분자가 되고, 인생의 문제가 오히려 기회가 되는 축복을 받을 것입니다. 과거의 경력이 아니라 지금 충성하심으로 우리 주님의 기쁨이 되기를 주님의 이름으로 축원합니다.

3. 과거가 아니라 지금의 나

오늘 예수님은 '나중 된 자가 먼저 된다'고 하셨습니다. 대표적인 사람이 누구일까요? 사도 바울입니다.

사도 바울은 젊었을 때, 사울이라는 이름으로 교회를 핍박하고 예수 믿는 사람을 잡아 죽이는 악한 사람이었습니다. 그러나 그가 부활하신 예수님을 만나는 기적을 체험하고 예수님을 영접한 후 완전히 변했습니다. 그리고 사도가 되어 주님을 위해서 복음을 전하는 목회자가 되었습니다.

사람들은 사도 바울을 무시했습니다. 왜냐하면 젊어서 교회를 핍박한 사람이 이제 예수 믿고 목회자가 되었다고 해서 얼마나 잘하겠느냐는 것입니다. 과거가 좋지 않다는 것입니다. 그리고 사도 바울 본인도 늘 자신을 행해서 '나는 맨 나중된 사람이다.'라고 표현했습니다. 고린도전서 15:8절에서 그는 자신을 "맨 나중에 만삭되지 못하여 난 자"라고 고백했습니다. 무슨 뜻이에요? 너무나도 부끄럽고 부족한 사람이라는 것입니다.

그래서 사도 바울은 지난날의 자신의 죄가 너무 크기 때문에 누구보다 더 열정적으로 복음을 전했습니다. 더 헌신했습니다. 더 주님께 충성했습니다. 그러자 하나님이 그를 어떻게 축복하셨습니까? 모든 사도들보다 가장 크게 그를 사용하신 것입니다. 특별히 사도 바울이 기록한 13권의 편지가, 성경 66권에 들어가는 축복을 받지 않았습니까? 어디 그 뿐입니까? 소아시아, 그리스와 유럽에 복음을 전하고 교회를 세운 최초의 선교사로 쓰임 받게 되었습니다.

하나님은 과거의 허물을 묻지 아니하십니다. 하나님은 지금을 보기 원하시는 것입니다. 과거의 허물이 있고, 과거에 부끄러운 것이 있을지라도, 그것을 철저히 회개하고 돌이켜 지금 주 앞에 믿음으로 온전히 사는 사람을 높이시고 축복하여 주시는 것입니다.

그러므로 '지금'이 중요한 것입니다. 황금보다 중요한 것이 지금이고, 순금보다 더 순수한 것이 바로 지금인 것입니다.

안찬호 선교사님이 쓴 『들어쓰심』이라는 책을 보시면, 그는 가난한 가정에서 태어났습니다. 그래서 고등학교를 중퇴하고 탄광에서 일을 하게 되었습니다. 그러던 어느 날 탄광에서 일을 하는데 갱도가 무너졌습니다. 갑자기 죽음의 공포가 엄습해 왔습니다. 그런데 그 순간 놀라운 일이 무너진 갱도 안에서 일어났습니다. 안찬호 선교사님 옆에 있는 한 광부아저씨가 손을 꼭 붙잡고 전도를 했다고 합니다.

'얘야, 너 예수를 믿니?' 그러면서 이렇게 복음을 전하더라는 것입니다.

"내 경험상 우리는 여기서 살아나지 못할지도 몰라. 천국과 지옥이 있다면 넌 죽어서 어디로 갈 거라고 생각해? 지금도 늦지 않았어. 십자가에 달리신 예수님을 믿으면 천국에 갈 수 있단다. 어떻게 하겠니?"

여러분, 전도도 지금 해야지 나중은 없는 것입니다. 그 때 안찬호 학생이 가만히 생각해보니까 밑져야 본전인 것 같았습니다. 여기서 죽어가지고 지옥에 가면 얼마나 손해가 막심할까? 생각했습니다. 그리고 무엇보다 죽음의 두려움이 컸습니다. 그래서 그 자리에서 예수를 믿겠다고 무릎을 꿇고 기도를 했습니다. 그런데 그 때 마음속에 어떤 감동이 밀려오는 것입니다. 울면서 기도하다가 기절하고 말았습니다. 깨어보니까 병실이었습니다. 그리고 자신에게 복음을 전한 그 아저씨는 사망했다는 것입니다. 마지막 순간에 복음을 전한 그 아저씨를 생각하니 어떻게 할 수가 없었습니다. 참으로 감사했습니다. 그리고 한편으로 빚진 자의 마음이 이분을 압도했습니다. 그래서 그는 신학교에 들어가 목회자가 됩니다. 그리고 아프리카 케냐의 선교사가 됩니다. 마사이족의 거주지에 가서 교회를 24개를 세웠고 44개 유치원과 초등학교 그 다음 3개의 중학교 1개의 신학대학을 세웠습니다. 그가 이렇게 고백합니다.

"주님은 너무나도 무능하고 우둔한 저 같은 사람에게 구원을 주시고 사명을 주셨습니다. 저는 예수 그리스도의 십자가 외에는 아무 것도 자랑할 것이 없습니다."

여러분 무너진 갱도 안에서 복음을 전한 그 무명의 전도자를 생각해 보십시오. 또 과거의 실패자로 살았지만 선교사가 되어 케냐에 복음을 전하고 있는 안찬호 선교사님을 생각해 보세요. 과거의 내가 중요한 것이 아닙니다. 하나님은 지금 나를 보기 원하시는 것입니다. 어떤 죄인이라도 예수님께서 십자가의 죽으심으로 내 죄가 다 용서 받았다는 것을 믿고, 지금 주 앞에 충성하고 교회를 섬기고, 최선을 다하는 자를 하나님은 기뻐하시고, 그를 회복하여 주시고 축복하여 주실 것입니다. 지금 좁은 문으로, 진리의 문으로, 믿음의 문으로, 충성의 문으로 가는 것이 중요한 것입니다.

하나님 앞에서는 출신이 중요하지 않습니다. 신앙경력이 중요하지 않습니다. 과거의 나의 모습이 중요한 것이 아니라, 지금이 중요합니다. 나는 비록 부족하고 연약할지라도 주 앞에 지금 충성을 다하고, 주님을 기뻐하며, 하나님을 사랑하고 믿음으로 헌신하는 자를 주께서는 귀하게 여겨 주십니다. 남들의 뭐라고 하든지, 세상이 뭐라고 하든지 지금 주 앞에 최선을 다하고 있습니까? 하나님이 반드시 높여 주실 것입니다. 이러한 믿음을 가지고 세상을 이기고, 지금을 빛나는 황금으로 만들어 가시는 여러분 되시기를 주님의 이름으로 축원합니다. 아멘!

02장
거북이 같은 기도 응답의 이유
눅 8:49-56

『마시멜로 이야기』라는 책에는 감성지수(EQ)에 관한 이야기가 나옵니다. 네 살짜리 어린이들을 대상으로 마시멜로라는 과자를 가지고 실험을 했는데, 우선 3시간 가량 아무것도 먹지 않은 어린 아이에게 각자 마시멜로를 하나씩 나누어준 뒤에 그것을 지금 먹을 수도 있고, 30분 후에 먹을 수도 있는데 만약 먹지 않고 30분을 더 기다리면 그 대가로 마시멜로를 하나씩 더 준다고 이야기합니다. 실험 결과는 30퍼센트의 어린 아이들은 마시멜로를 하나 더 먹기 위해서 15분을 참고 기다렸는데 대부분의 아이들은 3분을 견디지 못했습니다. 이 실험이 끝난 뒤에 미국 스텐포드 대학의 월터 미셸 박사는 후속 연구를 위해 10여 년이 지난 후 실험에 참가한 어린 아이들의 삶을 추적하여 유혹을 이겨낸 아이와 이겨내지 못한 아이들이 어떤 차이가 있는지 알아보았습니다. 그런데 자신의 욕구를 참고 마시멜로를 하나 더 먹기 위해 기다렸던 어린 아이들이 그렇지 못한 어린이들보다 감정이

나 가치관을 볼 때 성공한 확률이 2배나 높았고 특히 학교의 성적이 좋고 우등생이었다고 합니다. 오래 참고 인내하는 것이 성공적인 인생을 사는데 중요한 역할을 한다는 것입니다.

신앙생활도 마찬가지입니다. 인내하는 신앙, 바위같이 우직한 신앙, 흔들림 없는 신앙이 결국 하나님의 은혜와 능력을 맛보는 것입니다.

오늘 본문에 보면 죽어가는 딸을 둔 아버지의 이야기가 등장합니다. 그런데 이 본문은 8:22부터 연결되는 내용입니다. 예수님께서 제자들과 함께 배를 타시고 호수 건너편에 가십니다. 그 때 풍랑이 일었습니다. 배가 파선하여 죽게 되었는데 예수님이 풍랑을 꾸짖으시니 풍랑이 잔잔하게 됩니다. 그리고 배가 도착한 곳이 갈릴리 맞은 편 거라사인의 땅입니다. 여기에 군대 귀신 들린 사람이 있었습니다. 그는 무덤가에 살던 사람입니다. 예수님이 귀신을 쫓아내시고 그 사람을 치유해주십니다. 그리고 다시 배를 타시고 갈릴리 지역으로 돌아오시는 장면이 오늘 본문의 내용입니다.

예수님이 돌아오시자 군중들이 예수님을 기다렸다고 환영합니다. 그런데 이 군중 사이에 죽어가는 딸을 둔 회당장이 있었습니다. 회당장이란 유대인들의 예배당인 회당을 관리하고, 예배를 감독하는 사람입니다. 그런데 이 회당장의 딸이 알 수 없는 질병에 걸렸습니다. 어느 날 갑자가 복통을 호소하더니 드러누웠고 이어 고열이 나더니 결국 혼수상태에 빠지게 된 것 같습니다. 아무튼 딸은 죽어가고 있었고 치유의 방법이 없었습니다. 그는 결국 예수님을 찾아 갔습니다. 그런데 예수님께서 갈릴리 바다 건너편 거라사인 땅에 계시다는 것입니다. 그래서 밤새도록 갈릴리 바다 항구에서 예수님이 오시기를 기다렸습니다. 그 때 그 기다림이 얼마나 힘들었을까요?

제 동생은 어려서부터 고열이 나면 경기(驚氣)를 했습니다. 입술 주위가 파랗게 변하고 눈은 흰자만 보였습니다. 그리고 몸은 경직되었고 숨은 제대로 쉬지 못했습니다. 그 때마다 어머니는 동생을 업고 맨발로 병원으로 달려 가셨습니다. 지금은 어떤지 모르겠습니다만 예전에는 급한 환자라도 먼저 수속부터 해야 환자를 받아 주었습니다. 숨도 제대로 쉬지 못하는 아이를 옆에 놓고 수속을 하는데, 그 시간이 얼마나 긴지 제 마음 속에서는 천 년처럼 느껴졌던 기억이 있습니다. 기다림은 정말로 고통스러운 것입니다.

회당장의 마음이 그랬을 것입니다. 그는 해변에서 예수님을 기다리고 있었습니다. 그런데 예수님이 오시지 않았습니다. 며칠이 지나고 나서야 예수님이 오신 것입니다. 예수님이 오시자 사람들이 예수님께로 모여 들었습니다. 그 때 회당장은 체면을 다 내려놓고 심장을 빼주어도 아깝지 않은, 그 죽어가는 딸을 위해서 예수님 앞에 무릎을 꿇었습니다. 얼마나 급했으면 그랬을까요? 그는 딸을 고쳐달라고 간절히 구했습니다. 그러자 예수님께서 '그래 가보자' 하시며 회당장과 함께 가게 된 것입니다. 그런데 그 때, 군중들이 몰려 왔습니다. 그래서 예수님이 제대로 앞으로 갈 수가 없었습니다. 한시가 급한 상황입니다. 이 때 회당장의 마음은 얼마나 화가 나고 답답했겠습니까?

그런데 그 순간 아주 결정적인 사건이 일어납니다. 12년간 혈루증을 앓던 여인이 있었습니다. 이 여인이 '예수님의 옷을 만지기만 해도 치유 받을 수 있다'는 믿음으로 군중을 뚫고 예수님의 뒤로 와서 예수님의 옷을 만졌습니다. 그러자 그 순간 치유가 된 것입니다. 그런데 예수님께서 가시던 걸음을 멈추시고 '나를 만진 자가 있다.'고 소리를 치십니다. 베드로가 '지금 주님에게 손을 댄 사람이 한두 명이 아닙니다.' 그러자 '아니다, 나에게서 능력이 나갔다.'고 하십니다. 그러자 숨어 있던 그 혈루병에 걸린 여인이 주님 앞에 나아와 자초지정을 이야기를 합니다.

지금 당장 회당장의 딸에게 달려가도 될까 말까 하는 상황에, 이 여인 때문에 더 시간이 지체된 것입니다. 그리고 주님은 그 여인의 인생 이야기까지 다 들으시고, 그 여인의 사정을 다 듣고 계시는 것입니다. 그렇게 오랜 시간이 흘렀습니다. 이 순간 회당장의 마음은 타들어 가고 있었을 것입니다. 지금 한시가 급한데 말입니다. 그런데 그 때, 회당장의 집에서 사람이 왔습니다. '아이가 죽었다'는 것입니다. 이 소식을 들은 회당장이 얼마나 큰 충격을 받았을까요? 이제 다 끝났다고 생각했을 것입니다.

여러분, 예수님은 하나님이십니다. 예수님은 회장당의 다급한 상황을 다 알고 계셨습니다. 그럼 빨리 회당장의 집으로 가셔야 합니다. 그렇데 예수님은 거북이 같이 움직이고 계십니다. 이럴 때 회당장의 마음이 얼마나 답답했을까요?

많은 사람들이 기도를 하면 당장 응답될 것이라고 생각합니다. 물론 그럴 수도 있지만 그렇지 않을 수도 있다는 것을 알아야 합니다. 그러면 왜 주님께서는 거북이 같이 응답하실까요?

1. 믿음의 그릇을 키우기

하나님께서 우리 기도에 거북이 같이 응답하시는 이유는 무엇입니까? 그것은 믿음의 그릇을 키우기 위해서라는 것입니다.

12년간 혈루증으로 고생한 여인이 예수님의 옷을 만짐으로 치유를 받았습니다. 수많은 군중을 뚫고 주님 뒤로 가서 주님의 옷을 만진 것입니다. 구약 레위기에 보면 혈루증을 유출병이라고 하여, 저주받은 질병으로 여깁니다. 유출병에 걸린 여자가 앉은 의자는 부정한 의자가 되어 버립니다. 유출병에 걸린 여자가 입은 옷도 부정합니다. 그 여자와 접촉이 된 사람도 부정해집니다. 그래서 아무도 이 여자와 가까이 하지 않았습니다. 그런데 그 부정한 여자가 예수님을 만졌습니다. 그러자 12년간 지속되었던 하혈이 순간 멈추고 완전히 치유를 받은 것입니다. 이 여인은 조용히 사라지려고 했습니다. 왜냐하면 비록 자신이 치유 받았지만, 유출병으로 저주받은 여인이 사람을 만지는 것을 율법은 금하기 있기 때문입니다. 그런데 예수님께서 큰 소리로 외치십니다. "나를 만진 사람이 있다." 그러자 베드로가 "주님, 주님을 만진 사람이 한두 명이 아닙니다."라고 말합니다. 그러나 예수님은 계속 "아니다. 나를 만져서 치유 받은 사람이 있다."고 하시면서 이 문제를 드러내려고 하십니다. 그러자 혈루병에 걸렸던 여인이 두려워 떨면서 주님 앞에 나와 엎드립니다. 그리고 자신이 어떤 질병에 걸린 것과 어떤 믿음으로 주님을 만졌으며, 그 결과 어떻게 치유되었는지를 고백했습니다.

이 때, 이 모습을 보고 가장 큰 충격을 받은 사람이 누구였겠습니까? 회당장이었을 것입니다. 왜 그런가요? 회당장은 율법을 고집하는 사람이기 때문입니다. 철저하게 율법주의적인 삶을 사는 사람이 바로 회당장입니다. 그런데 구약 성경에서 부정한 여인으로 낙인찍힌 혈루증 여인이 예수님을 만졌을 때에, 더 큰 저주를 받은 것이 아니라 오히려 깨끗하게 치유를 받은 것입니다. 그 때, 그는 큰 충격을 받았습니다. 이해할 수 없는 일이 벌어졌기 때문입니다. "하나님은 율법에 따라 원리원칙만 적용하시는 분이시다."고 생각했기 때문입니다. "법대로 살면 복을 받고, 율법을 어기면 저주 받는다. 그리고 그 결과는 멸망이다." 다른 말로 하면 '인과응보'의 하나님으로 생각한 것입니다.

그런데 그 저주받은 부정한 여인이, 예수님을 속이고 옷을 만졌는데 치유를 받았습니다. 착한 일을 한 것도 아니고, 율법대로 산 것도 아닙니다. 이유는 '믿음으로 예수님을 만졌다.'는 것 하나였습니다. "믿음의 힘"이 "율법의 힘"보다 강하다는 것을 눈앞에서 본 것입니다.

이런 충격 속에 있는데, 그 때 '당신의 딸이 죽었습니다.' 하면서 절망적인 소식을 전해 줍니다. 그러자 예수님께서 "두려워말고, 믿기만 하라." 무슨 뜻이에요? "율법이 아니라, 어떤 인간적인 힘이 아니라, 믿음의 능력을 믿으라." 이런 뜻입니다. 그 순간 회당장은 믿었습니다. 그리고 결국 자기 눈앞에서 죽은 딸이 살아나는 것을 목격하는 놀라운 축복을 입게 된 것입니다.

인간적인 눈으로 볼 때는 혈루증 앓던 여인 때문에 예수님이 지체되었고 그 결과 딸이 죽었습니다. 그러나 사실은 이 지체되는 사건을 통해서 예수님은 회당장의 작은 믿음을 일깨우시고, 더 큰 믿음의 그릇으로 만들어 주셨다는 것입니다.

왜 하나님께서 거북이 같이 느리게 기도에 응답하실까요? 그것은 우리의 믿음의 그릇을 키우시기 위해 그렇게 하신다는 것입니다. 왜 그렇습니까? 우리는 기도 응답 자체에 관심이 있지만, 하나님은 사실 우리에게 관심이 있기 때문입니다. 우리가 정말 하나님을 신뢰하고 그분의 능력을 간절히 의지하는지 보고 싶은 것입니다.

우리는 돈 100억 버는 것에 관심이 있습니다. 그러나 하나님은 우리가 100억 버는 것에는 관심이 없으십니다. 하나님의 관심은 우리가 그 100억을 관리할 수 있고, 다스릴 수 있고, 더 크게 성장케 할 수 있는 능력의 사람, 성숙된 사람, 믿음의 사람이 되는 것에 관심이 있습니다.

큰 회사를 경영하는 사장에게 아들이 하나 있었습니다. 아들은 늘 언제 아버지가 회사를 물려줄 것인가에 관심이 있습니다. 아버지의 마음은 어떻습니까? 회사가 아들에게 가는 것이 중요한 것이 아니라, 아들이 과연 이 회사를 잘 경영할 수 있는 능력의 사람으로 성장하고 있느냐에 관심이 있는 것입니다. 아들의 그릇이 작으면 이 회사는 아들에게 오히려 재앙이 되기 때문입니다. 회사를 넘겨주면 뭐합니까? 다 말아먹고, 직원들의 삶도 고통스럽게 하고 자신의 인생도 망치는 것입니다. 그래서 아버지는 더 아들을 훈련시키고, 그릇도 크게 하고, 생각하는 것도 크게 만드는 것입니다. 아들은 왜 빨리 회사를 주시지 않느냐고 불평하지만 아버지는 아들이 더 큰일을 할 수 있는 능력의 사람, 더 큰 축복을 관리할 수 있는 사람이 될 때까지 기다리시는 것입니다.

하나님께서 왜 당장 우리의 기도에 응답하지 않으시고 지체하십니까? 더 큰 믿음을 가지고 하나님 나라를 위해 일할 수 있는 사람으로 만들기 위해서 그렇게 하시는 것입니다. 문제는 이것입니다. 기도 응답을 하지 않으시는 것이 아니라, 더 큰 축복을 받아 누릴 수 있는 믿음의 사람이 되게 하시려고 때론 거북이 같은 기도 응답을 하신다는 것입니다.

그러므로 우리는 기도 응답이 당장 되지 않는다고 불평하며 분노하고 낙심하지 말아야 합니다. 그 과정 자체도 나에게 유익이요 축복이 된다고 믿고, 주님의 뜻을 분별하며 더 큰 믿음의 사람이 되도록 배우고, 성장해야 하는 것입니다. 큰 믿음의 사람이 되어야 하는 것입니다. 그러면 반드시 그릇에 맞는 축복을 부어 주실 줄 믿습니다. 이 믿음으로 인내하시기를 축원합니다.

2. 바위 같은 믿음 만들기

하나님은 우리의 믿음을 보시고 역사하십니다. 그래서 때로는 우리의 믿음이 상황에 흔들리지 않는 바위 같은 믿음인지 아니면 바람에 흔들리는 갈대와 같은 믿음인지 시험하실 때가 있는 것입니다.

구약 성경 열왕기하 5장에 보면 문둥병에 걸린 나아만 장군이 나옵니다. 자기 질병을 치유하기 위해서 엘리사 선지자를 찾아 갔습니다. 그런데 엘리사 선지가가 뭐라고 합니까? 흙탕물이 흐르는 요단강에서 일곱 번 목욕하라는 것입니다. 그래서 어떻게 했습니까? 나아만 장군이 부하들이 다 보는 앞에서 옷을 다 벗고 요단강에 들어가서 몸을 씻었습니다. 자신의 더러운 문둥병을 부하들에게 보여 줄 때 얼마나 부끄러웠겠습니까? 그런데 한번도 아니고 몇 번이나 해야 합니까? 7번입니다. 이 때 나아만 장군이 어떻게 했습니까? 인내하고 끝까지 7번 목욕을 했습니다. 그러자 완전히 깨끗하게 치유되었습니다. 만약 나아만 장군이 5번만 하고, '이게 정말 되는거야? 창피해서 못하겠다.' 하고 믿음이 흔들리면 그러면 꽝 되는 것입니다. 왜 한번 목욕하는 것 아니라 일곱 번입니까? 너의 믿음이 바위 같은 믿음이라는 것을 보여 주라는 것입니다.

또 다니엘 3장에 보면 사드락, 메삭, 아벳느고라는 청소년들이 등장합니다. 이 청소년들은 유대인으로서 여호와 하나님을 믿는 믿음의 사람들이었습니다. 그런데 이 아이들이 아주 총명했습니다. 그래서 바벨론 황제가 세운 영재학교 오늘날로 말하면 KAIST에 들어간 것입니다. 황제의 총애를 받으며 인재로 양육되고 있었습니다. 그런데 바벨론의 황제인 느부갓네살이 금 신상을 만들고 그 신상에게 모든 백성이 절하라고 명령한 것입니다. 당시 전제군주인 황제의 명령은 절대권을 갖고 있기에 어기면 사형입니다. 그래서 모두가 절했습니다. 그런데 이 세 명의 아이들은 절하지 않는 것입니다. KAIST 다니는 인재가 황제의 명을 거역했다는 말에, 황제가 직접 나서 아이들을 설득합니다. "한번만 절해라. 그러면 용서해주마. 안 그러면 뜨거운 화형에 처해질 것이다. 너희가 믿는 하나님이 어떻게 너희를 구원하겠느냐? 현실을 똑똑히 보라"는 것입니다. 그러자 다니엘과 친구들이 뭐라고 합니까? "하나님이 당장 구원해 주시지 않아도 좋습니다. 우리는 믿음을 버리지 않겠습니다." 그래서 그 다니엘과 친구들이 화형에 처해집니다. 그런데 어떻게 되었습니까? 하나님의 천사가 그들을 구원해주었다는 것입니다. 이 사건이 성경에 기록된 이유가 무엇입니까? 그 당시 이스라엘 백성이 바벨론의 포로로 끌려갔는데, 그들이 만약 바위 같은 믿음으로 산다면 내가 너희들을 구원해주겠다는 것을 보여주기 위해서 성경에 기록한 것입니다.

성경이 한결 같이 주장하는 것이 무엇입니까? 믿음의 크기도 중요하지만, 더 중요한 것은 그 믿음이 바위처럼 한결 같으냐 하는 것입니다. 하나님은 그것을 보기 원하시는 것입니다.

왜 예수님께서 회당장의 기도에 의도적으로 지체하셨을까요? 그의 믿음이 바위같이 한결같은 믿음인지 아닌지를 보기 원하셨기 때문입니다. 만약 군중들이 예수님의 발걸음을 멈추게 했을 때, 군중들의 멱살을 잡고 분노했다면 어떻게 되었을까요? 그냥 꽝이 되는 것입니다. 또 혈루증에 걸린 여인이 간증하고 있을 때, "아, 그만 됐습니다. 예수님 빨리 가시죠. 뭐하십니까?"라고 반응했다면 그것도 꽝이 되는 것입니다. 그런데 오늘 회당장은 어떻게 했습니까? 딸이 죽었다는 소식을 들었지만 그래도 바위 같은 믿음으로 예수님을 붙잡고 있었다는 것입니다. 그 때 죽은 딸이 살아나는 놀라운 은총을 입은 것입니다.

어떤 믿음이 능력이 있는 믿음입니까? 바위같이 한결같은 믿음이 능력 있는 믿음인 것입니다. 기도 응답이 거북이처럼 느려도 조급해하거나, 분노하거나 하지 않고 바위 같은 믿음으로 우직하게 하나님의 은혜를 사모할 때 하나님께서 더 큰 축복을 부어주시는 것입니다.

세계적인 성악가로 이름이 알려지게 된 조용갑 집사님이 쓴『희망의 오페라』라고 하는 책을 읽어 보았습니다. 그는 '동양의 파바로티'라고도 불린다고 하는데, 원래 이분이 음악과 아무런 상관이 없는 복싱선수였습니다. 이분은 아주 불우하게 자랐습니다. 아버지는 늘 술과 도박, 그리고 걸핏하면 주먹을 휘둘러서 중학교 졸업을 앞두고는 서울로 올라왔습니다. 신문배달, 우유배달, 자동차를 닦는 일, 세차, 엑세서리 장사, 고구마 장사, 안 해 본 것 없이 일을 했습니다. 그러다가 철공소에 취직해서 일하면서 하나님을 만나게 되었는데 그 때 하나님이 그에게 빛이 되시고 희망이 되어 주셨습니다. 교회에 다니면서 찬양인도를 하게 되었습니다. 그런데 목소리가 참 좋았습니다. 그래서 목사님이 "자네, 권투선수하지 말고 음악을 전공하면 어떻겠어?"라고 조언을 해 주셨습니다. 그래서 그가 꿈을 가졌습니다. 그런데 본인은 정작 성악레슨을 받을 돈이 없었습니다. 그래서 성악가들의 테잎을 사놓고 테잎을 들으면서 연습을 했다고 합니다. 테잎을 들으면서 열심히 연습을 했습니다. 그리고 그 때 짜장면을 배달하면서 한 달에 30만원을 받았는데 전부 하나님께 다 바치면서 기도했습니다.

"하나님, 내 길을 인도하여 주시옵소서. 내가 성악가로서의 꿈을 이룰 수 있도록 나에게 유학의 길을 열어주시옵소서." 그리고 믿음으로 이탈리아에 유학을 갔습니다. 하루에 10시간씩 연습을 했다고 합니다. 그런데 어느 날 성대결절이 되어 목소리가 나오지 않는 것입니다. 얼마나 낙심이 되었겠습니까? 기도했는데 더 위기가 찾아왔습니다. 그럼에도 불구하고 흔들리지 않고 바위 같은 믿음으로 하나님만 붙잡고 믿음으로 전진했습니다. 그런데 이번에는 피부암 진단을 받고 다리를 절단해야 할 위기를 경험하게 됩니다. 보통 사람 같으면 '하나님 없다.' 그러면서 무너졌을 것입니다. 그런데 이분의 믿음이 보통이 아닌 정말 바위 같은 믿음을 가지고 있었습니다. 기도 응답이 멀어지면 멀어질수록 더 바위 같은 믿음으로 하나님을 붙잡고 믿음으로 전진했습니다. 그랬더니 결국 하나님께서는 그를 조수미 등 세계적인 성악가를 배출한 산타체칠리아 음악학교로 인도하셨습니다. 이후 파르마에서 열린 베르디콩쿠르(2005년)에서 1위를 비롯해 수많은 국제 콩쿠르에서 좋은 성적을 받으며 입상했고, 유럽 오페라 무대에서 주인공으로 활약하며 한국을 대표하는 성악가로 인정받았습니다. 그리고 현재는 한국 최고의 성악가가 된 것입니다. 참 대단한 믿음입니다.

우리가 어떻게 하나님의 은혜를 입을 수가 있습니까? 그 비결은 오직 믿음입니다. 우리는 믿음으로 구원받으며, 또 믿음으로 사는 존재인 것입니다. 그런데 어떤 믿음이 능력이 있다고 합니까? 한결같은 믿음입니다.

청년 때의 신앙과 결혼해서의 신앙이 한결같아야 합니다. 건강할 때의 신앙과 연약할 때의 신앙이 바위같이 한결같아야 합니다. 좋은 일이 있을 때나 안 좋은 일이 있을 때나 그 믿음이 한결같아야 합니다. 돈이 있을 때나 없을 때나, 낮은 자리에 있거나 높은 자리에 있거나, 한결같아야 합니다. 거기에 능력이 있는 것입니다. 한결같은 물방울이 단단한 바위에 구멍을 냅니다. 한결같은 믿음이 주님을 감동케 합니다. 그리고 거기에 기적이 일어나는 것입니다.

여러분, 하나님께서는 거북이 같이 기도 응답을 늦게, 늦게 또 늦게 주실 때가 있습니다. 기도하며 믿음으로 간구했는데 더 일이 꼬이고 안 되는 것을 경험할 때도 있습니다. 그 때가 사실 하나님께서 나를 더 큰 믿음의 사람으로 키우시는 시기라는 것을 기억하시기 바랍니다. 그리고 기도 응답이 되지 않아 답답할 때, 우리의 흔들림 없는 바위 같은 믿음을 보시고 하나님께서 일하신다는 것을 믿으시기 바랍니다. 눈앞에 당장 결과가 없고, 또 가는 길마다 막히고 답답해도 하나님이 여러분과 동행하고 계시다면 반드시 그 길은 성공의 길이 될 것입니다. 혹시 여러분 중에 거북이 같은 느린 기도 응답에 답답하거나 조급하신 분이 있습니까? 조금만 더 인내하십시오. 조금만 더 힘을 내십시오. 그리고 두려워하지 말고 살아계신 역사의 주인이신 주님을 믿고 끈질기게 기도하십시오. 하나님의 때에 주께서 놀라운 일을 행하시는 것을 여러분 삶 속에 분명히 경험하실 것입니다. 이러한 은혜를 기도하는 여러분에게 주시기를 주님의 이름으로 축원합니다. 아멘.

03장

광야를 지날 때

행 8:26-40

　요즘 우리 민족은 광야를 지나고 있습니다. 지난 4월 달 우리나라 무역흑자가 44억 6200만 달러였습니다. 무려 27개월 동안 무역흑자를 기록했다고 합니다. 정말 대단한 것입니다. 그리고 이번 주는 연휴입니다. 5월 가정의 달이 찾아왔습니다. 보통 때 같으면 잔치를 해야 할 것입니다. 그러나 지금 우리나라는 어떻습니까? 잔치할 분위기가 아닙니다. 세월호 사건 이후 대한민국은 아주 혹독한 광야 속에 들어가 버렸기 때문입니다.

　개인의 인생도 마찬가지입니다. 모든 것이 다 잘되고 있다고 생각할 때 광야를 경험할 수 있는 것입니다. 광야를 지날 때 우리는 어떻게 해야 합니까?

1. 하나님의 이끄심을 따라가라

오늘 본문 26절을 봅시다. "주의 사자가 빌립에게 말하여 이르되 일어나서 남쪽으로 향하여 예루살렘에서 가사로 내려가는 길까지 가라 하니 그 길은 광야라."

하나님께서 빌립에게 광야로 가라고 하십니다. 빌립이 얼마나 당황스러웠겠습니까? 지금 사마리아에서 성공적으로 복음을 전했는데, 느닷없이 광야라니 이해할 수 없었을 것입니다. 더구나 이스라엘의 광야는 두려움과 죽음과 극심한 고난을 상징합니다. 거기는 사람이 살 수 없는 땅이기 때문입니다. 특히 홀로 광야로 들어간다는 것은 죽으러 가는 것입니다. 여러분, 많은 사람들이 예수를 믿으면 광야가 없을 것이라고 생각합니다. 그렇지 않습니다. 세상 사람이나, 믿는 사람이나 모두 광야를 경험합니다. 오히려 믿음 때문에 고난당하고, 믿음 때문에 손해를 보고, 믿음 때문에 광야를 경험할 수 있는 것입니다.

그런데 빌립이 광야를 지날 때 어떤 일이 있었습니까?

29절을 보세요. "성령이 빌립더러 이르시되 이 수레로 가까이 나아가라 하시거늘." 빌립이 광야를 걷고 있었습니다. 이 때 성령께서 빌립을 에디오피아 내시에게 이끌어 가십니다. 에디오피아 내시는 에디오피아 여왕의 재정을 담당하는 높은 관리였습니다. 그런데 이 사람이 유대교에 입교한 사람이었던 것 같습니다. 빌립이 가서 보니까, 이 사람이 이사야 53장을 읽고 있었습니다. 이사야 53장은 바로 어린 양으로 오신 예수님을 예언한 말씀입니다. 그런데 그 관리가 그것을 읽으면서 '어린 양' 누구인지 모르겠다고 합니다. 그러자 빌립이 그 사람에게 그 어린 양은 바로 예수님이시고, 우리의 허물과 죄를 위해서 십자가에 못 박혀 죽으신 후 3일 만에 부활하셨다는 것을 말해 줍니다. 복음을 들은 에디오피아 관리가 그 자리에서 예수님을 영접하고 세례를 받는 기적이 일어납니다. 그는 훗날 에디오피아의 위대한 전도자가 됩니다.

그런 다음에 어떤 일이 있었을까요?

39절을 보세요. "둘이 물에서 올라올새 주의 영이 빌립을 이끌어 간지라." 세례를 주자마자 성령께서 빌립을 이끌어 다른 곳으로 보내셨다는 것입니다. 이것을 통해서 우리가 무엇을 알 수 있습니까?

빌립이 광야를 지날 때, 혼자 간 것이 아니라 처음부터 끝까지 주께서 동행하셨고, 그의 광야 길을 이끌어 주셨다는 것입니다.

세상 사람들은 광야를 지날 때 자기 힘으로 나침반을 돌려가며 광야를 지나려고 합니다. 그러나 우리는 어떻습니까? 목자 되신 주께서 우리를 이끌어 주시는 것입니다.

그렇다면, 오늘날에는 어떤 방식으로 우리를 이끌어 주십니까? 그것은 말씀으로 이끌어 주시는 것입니다. 하나님의 말씀으로 이 세상을 해석하시고, 주의 말씀으로 우리가 어디로 가야할 지 알려주시는 것입니다. 그래서 시편 119:105 말씀에 "주의 말씀은 내 발에 등이요, 내 길에 빛이니이다."라고 한 것입니다.

그러므로 우리는 광야를 지날 때 말씀으로 우리의 인생을 이끌어 가시는 주님의 말씀을 따라가야 하는 것입니다.

오늘날 한국 사회의 이 기가 막힌 위기는 무엇 때문에 생긴 것입니까? 삶의 표준과 기준이 없으니까, 방향성이 없고, 방향성이 없으니까, 원칙과 정직이 무너지니까 이런 가슴 아픈 끔찍한 사건이 일어난 것입니다.

5월은 가정의 달입니다. 한국 사회가 OECD 국가 중에서 가장 빠르게 가정이 붕괴되고 있다고 합니다. 왜 그렇습니까? 가정을 이끌어 가는 표준이 없기 때문입니다. 어떻게 자식을 키워야 하고, 어떻게 가정을 세워야 하는지 모르는 것입니다. 어떤 아버지들은 권위주의로 그냥 큰 소리만 칩니다. 어떤 엄마는 학원에만 보내면 되는 줄로 압니다. 그 결과가 뭡니까? 인성은 파괴되고 가정이 날로 무너져가는 것입니다.

우리가 인생의 광야를 지날 때에도 마찬가지입니다. 표준이 없으면 무너지는 것입니다. 그러면 우리는 어떤 기준, 어떤 힘으로 광야를 지나야 합니까? 하나님의 말씀을 표준삼아 가는 것입니다. 하나님은 개인의 인생을 특별히 말씀으로 인도하십니다. 많은 사람들이 뭐 특별한 기적을 찾는데요, 하나님은 말씀으로 우리 인생을 인도하고 계심을 알아야 합니다. 그러므로 우리는 주의 말씀을 사모하고, 그의 말씀을 따라 사는 사람이 되어야 합니다. 그러면 광야 길에서 승리를 경험하는 사람이 될 것입니다.

80년대 유명 가수 중에 조하문 씨라고 있습니다. 이분이 불교 가정에서 자랐습니다. 그리고 엄격한 가정에서 자라 자기표현을 잘 하지 못하고 자랐습니다. 그래서 마음에 늘 불만이 가득 차 있었습니다. 이분이 가수로 잘 나가던 시절에 한 여자를 사랑하게 되는데, 그분이 신앙인이었던 모양입니다. 그래서 교회에 나가기로 약속하고 믿는 여자와 결혼하게 됩니다. 교회는 다녔지만 술과 담배는 여전했고 믿음도 없었습니다. 생활이 어려운 것은 아니었지만, 늘 마음속에 공허함이 있고 답답함이 있었습니다. 인생이 재미가 없고 무의미하다는 생각뿐입니다. 영혼의 광야를 경험하고 있었던 것입니다. 가도 가도 끝이 없는 영혼의 광야를 지나자, 어느 날 자살을 결심하고 길을 가는데, 우연히 같은 교회 구역장 집사님을 만나게 됩니다. "조 선생님 왜 얼굴이 그렇게 죽을 상이에요?" 하니까, 조하문 씨가 "제 얼굴이 어떻습니까? 저는 아무렇지도 않은데요?" 하면서 둘러댔다고 합니다. 그때 구역장 집사님이 "아닙니다. 얼굴을 보니 좀 이상해요. 오늘부터 요한복음을 매일 3장씩 읽어 보세요."

전에는 그런 말을 들으면 그냥 피식 웃고 말았을 것인데, 순간적으로 이런 생각이 들었답니다. "그래, 내가 그래도 교회를 10년이나 다녔는데 성경을 읽어 본 적도 없지. 그래 한번 읽어 보자." 그래서 서점에 가서 성경을 구입하여 요한복음을 찾아 읽기 시작했습니다. 신기하게도 성경을 읽는데 그 말씀이 꿀처럼 느껴졌습니다. 그리고 어느 날 요한복음 14:27을 읽게 됩니다. "평안을 너희에게 끼치노니 곧 나의 평안을 너희에게 주노라 내가 너희에게 주는 것은 세상이 주는 것 같이 아니하니라. 너희는 마음에 근심도 말고 두려워하지도 말라." 이 말씀을 읽는 순간 몸이 떨리면서 눈물이 터져 나왔습니다. 유명 가수로 살았지만 한번도 평안을 경험한 적이 없었습니다. 그리고 평안을 얻는 법을 알지도 못했습니다. 누가 알려주는 사람도 없었습니다. 그런데 주의 음성을 듣고 마음으로 받아들이자, 하나님의 사랑과 평안이 자신을 붙잡고 있는 것을 경험하게 된 것입니다. 그러자 영혼의 광야가 끝이 나는 것을 경험했습니다. 그래서 이분이 신학교에 가서 목회자가 되어 지금은 복음을 전하는 전도자가 되었습니다. 지금은 기타를 들고 전국 교회를 다니면서 주님의 평안을 전하는 행복한 사람이 되었습니다.

이분의 인생을 생각해 보십시오. 이분이 무엇으로 인생의 허무를 극복하고 새로운 길을 찾았습니까? 돈입니까? 명예입니까? 아닙니다. 하나님의 말씀입니다. 하나님은 이와 같이 오늘날도 말씀으로 우리 인생길을 이끌어 주시는 것입니다.

광야를 지나고 있습니까? 주님의 말씀을 따라 가십시오. 성경 말씀이 능력이며 생명이며 우리 인생의 유일한 기준임을 믿고 말씀만 사모하며 가십시오. 그래서 여러분의 광야가 승리의 땅이 되기를 바랍니다.

2. 광야 속에 목적이 있음을 믿으라

27절을 보세요. "일어나 가서 보니 에디오피아 사람 곧 에디오피아 여왕 간다게의 모든 국고를 맡은 관리인 내시가 예배하려 예루살렘에 왔다가."

주님께서 빌립에게 광야로 가라고 하셨습니다. 그래서 빌립이 광야로 들어갑니다. 왜 주님께서 광야로 가라고 하셨습니까? 거기 방황하고 있는 에디오피아 내시 한 사람을 구원하시기 위해서 입니다. 이게 참 놀랍지 않습니까? 한 사람을 살리고 구원하시기 위해서 믿음의 사람을 보내셨다는 것입니다.

여기에 놀라운 진리가 있습니다. 그것이 뭡니까? 하나님은 한 영혼을 소중히 여기십니다. 하나님은 절대로 우리를 단체로 다루시지 않습니다. 우리 한 사람 때문에 생명을 거시고, 우리 한 사람 때문에 모든 것을 포기하시는 분이십니다.

요한복음 4장에 보면 사마리아 여인이 나옵니다. 이 여인은 여러

남자에게 버림받은 여인이었습니다. 그런데 예수님이 어떻게 하셨습니까? 그 버림받은 한 여인을 구원하시기 위해서 거친 광야 길을 마다하지 아니하시고 그 여인 한 사람을 찾아 가셨다는 것입니다.

자식을 낳아 기르다 보면 아이들이 이런 말을 합니다. "아빠는 막둥이만 예뻐하셔"라고 합니다. 여러분 이게 맞는 말입니까? 철없는 말이지 않습니까? 왜 그렇습니까? 자식 중 누가 심장이 필요하다면 자기 심장을 꺼내주지 않을 부모가 어디 있겠습니까? 큰 놈이어도 꺼내주고, 둘째여도 꺼내주고, 막내여도 꺼내주지 않겠습니까? 왜 그렇습니까? 부모의 눈에는 한 놈, 한 놈이 귀하고 소중하기 때문입니다. 그래서 부모는 절대로 자식을 단체로 다루지 않습니다. 하나님 또한 우리를 단체로 다루시지 않습니다. 한 사람, 한 사람을 인격적으로 깊이 사랑하시기 때문입니다.

오늘 말씀에 보면 주님은 그 한 사람을 살리기 위해서 빌립에게 광야로 가라 하신 것입니다. 오늘날도 주님은 죽어가는 영혼, 방황하는 영혼을 살리기 위해 우리에게 복음 들고 가라하실 때가 있습니다. 왜요? 아버지의 애 타는 마음이 있기 때문입니다.

여기에 중요한 핵심은 바로 이것입니다. 빌립이 광야로 간 것은 목적 없이 간 것이 아니라는 것입니다. 하나님은 한 생명을 구하기 위해서 보내신 것입니다. 그래서 하나님의 사랑과 영광을 드러내기를 원했습니다.

여기서 우리가 배워야 할 것은 뭡니까? 광야에도 하나님의 놀라운 목적이 있다는 것입니다.

많은 사람들이 광야를 만나면 좌절하고 방황하고 넘어집니다. 왜 그렇습니까? 그 이유를 모르기 때문입니다. 이 광야가 무의미하다고 생각하는 것입니다. 그래서 쉽게 무너집니다. 어떻습니까? 인생의 광야가 무의미합니까? 아닙니다. 광야 속에도 하나님의 목적이 있는 것입니다. 그러므로 우리는 광야를 지날 때 오히려 하나님의 일하심을 기대할 수 있는 믿음이 있어야 합니다. 그 믿음으로 감사하며 전진할 때 광야가 기적의 땅이 되고, 승리의 땅이 되는 것을 목격하게 되는 것입니다.

가나안 농군학교에 가면 수박만한 큰 고구마가 생산되는데 거기에는 특별한 비결이 있다고 합니다. 그 비결은 김을 맬 때마다 호미 날로 고구마 이삭에 상처를 주는 것입니다. 고의로 고구마에 상처를 준 후 아물면 다시 또 상처를 주고, 아물면 상처를 주다보면 고구마가 수박만큼 그렇게 커진다는 것입니다. 농부가 고구마에게 아픔을 주는 것은 고구마를 죽이기 위해서가 아니라, 고구마를 어떤 것보다 더 크게 만들려고 하는 목적이 있기 때문입니다.

그렇습니다. 하나님은 우리 인생의 농부이십니다. 인생의 광야를 경험할 때, 하나님의 놀라운 목적이 있음을 알고 광야에서 오히려 하나님의 일하심을 기대하는 믿음의 사람이 되기를 축원합니다.

3. 광야 끝에 승리의 기쁨이 있음을 보라

여러분, 광야의 가장 큰 특징이 뭔지 아십니까? 거기에는 끝이 있다는 것입니다. 오늘 40절 말씀을 보십시오. "빌립은 아소도에 나타나 여러 성을 지나 다니며 복음을 전하고 가이사랴에 이르니라." 빌립은 광야에 머물지 않았습니다. 목적을 이룬 후에 광야를 벗어나 하님의 인도하심대로 복음을 선포하며 승리를 외쳤습니다. 여러분, 광야는 영원하지 않습니다. 반드시 끝이 있습니다. 목적이 성취되면 광야는 지나가는 것입니다.

제가 아이들과 함께 단양 고수동굴에 들어간 적이 있습니다. 동굴에 들어가자 아이들이 무섭다며 난리였습니다. 동굴 안에는 더 깊이 들어가지 못하도록 막아 놓은 곳이 많았습니다. 왜 그렇습니까? 거기는 막다른 곳이거나 위험하거나 혹은 끝이 없는 곳이기 때문입니다. 동굴에 가면서 느낀 것은 동굴이 일직선이 아니라, 복잡한 미로와 같다는 것이었습니다. 동굴 안에 전깃불이 있고 안내선이 있으니까 망정이지 전기도 없고 안내선도 없으면 아마 갇혀서 못 나올 것입니다. 아이들이 그것을 알았는지 무섭다며 자꾸 나자가고 했습니다. 그러면서 자기네들은 동굴이 제일 싫다는 것입니다. 그런 아이들이 고속도로 터널을 지날 때는 오히려 재미있어 합니다. 터널도 동굴인데 오히려 터널을 지날 때 즐기는 것입니다. 왜냐고요? 터널은 금방 끝이 보이기 때문입니다.

많은 사람들이 광야를 지날 때 끝이 없을 것이라고 두려워합니다. 아닙니다. 예수 안에 있는 동굴은 동굴이 아니라, 터널인 것임을 알아야 하는 것입니다. 많은 사람들이 광야를 지날 때 끝이 없을 것이라고 두려워합니다. 그러나 그것은 마귀가 주는 거짓말입니다. 모든 광야에는 반드시 끝이 있습니다.

다윗을 생각해 보세요. 다윗이 사울 왕에게 쫓겨 광야에 있었을 때에 그 생활이 얼마나 힘들었겠습니까? 그러나 그 광야가 영원했습니까? 아니오. 끝이 있었습니다. 초대교회 카타콤을 보세요. 그 당시 박해가 얼마나 힘들었으면 지하 동굴로 들어갔겠습니까? 그 고난이 너무 힘들어 많은 사람들이 그렇게 기독교가 끝날 것이라고 생각했을지 모릅니다. 그러나 어떻습니까? 오히려 기독교가 로마를 정복하는 기적이 일어났습니다.

그런데 더 놀라운 축복은 뭡니까? 광야의 끝에는 승리의 기쁨이 있다는 것입니다

39절을 보세요. "둘이 물에서 올라올새 주의 영이 빌립을 이끌어 간지라 내시는 기쁘게 길을 가므로 그를 다시 보지 못하니라."

에디오피아 내시가 빌립에게 세례를 받았습니다. 그러자 그의 영혼에 구원의 기쁨과 감격이 있었습니다. 하나님의 자녀 됨의 기쁨이 넘쳤다는 것입니다. 하나님이 허락하신 광야의 끝은 기쁨의 잔치, 영혼 구원의 잔치, 선교의 승리, 복음의 승리였다는 것입니다. 이와 같이 광야의 끝에는 승리의 기쁨이 있다는 것을 믿으시기를 축원합니다.

오늘 본문 말씀에 에디오피아의 관리가 예수님을 믿고 세례를 받았는데요, 에디오피아 최고의 영웅이 누구인지 아십니까? 아베베 비킬라라고 하는 육상선수입니다. 1960년 로마 올림픽 때입니다. 에디오피아 선수인 아베베는 맨발로 마라톤에 나갔습니다. 다른 선수들은 좋은 신발을 신고 달리는데, 이 선수는 맨발로 달렸습니다. 아베베는 무명이었습니다. 그럼에도 마라톤에서 2시 15분 16초의 기록을 내었습니다. 그는 당시 세계신기록으로 금메달을 목에 걸었습니다. 그리고 이후 18회 동경 올림픽에서도 금메달을 땄습니다. 그는 아프리카 최고의 선수였습니다. 그 당시까지만 해도 아프리카 나라들이 유럽의 지배를 받았습니다. 그래서 많은 아프리카 사람들은 백인들에게 열등감을 가지고 있었습니다. 그런데 아베베가 백인들을 이긴 것입니다. 아베베는 아프리카의 영웅이었습니다. 그런데 아베베에게

광야가 찾아 왔습니다. 교통사고를 당해서 하반신 불구가 된 것입니다. 언론뿐만 아니라 많은 사람들이 그의 인생을 끝이라고 말했습니다. 그러나 그는 하반신 불구에도 불구하고 희망과 믿음을 잃지 않았습니다. 그는 상반신 운동을 하면서 힘을 길렀습니다. 그리고 양궁, 탁구, 눈썰매 운동을 했습니다. 그리고 1970년 노르웨이 25km 휠체어 눈썰매 국제대회에서 금메달을 땄습니다. 그리고 장애인올림픽에 나가서 양궁에서도 금메달, 탁구에서도 금메달을 땄습니다. 놀라운 일입니다. 당시 그는 이런 말을 했다고 합니다.

"나는 비록 두 다리를 잃었지만 내게는 아직 건강한 두 팔과 언제나 나와 함께 하시는 하나님이 계십니다. 저는 남과 경쟁해서 이기기보다 자신의 고통을 이겨내는 것을 언제나 우선으로 생각합니다. 고통과 괴로움에 지지 않고 주님만 바라보고 마지막까지 달렸기 때문에 저는 승리할 수 있었습니다."

광야를 지나고 있는 분들이 있습니까? 그래서 가정의 달의 기쁨을 누리지 못하는 분들이 있습니까? 하나님께서 여러분의 삶을 이끌고 계십니다. 주의 말씀을 따라 가십시오. 그래서 그 광야 끝에서 승리를 경험하는 축복을 누리시기를 주님의 이름으로 축원합니다. 아멘.

04장
광야에서 일하시는 하나님
눅 3:1-17

　어떤 여행이든지 다 그렇지만 특별히 이번 성지순례를 통해서 '가이드'가 얼마나 중요한 가를 깨달았습니다. 예루살렘에 가보니까 정말 복잡한 도시였습니다. 그리고 교회와 유적지가 얼마나 많은지 셀 수도 없을 정도였습니다. 언제 이 많은 곳을 다 돌아볼 수 있는가 하는 의구심이 생겼습니다. 그런데 가이드 하시는 목사님이 성지순례에서 꼭 알아야 할 장소로 척척 데려다 주시고 또 설명을 해주시는데 얼마나 유익했는지 모릅니다. 만약 혼자 성지 순례를 왔다면 하루에 한 곳을 찾아 가기가 힘들었을 것입니다. 가이드가 이렇게 중요한 것입니다.
　오늘 본문에 등장하는 세례 요한은 사람들을 예수님에게 인도하기 위해서 보내진 선지자입니다. 사람들은 마음이 완악해서 자기가 자신을 증거 하면 받아들이지 않는다는 것을 알고 계셨습니다. 생각해 보세요. 제가 어느 날 여러분 앞에서 다 찢어진 옷을 입고 '나는 목사다.' 그러면 여러분 믿겠습니까? '저거 사기꾼 아니야?' 이렇게 생각할 것입니다. 그런데 노회장님이나, 우리교단 총회장님 '저 분 아주 좋은 목회자입니다.'라고 말하면 쉽게 인정하고 받아들일 것입니다. 그렇지 않습니까?

그래서 하나님은 이미 먼 옛날에 예수님 앞에서 예수님을 자세히 소개할 선지자를 보내시기로 작정하셨습니다. 구약의 이사야 선지자는 그 가이드에 대해 '광야에서 외치는 자의 소리가 있을 것'이라고 예언했습니다. 그 사람이 누구입니까? 바로 오늘 본문에 등장하는 세례 요한입니다. 세례 요한은 구약의 마지막 선지자입니다. 그의 사명은 사람들이 예수님을 받아들이도록 하는 것입니다. 예수님을 받아들이기 위해서는 무엇이 필요할까요? 바로 애통하는 마음, 자신의 죄를 아파하는 마음입니다. 자신이 죄인이라는 것을 알아야 예수님을 영접합니다. 그래서 세례 요한이 광야에서 '회개하라'고 외친 것입니다. 그리고 '나는 물로 세례를 주거니와 내 뒤에 오시는 예수님은 너희에게 불과 성령으로 세례를 주신다.'고 하면서 예수님을 소개하고 있습니다. 그래서 정말 세례 요한은 수많은 사람을 예수님께로 인도하는 그 위대한 사명을 아주 성공적으로 이루어내었습니다.

그런데 오늘 본문 말씀에서 중요한 것이 하나 있습니다. 세례 요한의 사명은 사람들에게 예수님을 소개하고, 예수님을 받아들이도록 준비시키는 것이었는데, 하나님은 세례 요한을 사람이 많은 도시가 아니라, 사람이 없는 광야로 보내셨다는 것입니다. 더 놀라운 것은 무엇입니까? 아무도 없는 그 광야에 수많은 사람들이 몰려왔다는 것입니다. 무슨 말입니까? 하나님은 광야에서 세례 요한의 사명을 성공적으로 이루셨다는 것입니다.

오늘 말씀이 우리에게 분명하게 보여주는 것이 무엇입니까? 하나님은 광야에서도 일하시고, 하나님은 고난을 통해서도 일하시고, 하나님은 약한 사람들을 통해서도 일하신다는 것입니다. 저는 여러분이 오늘 말씀을 통해서 '나 같은 사람도 하나님께 쓰임 받을 수 있다.'는 사실을 확신하고 믿음의 승리를 이루시는 인생 되시기를 축원합니다. 그러면 오늘의 말씀을 통해서 우리가 특별히 알아야 할 것은 무엇입니까?

1. 연약한 자의 광야

도시는 어떤 곳입니까? 힘과 권력이 모이는 곳입니다. 성경에서 도시는 '힘과 권력'의 상징입니다. 도시에 사람이 몰려듭니다. 도시에 물질이 몰려듭니다. 또 도시에 정치적 힘과 권력이 자리 잡고 있습니다. 오늘 말씀에도 보면 도시에 사는 권력자들이 나옵니다. 로마는 당시 최고의 도시였습니다. 그 로마에는 최고의 권력을 소유한 로마 황제가 살고 있었습니다. 그리고 지방 도시에는 그의 분봉왕들이 살고 있었습니다. 또 예루살렘은 어떻습니까? 거기에는 대제사장들이 종교적 권력을 가지고 살고 있었습니다. 도시는 가진 자들이 모이는 곳이었습니다.

그러나 광야는 어떤 곳입니까? 성경에서 나오는 광야는 '기도할 수밖에 없는 땅'을 말합니다. 절망, 아픔, 가난, 연약함의 땅이기 때문입니다. 광야에는 권력도 없고 힘도 없습니다. 그래서 여기에는 사람이 모이지 않는 곳입니다. 그런데 오늘 성경은 뭐라고 합니까? 그 약함의 광야, 그 부족함의 광야에서 하나님은 일하신다는 것입니다.

오늘날 많은 사람들의 잘못된 생각 중에 하나가 무엇인지 아십니까? 장로가 대통령이 되면 세상이 변화될 것이라고 생각합니다. 또 기독교인이 사장이 되면 그 회사가 변화될 것이라고 생각합니다. 또 명문대학교 나온 사람이 예수 믿으면 더 전도가 잘 될 것이라고 생각합니다. 그러나 어떻습니까? 장로가 대통령이 되니까 세상이 변합니까? 명문대학교 나온 사람이 목사가 되니까, 세상이 바뀝니까? 그렇지 않습니다. 누가 세상을 변화시킵니까? 진실로 예수님을 바로 만난 사람이 그래서 주님만을 절대적으로 의지하는 사람이 세상을 변화시킵니다.

하나님은 세상적인 힘, 권세, 능력을 사용하시지 않습니다. 하나님은 약해서, 너무나도 부족해서, 너무나도 가진 것이 없어서 광야와 같은 인생이 너무 힘들어서 주 앞에 무릎을 꿇을 때 하나님은 그 사람을 사용하시는 것입니다. 그러면 내가 일하는 것이 아니라, 하나님이 일하시는 것을 보게 됩니다. 그래서 우리 그리스도인들은 약함을 자랑하는 자가 되어야 합니다. 왜 그렇습니까? 내가 못하니까 하나님이 우리를 사용하여 일하시기 때문입니다.

그래서 복음을 전하면서 수많은 고난을 당했던 사도 바울은 고린도후서 11:30절에서 뭐라고 고백했는지 아십니까? "내가 부득불 자랑할찐대 나의 약한 것을 자랑하리라"고 했습니다.

제가 정말 가진 것이 없이 결혼했습니다. 그리고 어머니 병원비 때문에 빚도 많았습니다. 그래서 회사에서 월급을 받으면 받자마자 다 없어지고 카드로 돈 빼서 살았습니다. 또 직장 말단이다 보니 자유 시간이 없었습니다. 그런데 제가 가장 많이 성경을 읽었을 때가 바로 그 때였습니다. 돈이 없으니까 책을 살 수가 없어요. 그래서 성경만 읽은 것입니다. 그것이 지금 얼마나 많은 도움이 되는지 모릅니다.

많은 사람들이 어떻게 생각합니까? '로또 당첨되면 내가 헌금할 수 있을 텐데, 좀 더 시간이 많으면 성경 읽고 기도도 많이 할 텐데, 좀 더 돈이 있으면 헌신할 수 있을 텐데'라고 생각합니다. 그러나 정말 그렇습니까? 돈이 있으면 있는 만큼 쓸데도 많아져 늘 부족한 것이 인생입니다. 시간이 많으면 시간이 많아서 바쁜 것이 인생입니다. 그렇지 않습니까? 우리가 정말 구해야할 것은 돈, 시간, 안정을 구하기보다 지금 있는 자리에서 하나님을 사랑하고, 최선을 다해 교회를 섬기고, 주님과 동행하는 인생을 살겠다고 결단하는 것입니다. 그러면 광야에서 일하시는 하나님을 만나게 될 것입니다.

여러분, 큰 대기업의 후계자를 아무나 세울 수 있을까요? 그럴 수 없습니다. 그런데 세계적으로 큰 대기업을 초등학교도 못나온 청소부에게 넘겨준 사람이 있습니다. 누구죠? 카네기입니다. 미국 최고의 재벌인 카네기는 자신의 후계자로 '쉬브(Charles Schwab)'라는 청소부를 세웠습니다. 회사 중역들 중에는 하버드, 예일, 프린스턴 대학을 나온 사람들이 대부분이었습니다. 그리고 사업 수완도 좋은 사람들도 많았습니다. 그런데 카네기는 쉬브라는 초등학교 밖에 나오지 못한 청소부를 대기업의 총수로 세운 것입니다. 그 이유가 뭡니까? 쉬브라는 청소부는 진짜로 회사를 사랑하기 때문입니다. 쉬브는 처음에 그 회사의 청소부로 들어왔습니다. 그는 정원만 쓸어도 될 텐데 공장 안까지 말끔히 청소를 하곤 했습니다. 누가 시켜서가 아닙니다. 정말 회사를 아껴서 그런 것입니다. 카네기는 쉬브를 지켜보고는 자신의 비서로 세워서 가까이서 그를 지켜보았습니다. 그는 메모지와 펜을 들고 카네기를 그림자처럼 따라다녔습니다. 카네기가 공장 확장과 생산과정에 대한 연구를 하느라 밤늦게까지 사무실에 있다가 집으로 돌아가려고 할 때, 밖에 쉬브가 기다리고 있었습니다. 아무도 없는 줄 알았던 카네기가 깜짝 놀라 "왜 퇴근하지 않았느냐?"고 묻자 쉬브는 "사장님께서 언제 부르실지 모르는데 어떻게 자리를 비웁니까?" 하고 대답했습니다. 쉬브는 자신이 초등학교만 졸업했기 때문에 이 회사에서 크게 성장할 수 없다는 것을 알았습니다. 그럼에도 그는 카네기와 회사를 정성을 다해 섬겼습니다. 왜 그렇습니까? 정말로 회사를 사랑했고, 정말로 카네기 회장을 존경하고 좋아하고 사랑했기 때문입니다. 그의 마음은 진심이었습니다. 자녀 교육을 잘 시키는 사람은 서울대 교육학과를 나온 교수가 아니라, 자식을 진심으로 사랑하는 어머니인 것입니다. 마찬가지로 회사를 제대로 성장시킬 수 있는 사람은 회사를 진심으로 사랑하는 사람이라는 것을 카네기는 알았습니다. 그래서 세상적으로는 능력도 없고 학력도 없고 배경도 없는 광야와 같은 쉬브라는 사람을 후계자로 세운 것입니다.

하나님이 여러분에게 원하시는 것이 무엇입니까? 바로 마음입니다. 기도하는 무릎입니다. 하나님은 여러분이 진심으로 주님을 사랑하고, 헌신하고, 무릎을 꿇는다면 여러분이 어떤 약함의 광야에 있다고 해도 하나님은 그 광야에서 여러분을 놀랍게 사용하실 것이라 믿습니다. 약함의 광야에서 일하시는 하나님을 믿고 나도 쓰임 받을 수 있다는 확신으로 승리하시기를 축원합니다.

2. 이름 없는 자의 광야

1-2절에 보면 인류 역사의 주인공들이 등장합니다. 디베료 로마 황제, 유대총독 빌라도, 빌립, 안나스 가야바 등입니다. 다 서양 역사에서 매우 중요한 인물들입니다. 이들은 그 당시의 스타이며, 모든 사람들이 주목하는 사람들이었습니다. 그러나 하나님은 이들을 하나님 나라에 사용하지 않으시고 아무도 알아주지 않는 광야에 거하며 하나님을 의지하는 세례 요한을 사용하셨습니다.

요셉, 기브온, 다윗, 베드로, 야고보, 요한. 이 사람들의 공통점이 뭔지 아십니까? 가족들에게 무시당하거나, 버림받은 경험이 있는 사람들입니다. 그 다음 공통점은 뭡니까? 아무도 주목하지 않았던 지극히 평범한, 아니 너무나도 초라한 그들을 하나님이 놀랍게 사용하셨다는 것입니다. 마지막 공통점은 뭔지 아세요? 그들은 한결같이 하나님을 향한 믿음의 태도가 분명했다는 것입니다. 하나님은 이런 무명의 사람들, 남들이 주목하지 않는 이런 믿음의 사람들을 세우시고 하나님 나라의 일꾼으로 사용하셨습니다.

한국 교회에 큰 영향을 미친 분이 김준곤 목사님입니다. 많은 목사님들이 김준곤 목사님을 통해서 큰 영향을 받고 목사가 되어 한국 교회의 영적 지도자가 되었습니다. 그분의 제자가 수백 수천 명이 됩니다. 김준곤을 목사님을 빼 놓고 한국 교회를 설명할 수 없습니다. 그분은 한국 교회의 거목이십니다. 수많은 명문대 학생들이 김 목사님을 통해서 목회자가 되었습니다. 그런데 놀라운 것은 무엇인지 아세요? 정작 김준곤 목사님에게 가장 강력한 영적 영향력을 주신 분은 제대로 배우지도 못하고, 유명하지도 않은 전라도 섬 증도에 사는 분이었다는 것입니다. 이분이 바로 순교자 문준경 전도사님입니다. 문준경 전도사님은 17살에 시집을 갔습니다. 그런데 문준경 전도사님에게는 아이가 없었습니다. 그러자 남편은 다른 첩을 얻어 살았습니다. 그래도 문준경 전도사님은 시댁에 거하면서 시부모님을 정성껏 모셨습니다. 그런데 어느 날 어떤 아줌마가 예수 믿으라고 전도를 했습니다. 그 때부터 예수님을 구주로 영접했습니다. 그리고 진심으로 예수님을 사랑하고 교회를 사랑했습니다. 새벽기도가 끝나면 전도하려 나갑니다. 그러니까, 남편이 와서 머리채를 잡고 동내를 한 바퀴 돌면서 구타를 합니다. 또 어느 날은 옷을 다 찢어 집 밖으로 쫓아내기도 했습니다. 그래도 그녀는 예수님을 사랑했습니다. 성경을 읽고 싶어서 한글을 배웠습니다. 그리고 삯바느질을 해가며 6개 교회를 세웠습니다. 가지고 있는 것을 다 드려 신학생들을 먹여주고 재워주면서 신앙의 본을 보였습니다. 신학교에 들어가 전도사가 되었고 그 후에 전라도 증도 섬 일대를 다니면서 복음을 전했습니다. 가는 곳곳마다 역사가 일어납니다. 그 때 그분의 놀라운 헌신, 주님과 교회를 사랑하는 모습을 보고 큰 영향을 받은 제자들이 많이 생겼는데, 그 중에 한 분이 바로 김준곤 목사님입니다.

현재 한국 교회의 부흥과 성장은 명문대학을 나온 목사님 때문이 아닙니다. 외국에서 유학한 사람들 때문도 아닙니다. 아무도 알아주지 않은 초등학교도 제대로 못나온 무명의 여인으로 인하여 지금 한국 교회가 이렇게 성장하게 된 것입니다. 하나님은 교회를 진실로 사랑하고 섬기는 자라면 그가 아무리 남들이 알아주지 않는 사람이라고 해도 하나님은 그를 통해서 일하시고 역사를 만들어 가십니다. 여러분의 마음을 하나님께 드리십시오. 여러분이 아무리 세상에서 무시를 받아도, 남들이 여러분을 알아주지 않아도 하나님이 여러분을 세워주시고, 여러분을 통해서 역사를 만들어 가실 줄로 믿으시기를 축원합니다.

3. 평범한 자의 광야

오늘 성경을 보세요. 1-2절에 나온 사람들은 얼마나 타이틀이 대단합니까? 그러나 하나님은 이런 타이틀을 통해서 일하시지 않는다는 것입니다. 황제나 제사장이라는 타이틀을 통해서 하나님이 일하시지 않습니다.

목사라는 타이틀을 가지고 있으면 하나님이 일하십니까? 그렇지 않습니다. 하나님은 어떤 사람이든 그를 사랑하는 사람들과 일하시는 분이십니다. 여러분 구약 성경에 아모스라는 선지자를 보세요. 아모스는 평민이었습니다. 아모스는 선지자가 아니었습니다. 당시에 많은 선지자들이 타락하니까 선지자가 아닌 농부, 뽕나무 재배하던 농부를 선지자로 불렀습니다. 아모스 7장 14절을 보니까 "아모스가 아마샤에게 대답하여 가로되 나는 선지자가 아니며 선지자의 아들도 아니요 나는 목자요 뽕나무를 배양하는 자"로 자신을 소개합니다. 아모스는 선지자가 아닙니다. 그는 선지학교에 가본적도 없습니다. 그의 집은 뼈대 있는 가문도 아닙니다. 오늘날로 말하면 모태신앙, 장로님 아들, 목사님 아들이 아니었습니다. 그냥 뽕나무를 재배하는 농부였습니다. 그런데 그 다음에 뭐라고 되어있는지 아시나요? "양떼를 따를 때에 여호와께서 나를 데려다가 내게 이르시기를 가서 내 백성

이스라엘에게 예언하라 하셨나니." 잘 보십시오. 하나님은 당시 유대 사회의 제도권이 썩으니까 제도권 밖에서 인물을 세우십니다. 아무런 타이틀이 없는 뽕나무와 양을 치는 일꾼을 불러다 사용하셨다는 말입니다.

이전 교회에서 안수집사님 한 분이 이렇게 말한 적이 있습니다. 자기는 장로가 아니라서 조용히 신앙생활하기로 했다는 것입니다. 여러분, 신앙생활은 어떤 직분이 주어지면 열심히 하고 그렇지 않으면 조용히 수도자로서 은둔생활을 하는 것이 아닙니다. 하나님의 교회를 섬기고, 사랑하고, 헌신하는데 어떤 직분이 중요한 것이 아닙니다. 한국 교회에 이러한 인식이 많은데 그것은 잘못된 생각입니다. 신앙생활은 타이틀로 하는 것이 아닙니다. 여러분 가운데 혹 장로가 아니라서 일하지 못하고 헌신하지 못합니까? 안수집사가 아니고, 권사가 아니고 집사가 아니기 때문에 일할 수 없습니까? 중요한 것은 타이틀이 아니라, 영적인 능력이요, 하나님과 교회를 진심으로 사랑하는 데 있습니다.

저는 교육전도사로 일할 때도 전임부교역자처럼 교회를 섬겼습니다. 보통 교육전도사는 일주일에 한두 번 교회에 나옵니다. 그런데 저는 날마다 교회에 가서 교회를 섬겼습니다. 안 나와도 되는 새벽기도도 나갔습니다. 그러니까, 나중에는 담임목사님이 힘들면 저를 새벽기도 설교를 시키셨습니다. 전임 사역자가 있는데 집이 멀어 새벽에 못나오니까, 새벽기도 나오는 교육전도사인 제게 설교를 맡기셨습니다. 타이틀이 중요한 것이 아니라, 어떤 신앙의 태도와 열정과 진심이 있느냐가 중요합니다.

그래서 우리는 신앙생활을 할 때, 이런 소리를 들어야 합니다. 저 사람은 전도사하기에 너무 아까워, 저 사람은 부목사하기에 너무 아까워 저런 사람은 빨리 담임목사가 되어야 해, 저런 사람은 우리 교단을 이끌 총회장이 꼭 되어야 해. 이런 소리를 들어야 하는 것입니다. 또 전도회 회장이 아니어도, 회장 같다는 소리를 들어야 하는 것입니다. 반대로, "전도사가 평신도보다 못하네." 이런 소리는 듣지 말아야 합니다. 얼마나 절망적입니까? 하나님은 타이틀이 아니라, 우리의 마음 중심과 성실함을 보시고 우리를 사용하십니다.

설교의 대가라고 하는 스펄전 목사님 계십니다. 스펄전 목사님의 가계는 신앙명문가였습니다. 할아버지도 목사님이시고 아버지도 목사님이셨습니다. 그래서 그분은 어릴 때부터 태어나서 '넌 목사가 되어야 된다.' 그런 말을 귀에 못이 박히도록 듣고 자랐지만 원래 모태신앙인들이 습관적으로 신앙생활을 하기 때문에 참 은혜받기가 힘듭니다. 너무나 잘 안다고 생각하기 때문입니다. 그래서 늘 마음에 방황을 하며 살았습니다. 교회를 왔다 갔다 해도 기쁨도 없고 어떤 체험도 없었습니다. 그런데 열다섯 살이 되던 때 은혜를 체험하게 됩니다. 1850년 1월 주일날 아침인데 막 눈보라가 치고 폭풍이 불어오면서 눈이 억수같이 왔습니다. 그래서 모든 도로가 마비되었습니다. 교회는 가야겠는데 눈보라가 치니까 몇 걸음 가다가 그만 더 이상 갈 수가 없어서 가까운 교회에 급히 뛰어 들어갔습니다. 그 날 그는 그 곳의 뒷자리에 앉아서 예배를 드리게 되었습니다. 근데 눈이 많이 오고 그 날 워낙 길이 눈에 덮여서 사람들이 교회에 나오기 어려웠기 때문에 그 교회 목사님도 예배시간에 도착하지 못했습니다. 그래서 성도들이 기다리다가 그 중에 교회 대표되는 한 분이 나와서 대신 말씀을 전했습니다. 아마 이분이 그 교회에서 가장 겸손하고, 기도를 많이 하고, 하나님의 말씀을 잘 아는 사람이었는가 봅니다. 중요한 것은 이분이 그냥 평신도였다는 것입니다. 근데 이분이 어떤 설교를 준비하고 나온 것이 아닙니다. 단지 목사님 안 계셔서 갑자기 나와서 설교를 한 것입니다. 그러니 설교를 제대로 할 수가 없었습니다. 그래도 그냥 우리가 어떤 환경에서도 '예수님 잘 믿어야 합니다.' 정도의 설교를 했습니다. 그런데 그날 설교자가 보니까, 저 뒤에 웬 못 보던 청년 한 사람이 와 있는데 설교를 전혀 들을 생각도 안 하고 고개를 떨어뜨리고 도대체 자는지 알 수가 없을 정도였습니다. 그래서 설교하다가 도중에 '이보게 청년, 청년' 하면서 이사야 45장 22절을 손가락을 가리키면서 그 청년에게 말했습니다. "'땅의 모든 끝이여 내게로 돌이켜 구원을 받으라 나는 하나님이라 다른 이가 없느니라' 청년, 들으시오!" 그런데 놀라운 사실은 청년 스펄전이 그 메시지를 듣는 순간 마음이 확 뜨거워지면서 성령의 불이 임했습니다. 그날 스펄전 청년이 완전히 변화되었습니다. 그리고 결단하여 신학교에 들어갔고, 설교의 황제 스펄전 목사님이 된 것입니다. 설교의 황제 스펄전 목사님이 탄생한 것은 총회장 목사님의 설교를 들어서가 아니라, 무명의 신실한 성도의 설교를 통해서 된 것입니다.

세상에서 중요하게 여기는 타이틀이 없다고 절망하지 마십시오. 교회에서 타이틀이 없다고 의기소침해 있을 필요가 없습니다. 우리 교회를 얼마나 다녔느냐 그게 중요한 것이 아니라, 여러분의 마음이 가장 중요한 것입니다.

여러분은 하나님의 존귀한 자녀들입니다. 정말 소중한 존재들입니다. 하나님은 타이틀을 통해서 여러분을 보시지 않습니다. 하나님은 여러분을 있는 그대로 사랑하시고, 또 여러분의 그 진실한 마음을 보시고 축복하시며 사용하시는 것입니다. 그 진실한 마음을 소유하고 하나님께로 나아가십시오. 그러면 낮은 자를 높이시고 가난한 자를 부하게 하시며 비천한 자를 세우시는 하나님을 분명히 경험하게 될 것입니다. 가진 것이 없어도, 능력이 없고 배경이 없어도 예배하는 자리, 기도하는 자리, 헌신하는 자리를 사모하십시오. 그래서 여러분 모두 하나님 앞에 영광스럽게 쓰임 받는 축복의 인생이 되기를 간절히 축원합니다.

그런 의미에서 저는 꿈에 부풀어 있습니다. 하나님은 약한 우리를 강하게 하시고, 크게 하실 것이기 때문입니다. 지금은 미약하지만 나중에는 우리를 보고 세상 사람들이 깜짝 놀라는 일이 일어날 것입니다. 진실한 마음으로 하나님을 섬기고, 어느 누구보다 더 기도하시고, 더 열정적으로 믿음 생활을 합시다. 그래서 하나님께 영광스럽게 쓰임 받는 여러분 모두가 되시기를 간절히 축원합니다. 아멘.

05장
그래도 하나님은 기억해 주신다
행 10:1-8

　신앙이 좋은 한 여자 집사님이 영적으로 탈진을 했습니다. 신앙생활의 기쁨을 잃어버렸습니다. 원인은 남편이었습니다. 남편은 신앙이 없는 사람이었는데, 교회를 다니는 아내를 향하여 늘 "예수 믿는 사람이 그것밖에 못해?" 하고 핀잔을 주었습니다. 그런데 이 말이 아내를 완벽주의에 빠지게 한 것입니다. 자기 때문에 하나님의 영광이 가리면 안 된다는 생각으로 거의 완벽에 가깝게 가정과 남편을 섬겼습니다. 그런데 문제가 생겼습니다. 완벽해지려고 하면 할수록 부족한 모습이 더 많이 보였습니다. 그리고 그 부족한 모습 때문에 하나님의 축복이 가정에 임하지 않는다는 생각에 빠졌고, 이 생각이 오래 되면서 영적인 침체에 빠져 신앙생활의 기쁨도 잃게 되었습니다.
　여러분, 완벽주의는 신앙생활의 가장 큰 적이라는 사실을 알아야 합니다. 예수를 믿어 의로워졌지만 우리는 여전히 죄성을 지니고 있습니다. 주님의 자녀로서 의롭게 살아야 하지만 완벽한 삶을 살 수 없습니다. 그럼에도 더 큰 문제는 내가 완전하게 신앙생활을 잘해야 하나님이 축복해 주실 것이라고 믿는다는 것입니다.

저와 교제하는 분 가운데 설교를 아주 잘하는 친구 목사님이 있습니다. 저는 그분의 말씀을 듣고 참 많은 은혜를 받았습니다. 그런데 놀라운 것은 정작 본인은 자신의 설교에 능력이 없다고 생각하고 있었습니다. 그 이유는 설교를 하려면 적어도 20시간을 준비하고, 하루에 3시간씩 기도해야 하는데, 자신은 그렇게 못하고 있다는 것입니다. 그래서 자신은 유명한 목사님들처럼 그렇게 능력 있는 목회자가 될 수 없다고 생각하고 있었습니다. 제가 볼 때는 아주 잘하고 있는데도 자기 설교는 그렇게 능력이 없다고 말합니다. 완벽주의는 우리를 성장시키는 것이 아니라, 우리를 무기력하게 만드는 적이라는 것을 알아야 합니다. 예수를 믿는다는 것은 곧 완벽한 삶을 산다는 의미는 아닙니다.

왜 그런가요? 하나님은 우리의 완전함을 찾는 분이 아니시기 때문입니다. 하나님은 자비로우시고 은혜로우시며 자격이 없는 자에게도 하늘의 축복을 내려 주시는 분이시기 때문입니다. 이것을 아는 것이 신앙입니다. 그럼에도 마귀는 자꾸 '네가 온전하게 믿음 생활을 못해서 이런 저주가 온다. 네가 완전하지 않아서 축복받지 못한다.'하고 우리 마음에 부정적인 생각을 집어 넣어주는 것입니다. 이 생각에 끌려가면 우리는 영적으로 무기력해지고, 하나님과 멀어지게 되는 것입니다. 그러므로 우리는 이런 완벽주의의 마음과 싸워야 합니다. 그래야 신앙의 자유를 경험하게 되고, 예수 안에 있는 놀라운 축복과 그 부요함을 마음껏 누리는 기쁨을 체험하게 되는 것입니다. 그러면 우리가 어떤 마음으로 완벽주의와 싸워야 합니까?

1. 자격 없는 자의 기도도 하나님은 기억해 주신다.

4절을 보세요. "고넬료가 주목하여 보고 두려워 이르되 주여 무슨 일이니이까 천사가 이르되 네 기도와 구제가 하나님 앞에 상달되어 기억하신 바가 되었으니."

오늘 본문에 나오는 고넬료는 백부장으로 로마 군대의 장교였습니다. 이방인입니다. 그러나 고넬료는 유대교를 받아들인 사람입니다. 그래서 유대교의 가르침에 따라 기도도 하고, 또 가난한 사람들을 구제하기도 했습니다. 그런데 어느 날, 고넬료가 기도하는데, 하나님이 환상 중에 천사를 보내십니다. 그리고 그 천사가 이렇게 말합니다. "고넬료야 네 행위와 기도가 상달되었고 기억되었다. 욥바라는 도시에 가면 무두장이인 시몬의 집에 베드로가 머물고 있는데, 그를 초대해서 예수님의 복음에 대하여 들으라!" 그래서 고넬료가 베드로를 만나서 복음을 듣게 되고, 예수님을 주님으로 영접하고, 십자가를 붙잡게 됩니다. 고넬료가 이방인 최초의 기독교인이 되는 것입니다. 고넬료 이후 복음은 이제 땅 끝까지 증거 되는 역사가 일어나게 됩니다.

그런데 여기서 중요한 것이 있습니다. 그것이 뭡니까? 하나님이 고넬료의 기도를 기억하셨다는 것입니다. 이것이 참 충격적인 것입니다. 여러분, 고넬료가 누구입니까? 제사장입니까? 바리새인입니까? 아니면 정통 유대인입니까? 아닙니다. 고넬료는 백부장으로 로마 군대의 장교입니다. 정통 유대인의 입장에서 보면 그의 기도는 정말 자격 없는 자의 기도에 불과한 것입니다. 또 로마 문화 속에서 자란 고넬료가 기도를 했으면 얼마나 잘했겠습니까? 그럼에도 불구하고 오늘 성경에서는 뭐라고 합니까? 하나님께서 그 자격 없는 자의 기도를 기억해주셨다는 것입니다.

하나님은 완벽한 자격을 갖추고, 완벽한 기도문으로 기도하는 사람의 기도만 기억하시는 것이 아닙니다. 그런데 우리는 어떻게 생각합니까? 하나님은 큰 교회의 목사님의 기도만 더 특별히 기억해 주실 것이라고 생각하는 것입니다. 또 신앙생활을 온전하게 잘해야 하나님이 나의 기도를 기억하시고 축복하실 것이라고 생각하는 것입니다. 아무리 아니라고 해도, "그래도 어떤 조건이 있으니까 축복받겠지…." 이렇게 생각하는 것입니다. 그래서 어떻게 됩니까? 기도를 하면서도 기도 응답에 대한 확신도 없고, 또 기대감도 없는 것입니다. 여기에 무슨 기도의 기쁨, 확신, 신앙의 능력이 있겠습니까?

어떤 젊은 엄마가 저를 찾아 와서 아이를 위해서 기도해달라고 합니다. 아이가 자폐증인 것 같다는 것입니다. 왜 그러냐고 물었더니, 아이가 엄마와 눈을 마주치지도 않고 어떤 반응이 없다는 것입니다. 여러분 자폐증이 뭡니까? 자폐증은 대개 자기 세계에만 빠져서 움츠려들고 세상과 담을 쌓은 듯이 행동하는 것이 일반적인 증상입니다. 이 자폐증의 핵심은 아기가 엄마의 반응을 기대하지 않는 것입니다. 아이가 우는 이유는 "아이고 우리 아기. 쉬했어? 배고파?" 하는 반응을 기대하기 때문입니다. 그런데 자폐증은 그렇지 않습니다. 부모에게 기대감이 전혀 없습니다. 자폐증에 걸리면 성장도 멈추고, 관계도 멈추게 되는 것입니다. 그리고 기쁨도 없고 희망도 사라지는 것입니다.

'내가 완전해야 하나님께서 내 기도에 응답하신다. 나는 부족하기 때문에 내 기도에는 능력이 없다." 이런 생각에 빠지면 하나님을 기대하지 않게 되고, 그러면 우리는 영적 자폐증에 빠져 기쁨도, 성장도, 희망도 없어지는 것입니다. 이것은 마귀가 주는 것입니다.

하나님은 자격 없는 자의 기도에도 응답하신다는 것을 알아야 합니다. 우리는 하나님께 나아갈 때에 우리의 자격으로 가는 것이 아닙니다. 예수님의 십자가를 붙잡고 가는 것입니다. 예수님의 의를 힘입어 하나님께 나아가는 것입니다. 여러분, 유창하게 기도하지 못해도 됩니다. 짧게 기도해도 됩니다. 어리바리하게 기도해도 됩니다. 그리고 죄인이어도 되는 것입니다. 오직 진실성만 살아 있다면 우리 주님은 자격 없는 우리의 기도를 기억하시고 반드시 응답하시며 축복하여 주시는 줄로 믿으시기를 축원합니다.

여의도순복음교회 이영훈 목사님이 이런 간증을 하셨습니다. 이 목사님이 일본에서 선교사역을 하실 때 무모하게 교회 건축을 하게 되었다고 합니다. 일본 부동산이 얼마나 비쌉니까? 건축은 꼭 해야 하는 상황인데 돈이 준비되어 있지 않았다고 합니다. 건축하면서 많은 고난이 있었던 것 같습니다. 그런데 그렇게 다급할 때, 목사님이 기도를 하는데, 너무 답답해서 아무런 기도가 나오지 않았다고 합니다. 그냥 "주여, 불쌍히 여겨 주옵소서, 주여 불쌍히 여겨 주옵소서" 이런 기도만 나왔다고 합니다. 이 목사님이 화려한 문장으로 기도하고, 유창하게 기도하고, 방언으로 기도한 것이 아니라, 그냥 울면서 "주여 불쌍히 여겨 주옵소서."라고만 기도했습니다. 그런데 놀라운 것은 그렇게 단순하게, 부족하게, 어리버리하게 기도할 때마다 하나님께서 응답해주시고, 또 응답해 주시고, 또 응답해 주셔서 일본에 교회를 건축하게 되었다는 것입니다. 그 큰 교회 목사님의 기도가 특별한 것이 아니었습니다. 그냥 '불쌍히 여겨 주옵소서'였습니다. 완벽하게 기도해야 응답되는 것이 아닙니다.

하나님은 어떤 기도에 응답하십니까? 화려한 기도입니까? 유창한 기도입니까? 완벽한 신앙생활을 한 사람의 기도에만 응답하십니까? 아닙니다. 하나님은 자격 없는 자의 기도도 기억해 주시는 것입니다. 부족한 기도에도 응답하시는 것입니다. 이 믿음으로 참된 자유와 기쁨을 회복하시고, 승리하시기를 축원합니다.

2. 미약한 헌신도 주님은 기억해 주신다.

오늘 본문 4절에 보면 우리 주님은 고넬료의 구제를 기억하셨다고 합니다. 고넬료는 이방인이고, 로마의 백부장이었지만 주변 사람을 많이 도운 사람이었습니다. 참 착한 사람입니다. 그런데 성경은 뭐라고 합니까? 고넬료의 많은 구제를 기억하셨다고 하지 않고, 그냥 구제를 기억하셨다는 것입니다. 하나님은 고넬료의 헌신의 많고 적음을 기억하신 것이 아니라, 그의 헌신 자체를 기억하셨다는 것입니다. 이것이 우리에게 큰 위로가 됩니다.

마태복음 10:42절에 보면 "또 누구든지 제자의 이름으로 이 작은 자 중 하나에게 냉수 한 그릇이라도 주는 자는 내가 진실로 너희에게 이르노니 그 사람이 결단코 상을 잃지 아니하리라 하시니라."고 합니다. 무슨 말입니까? 헌신의 양이 얼마인지가 중요한 것이 아니라, 진실한 마음으로 헌신하고, 섬기고, 구제하면 그것이 미약해도 주님은 기억해 주신다는 것입니다.

누가복음 21:1절에 보면 예수님께서 성전 헌금함 앞에서 헌금하고 있는 사람들을 보고 계셨습니다. 많은 부자들이 헌금을 합니다. 그런데 어떤 과부가 우리 돈으로 환산하면 약 5백 원짜리 동전 두 개를 넣습니다. 그 모습을 보신 주님께서 제자들에게 이렇게 말씀하십니다. "저 과부가 다른 모든 사람들보다 가장 많이 헌금했다." 제자들이 깜짝 놀랐습니다. 겨우 동전 두 개였기 때문입니다. 그 때 예수님이 뭐라고 하십니까? "다른 사람들은 생활비 중에 일부만 드렸지만, 저 여인은 자신이 가지고 있는 것 전부를 드렸기 때문이다." 이 말씀의 핵심이 뭡니까? 하나님 앞에서는 양의 크기가 중요하지 않다는 것입니다. 마음이라는 것입니다.

우리가 가지고 있는 가장 부정적인 신앙 자세 중에 하나는 물질 때문에 스스로 시험에 드는 것입니다. "교회에 더 많이 헌신하지 못하면 담임목사가 알아주지 않을 것이다. 나이 많고, 가진 것이 없기 때문에 나는 교회에서 인정받지 못할 것이다." 혹시 여러분 중에 이런 생각이 있습니까? 그것은 마귀가 주는 생각입니다.

얼마 전에 유치부에 자녀를 둔 젊은 엄마가 가슴에 색종이로 된 카네이션을 달고 교회 카페에 앉아 있었습니다. 그러자 선배 집사님들이 '그 때가 제일 좋아. 애들 크면 그냥 돈으로 사서 꽃만 던져주더라고.' 색종이로 만든 카네이션이 제일 좋답니다. 왜 그런가요? 거기에 정성과 진심이 담겨 있기 때문입니다. 그리스도인들은 구제해야 합니다. 헌신해야 합니다. 그런데 중요한 것이 뭡니까? 마음이라는 것입니다. 하나님은 그 마음을 가장 기억하시는 것입니다.

구두닦이 할아버지가 있었습니다. 할아버지의 간절한 소원은 예수님을 단 한번만이라도 만나보는 것이었습니다. 그러던 어느 날 예수님이 꿈속에 나타나 내일 너희 집을 방문하겠다고 약속하셨습니다. 이 할아버지는 어찌나 기뻤던지 온갖 정성을 들여 음식을 가득 차려 놓고 기다렸으나 어찌된 셈인지 그렇게 기다리고 기다리던 예수님은 그 날 저녁 가게 문을 닫을 때까지도 오시지 않았습니다. 단지 거지가 한번 오고, 또 한번은 청소부 할아버지가 오고, 저녁때는 시장 바닥에서 나물을 파는 할머니 한 분이 왔을 뿐이었습니다. 이 구두장이 할아버지는 그만, 거지와 청소부 할아버지와 나물을 파는 할머니에게 예수님을 대접하려고 정성스럽게 준비한 음식을 나누어 주고 말았습니다. 왜냐하면 이들 모두 너무나 불쌍하게 보였고 실제로 추위 때문에 또 배고픔 때문에 떨고 있었기 때문입니다. 그 날 밤 예수님께서 꿈속에 다시 나타나셨습니다. 이 때 이 구두장이 할아버지는 왜 주님이 그 날 오시지 않으셨느냐고 질문을 합니다. 예수님께서는 뜻밖에도 "나는 오늘 너희 집에 세 번이나 갔었는데 세 번 다 대접을 잘 받았다. 참으로 너는 나를 사랑하는 줄을 알겠다. 네 이웃에 사는 보잘 것 없는 사람을 대접하는 것이 곧 나를 대접한 것이다."라고 말씀하셨습니다. 이 이야기는 톨스토이의 작품 속에 나오는 것으로 마태복음 25장에 언급된 최후의 심판 광경을 생각나게 합니다.

    하나님께 헌신했습니까? 가난한 자들을 구제했습니까? 그런데 그것이 너무 작아 부끄럽습니까? 아니오. 그래도 하나님은 여러분의 그 헌신과 구제를 기억해 주실 것입니다. 이 믿음으로 승리하시기를 축원합니다.

3. 연약한 믿음도 하나님은 기억해 주신다.

    2절 말씀을 봅시다. "그가 경건하여 온 집안과 더불어 하나님을 경외하며 백성을 많이 구제하고, 하나님께 항상 기도하더니."

여러분 이 말씀을 읽고 어떤 느낌이 드십니까? 고넬료 신앙이 정말 대단하지 않습니까?

그러나 생각해 보세요. 고넬료는 이방인입니다. 그가 아무리 경건하다 해도, 정통 바리새인과 비교해서 더 철저하게 경건생활을 했겠습니까? 이스라엘 제사장들과 서기관들보다 더 경건했겠습니까? 절대로 아닙니다. 왜 그런가요? 사람의 삶의 태도는 하루아침에 바뀌는 것이 아니기 때문입니다. 그는 로마 제국의 문명에서 자란 로마 군대의 장교였습니다. 그가 경건하면 얼마나 경건하겠습니까? 그러면 2절 말씀은 뭡니까? 그건 이런 것입니다.

하루는 대학생인 우리 큰 아이가 갑자기 무슨 생각이 들었는지는 모르지만, 제 어깨를 주물러 주었습니다. 그날은 제게 돈도 없었습니다. 그럼에도 열심히 주물러 줍니다. 그러다가, 둘째가 와서 주물러 줍니다. 이 모습을 본 7살 막둥이가 막 달려와서는 어깨를 주물러 주는 것입니다. 7살 아이가 어깨 주무르면 어떤지 아세요? 정말 시원합니다. 어디가요? 마음이 말입니다. 그런데 막내가 뭐라고 물어 보냐면 "아빠, 제가 더 시원하죠? 제가 더 잘하지요?" 하고 물어요. 그 때 옆에 있는 큰 놈, 둘째 놈이 "아니야, 내가 더 잘했어" 하고 약을 올립니다. 그러면 제가 뭐라고 해요? '막둥이가 일등! 막둥이가 제일 시원했어!' 라고 해줍니다.

저는 오늘 본문 2절에서 하나님 아버지의 마음을 봅니다. 고넬료는 이방인입니다. 이방인이 누구입니까? 영적으로 막둥이입니다. 고넬료가 아무리 경건하게 살려고 해도 그래도 부족했을 것입니다. 어리바리했을 것입니다. 그러나 하나님은 그런 그를 크게 보신 것입니다. 2절 말씀은 주님의 그 마음을 기록한 것입니다.

믿음이 크고 완벽해야만 축복받는 것이 아닙니다. 교회에서 대단한 역할을 하고, 세상에서도 목숨 바쳐 신앙을 지킬 때만 하나님이 기억해 주시는 것이 아닙니다. 물론 그런 신앙이 위대하고 그렇게 되어야 합니다만, 하나님이 그렇게 해야만 기억해 주시고 복을 주시는 것은 아니라는 것입니다. 그런데 우리는 늘 그렇게 생각해서, 자신의 신앙이 부족하면 그냥 좌절하고, 낙심하고, 절망하고, 원망하고, 스스로 인정받지 못한다고 생각하고는 마음을 닫아 버리는 것입니다.

우리가 연약하고 부족하지만 그래도 주님 앞에 믿음으로 살려고 하는 그 마음, 그 자세 하나만으로도 하나님은 기뻐하시고, 우리의 믿음을 기억해 주시고 축복해 주신다는 것입니다.

요즘은 우리교회 기도의 바람이 불어서 그레이스홀이 꽉 찰 정도로 새벽기도가 채워지고 있는데요, 어떤 집사님이 그래요. 자기도 새벽에 나오려고 하는데, 정신은 교회에 가고 있는데 몸은 이불로 들어가더랍니다. 그래서 번번이 실패한다는 것입니다. 저는 이 집사님의 마음을 하나님이 기쁘게 받으셨다고 믿습니다. 우리 하나님이 그런 하나님이신 것입니다. 하나님은 우리의 연약한 믿음, 부족한 헌신, 결단도 기억해 주시며 기쁘게 받아 주시는 것입니다.

얼마 전에 '의리의 사나이'인 영화배우 김보성 씨가 월드비전 홍보대사로 위촉이 되었습니다. 놀라운 것은 김보성 씨가 신앙이 좋은 기독교인이라는 것입니다. 저는 이 말을 듣고 깜짝 놀랐습니다. 아무리 봐도 기독교인 같아 보이지 않았기 때문입니다. 그냥 껄렁껄렁한 의리파 배우 같아 보였습니다.

이분이 의리 때문에 싸움을 하다 왼쪽 눈을 다쳐 장애 6급 판정을 받았습니다. 또 주식에 손을 대서 재산을 거의 날려버렸습니다. 또 술이 없으면 살 수 없는 알콜중독자였다고 합니다. 그런데 이분이 예수님을 믿는다는 것입니다. 예수님을 믿게 된 계기는 아내가 갑상선 암이었는데, 이 암 때문에 교회에 나와 울면서 간절히 기도하다가, 정말 아내의 암이 치유되는 기적을 체험한 것입니다. 그 때부터 이분이 예수님을 깊이 믿게 되었고, 지금은 예수님과 의리를 지키면서 살고 있다는 것입니다. 그런데 이분이 이런 간증을 합니다.

> "하나님은 초신자인 제가 아내를 위해서 막연하게 간절히 기도했을 때에, 저에게 믿음의 표적을 보여주셨습니다. 세상 가운데 물들어 찌든 제가 이렇게 정결해질 줄을 몰랐습니다. 주님만 믿고 나의 삶을 주님께 맡기겠습니다."

어떻게 김보성 씨가 이런 놀라운 복을 누릴 수 있었습니까? 하나님이 그의 연약한 믿음을 기억해 주셨기 때문입니다. 우리 믿음이 부족해서 하나님께서 나를 잊어버리실 것 같습니까? 내가 100% 완전하게, 경건하게 살지 못해서 하나님의 축복을 누리지 못할 것 같습니까? 하나님은 우리의 완벽을 원하시는 것이 아님을 기억하십시오. 하나님은 우리의 진실한 마음만 있으면 그것으로 기뻐하시고, 언제든지 우리를 축복하시는 분이심을 믿으시기 바랍니다.

내 믿음이 겨자씨만큼 작다고 해서 하나님도 작은 분이 아니십니다. 내 믿음이 작고 초라해도 그것을 받으시는 하나님은 크고 크시며 광대하시다는 것을 기억하시기 바랍니다. 주님 앞에 완전하지 않아도 됩니다. 작은 믿음이라도 됩니다. 진실하게 믿음으로 살겠다고 발버둥만 쳐도 됩니다. 그래도 하나님이 기억해 주시는 것입니다.

부족하지만, 약하지만 그래도 믿음으로 예수님을 붙잡고 살고 있습니까? 부족하지만 기도하고 또 헌신하고 있습니까? 잘하고 계시는 것입니다. 세상이 나를 다 잊고, 내 자녀도 나를 잊어도 하나님은 절대 여러분을 잊지 않으시고 기억해주심을 믿으시기 축원합니다. 그래서 더 기쁘게 하나님을 섬기고, 복음의 능력을 자랑하시는 믿음의 사람들이 되시기를 주님의 이름으로 축원합니다.

06장
그러면 어떻게 살아야 하는가?
출 15:22-27

　중국에서 선교하시는 목사님이 이런 이야기를 해주었습니다. 북한에서 탈북을 한, 한 청년이 중국에서 선교사님을 만나 예수님을 영접하게 되었습니다. 그리고 그는 세례를 받았습니다. 세례를 받은 날, 그 청년은 목사님을 찾아와 "목사님, 이제 저는 어떻게 살아야 합니까?" 하고 심각하게 묻더라는 것입니다.
　여러분, 이 질문이 바로 오늘날 이 시대를 살아가는 우리의 질문 아닌가요? 우리는 이 시대 속에서 어떻게 살아야 합니까? 세상 사람들은 자녀 교육을 위해서 학원에 보내고, 유학을 보내고, 고액 과외를 합니다. 우리는 어떻게 살아야 합니까? 세상 사람들은 자기 이익을 위해서 투자를 하고 욕심을 내고 이기적으로 삽니다. 우리는 어떻게 살아야 하는 겁니까? 오늘날 대한민국은 좌파와 우파가 대립하고 있습니다. 정치적으로 너무나도 혼란스럽습니다. 가진 자와 못가진 자가 대립각을 세우고 있습니다. 우리나라 교육은 방향성을 잃었습니다. 우리는 성도로서 어떻게 살아야 합니까? 이것이 우리의 질문 아닌가요?

개인적인 질문도 있을 것입니다. 우리 남편이 실직을 했습니다. 어떻게 신앙으로 살아야 합니까? 어머니가 뇌졸중으로 쓰러졌습니다. 병원비가 너무 부담이 됩니다. 어떻게 믿음으로 살아야 합니까? 회사 생활이 너무나도 힘이 듭니다. 우리 자녀가 가출했습니다. 개인적으로 감당하기 힘든 문제가 있습니다. 어떻게 믿음으로 살아야 합니까?

이것이 오늘날 우리 성도들의 질문이 아닙니까? 이 질문의 해답을 안다면 우리는 흔들림 없이 믿음의 길을 걷게 될 것입니다. 그렇지 않습니까?

그래서 오늘은 본문 말씀을 통해서 예수 믿고, 구원받은 이후 성도는 어떻게 살아야 하는지를 생각해 보고자 합니다. 우리는 예수 믿고 구원받았습니다. 우리는 그리스도인입니다. 그러면 어떻게 살아야 합니까?

1. 맡김으로 살아야 합니다.

24절을 보세요. "백성이 모세에게 원망하여 이르되 우리가 무엇을 마실까 하매"

출애굽기는 단순한 역사 이야기가 아닙니다. 이 출애굽기는 하나님께서 성도들에게 구원의 의미가 무엇인지를 보여주시기 위해서 기록한 것입니다. 이스라엘 백성이 홍해를 건넜습니다. 이 홍해는 무엇입니까? 그것은 바로 세례를 상징하는 것입니다. 그러면 홍해 이후 광야의 삶은 무엇입니까? 그것은 예수 믿고 구원받은 성도의 삶을 보여주는 것입니다.

이스라엘 백성이 홍해를 건넜습니다. 구원받았습니다. 그런데 구원받은 이후 처음 만난 것이 무엇입니까? '목마름의 고통'이었습니다. 이스라엘 백성은 광야에서 무려 3일간 물을 마시지 못했습니다. 그런데 '마라'라는 곳에 갔더니 거기에 물이 있는 것입니다. 너무나도 기뻐서 그 물을 마셨는데, 못 먹는 물이었습니다. 그러자 그들이 어떻게 했습니까? 모세를 찾아와 소리를 지르며 원망했습니다.

이 원망은 이스라엘 백성이 하나님께 행한, 두 번째 원망입니다. 그러자 모세가 어떻게 했습니까? 25절을 보세요.

> "모세가 여호와께 부르짖었더니 여호와께서 그에게 한 나무를 가리키시니 그가 물에 던지니 물이 달게 되었더라. 거기서 여호와께서 그들을 위하여 법도와 율례를 정하시고 그들을 시험하실새"

모세가 하나님께 간절히 기도했습니다. 그러자 하나님은 한 나무를 보여주십니다. 그 나무를 물에 던지자, 그 쓴 물이 달게 되었습니다. 이스라엘 백성은 하나님의 기적을 체험한 사람들입니다. 그들은 홍해 바다가 갈라지는 것을 목격했습니다. 그럼에도 불구하고 그들은 문제를 만났을 때, 그것을 하나님께 맡기지 못하고 불평합니다. 그러나 모세는 어떻게 했습니까? 전능하신 하나님께 부르짖으면서 하나님께 맡깁니다. 그러자 문제가 해결되었습니다. 문제를 만났을 때 우리는 어떤 자세를 취해야 합니까? 원망하고 불평하기보다는 살아 계신 하나님께 기도하는 성도가 되어야 합니다.

예수 믿으면 모든 것이 만사형통할까요? 그렇지 않습니다. 예수 믿고 구원받아도, 홍해 바다의 기적을 체험해도 인생의 쓴 물을 만날 수가 있는 것입니다. 인생은 고난의 연속이고, 갈등의 연속이고, 문제의 연속인 것입니다. 그러면 우리는 어떻게 살아야 합니까? 하나님께 맡기는 것입니다.

이것이 바로 성도가 이 세상을 살아가는 비결인 것입니다. 그래서 시편 37:5절에서도 이렇게 말합니다. "네 길을 여호와께 맡기라 그를 의지하면 그가 이루시고."

시편을 기록한 다윗은 고난을 아주 심하게 받은 사람입니다. 그는 가장 현실적인 문제 때문에 죽을 고비를 몇 번이나 넘겼습니다. 사울 왕에게 질투를 받아 죽음의 위협을 많이 받았습니다. 그래서 살기 위해 광야로 도망갑니다. 거기서 사람들에게 배신을 당합니다. 상처를 받습니다. 먹고 사는 문제를 위해서 비굴한 행동도 했습니다. 그리고 그는 뼈아픈 이혼을 경험했습니다. 또 자식들이 서로 싸우는 아픔도 경험했습니다. 그 자신이 밧세바와 간음을 해서 그녀의 남편도 죽이는 심각한 죄도 저질렀습니다. 그는 복잡한 세상 속에서 생존하기 위해서 몸부림쳤습니다. 그런데 아무리 해도 문제가 해결되지 않았습니다. 그 때 그가 깨달은 것이 있습니다. 바로 시편 37:5절입니다. "네 길을 여호와께 맡기라, 그를 의지하면 그가 이루시고" 할렐루야! 이것이 바로 다윗이 깨달은 인생 성공 비결이었던 것입니다. 실제로 다윗이 모든 것을 하나님께 맡기고 인간적인 방법을 취하지 않았을 때에 그는 이스라엘의 왕이 될 수 있었습니다. 그 결과 그는 이스라엘 역사상 가장 위대한 왕으로 쓰임 받을 수 있었습니다.

우리 믿는 사람들은 살아 계신 하나님께 자신의 모든 문제를 맡기는 사람이 되어야 합니다. 그 때 참 평안을 누리고, 하나님께서 일하시는 것을 보게 되는 것입니다.

미국의 백화점 왕 페니(J.C.Penney)의 실화입니다. 그는 목사님의 아들로 태어나 사업에 투신했으나 심한 재정난으로 망하게 되었습니다. 그래서 그는 깊은 우울증으로 자살을 시도했습니다. 그러나 죽지는 못했고, 미시간 주 베틀크릭에 있는 한 정신병원에 수용되었습니다. 그는 병원에서도 늘 돈 계산을 했습니다. 그리고 왜 망했는지 사업 생각을 하고, 사람들을 원망하고 미워하고 또 자신의 무능력을 저주했습니다. 그러니까 더 큰 우울증이 찾아오는 것입니다. 그런데 어느 날 아침 찬송소리가 들려왔습니다. 찬송소리에 감동을 받고 무거운 몸을 이끌고 맥없이 그곳을 찾아갔더니 어떤 방에서 기도회가 열리고 있었습니다. 그는 뒷자리에 앉아 있었는데 사람들이 "너 근심 걱정 말아라"라는 곡을 부르고 있는 것입니다. 그 찬송을 들었을 때, 그 찬송이 하나님의 음성으로 들리는 것입니다. 그 때 '아하, 내가 하나님께 내 인생을 맡기지 못하고 내가 계산하고 내가 염려하고 내가 어떻게 해보려고 했구나.' 하는 깨달음을 가지게 됩니다. 그래서 그 때부터 하나님께 자신의 인생을 온전히 맡겨 버립니다. 그러자 마음에 빛이 들어오더니 우울증이 사라져 버린 것입니다. 그리고 '망해도 본전이다.'는 마음으로 다시 사업에 도전했습니다. 결국 백화점을 만들어 내고 아주 성공적인 인생을 살게 되었다는 이야기입니다.

하나님이 우리를 사랑하십니다. 그렇다면 우리는 하나님께 맡기는 믿음으로 살아야 하는 것입니다. 두려움이 있습니까? 불안하십니까?

하나님께 맡기시고, 평강의 기쁨을 누리시기를 주님의 이름으로 축원합니다.

2. 따라감으로 살아야 합니다.

28절을 보세요. "이르시되 너희가 너희 하나님 나 여호와의 말을 들어 순종하고 내가 보기에 의를 행하며 내 계명에 귀를 기울이며 내 모든 규례를 지키면 내가 애굽 사람에게 내린 모든 질병 중 하나라도 너희에게 내리지 아니하리니 나는 너희를 치료하는 여호와임이라."

왜 하나께서 마라의 쓴물을 이스라엘 백성에게 주셨을까요? 하나님께서 이스라엘 백성이 순종하는지 안하는지 테스트하기 위해서 그렇게 하셨다는 것입니다.

어떤 사람들은 만사형통일 때에는 하나님을 잘 섬깁니다. 그러나 인생의 문제가 오면 하나님을 원망합니다. 그리고 부정적이 됩니다. 그러나 어떤 사람들은 문제가 와도 흔들리지 않고 하나님을 믿고 신뢰하며 하나님을 따라갑니다. 하나님이 이것을 보시겠다는 것입니다.

그렇다면 우리는 어떻게 살아야 합니까? 하나님 말씀에 절대 순종하고, 어떤 문제가 있어도 하나님만 따라가는 것입니다. 그것이 우리가 세상을 이기는 방법인 것입니다.

그러면 어떤 것이 순종입니까? 하기 싫어도 기쁨으로 하는 것이 순종입니다. 나에게 손해가 되어도 그것이 하나님의 뜻이라면 행하는 것이 순종입니다. 내 형편과 맞지 않아도, 거기에 하나님의 뜻이 있으면 가는 것이 순종입니다. 내 마음과 달라도 주님의 말씀이 있다면 내 마음을 내려놓고 따라가는 것이 순종인 것입니다.

어때요? 참 어렵지요? 이 세상에서 가장 힘든 것이 순종입니다. 그런데요, 어렵고 힘든 것이기 때문에 가치가 있는 것 아니겠습니까?

왜 서울대학교가 명문대학입니까? 왜 남들이 부러워하죠? 들어가기가 어렵고 힘들기 때문입니다. 아무나 갈 수 있는 곳이 아니기 때문입니다.

왜 순종이 멋지고 대단한가요? 힘든 것이기 때문입니다. 그래서 하나님이 순종하는 자를 기뻐하시고, 그를 축복하시는 것입니다. 그래서 우리는 이렇게 살아야 합니다. 세상의 어떤 가치가 있어도 나는 주님의 뜻만 따라가리라. 할렐루야!

우리나라를 대표하는 칼빈주의 신학자요, 교계의 큰 어르신이신 한철하 박사님이 아세아연합신학대학교를 설립하셨습니다. 이분은 칼빈주의 신학으로 대가이십니다. 그리고 신앙도 아주 철저하게 보수적이고, 개혁주의 신학자이십니다. 그런데 하루는 젊은 목사님이 학교 채플에 부흥회를 인도하게 되었습니다. 그 때 한철하 박사님이 맨 앞자리에 앉아 있었습니다. 그러니까, 아주 어린, 그리고 제자인 목사님이 박사님 앞에서 설교를 했습니다. 설교가 다 끝난 후, 목사님이 '이제 다 같이 두 손을 높이 들고 주여 삼창하면서 기도합시다.'라고 했습니다. 그러자 사람들이 걱정하기 시작했습니다. 왜냐하면 한 박사님은 철저한 보수주의자이셨기 때문입니다. 그런데 그 때, 한철하 박사님이 두 손을 번쩍 들고, '주여, 주여, 주여' 하시면서 기도하셨다고 합니다.

여러분, 우리는 이렇게 사는 것입니다. 하나님의 뜻이라고 생각이 되면 내 생각과 다르고, 내 마음과 달라도 우리는 따라 가는 것입니다. 거기에 하나님의 능력이 있고, 축복이 있는 것입니다. 이 믿음으로 이 어두운 세상에서 성공적인 인생을 살아가시기를 축원합니다.

3. 은혜로 살아야 합니다.

27절을 봅시다. "그들이 엘림에 이르니 기기에 물 샘 열둘과 종려나무 일흔 그루가 있는지라 거기서 그들이 그 물 곁에 장막을 치니라."

이스라엘 백성은 하나님께 불평하고 원망했습니다. 그들은 불순종했습니다. 그들은 하나님을 완전히 신뢰하지 못했습니다. 그러면 하나님께서 어떻게 하셔야 합니까? 징계하셔야 합니다. 그런데 하나님께서 어떻게 하셨습니까? 그런 죄인들을 쉼과 회복이 있는, 물 샘 열둘과 종려나무 일흔 그루가 있는 장소로 인도하셨다는 것입니다. 하나님은 불순종하는 그들을 오아시스로 인도하셨습니다. 그러니까, 하나님께서는 불평하고 순종하지도 않고 넘어지고 실수하고 또 죄를 지은 그들을 넘치도록 축복해 주신 것입니다. 하나님의 은혜가 놀랍지 않습니까?

우리는 이것을 통해서 무엇을 배웁니까? 결국 이스라엘 백성은 자기 실력과 선행과 능력으로 사는 자가 아니라, 하나님의 그 긍휼하심과 자비하심과 사랑과 은혜로 사는 존재라는 것입니다.

인생의 광야 길을 걷는 우리는 어떻게 살아야 합니까? 하나님의 은혜를 붙잡고 살아야 한다는 것입니다. 은혜란 무엇입니까? 은혜란 사랑받을 가치가 없는 사람을 사랑하시고, 축복 받을 이유가 없는 사람을 축복하시는 하나님의 사랑을 말하는 것입니다. 이것을 은혜라고 하는 것입니다.

많은 사람들이 믿음으로 살다가 넘어집니다. 죄책감에 빠집니다. 하나님을 두려워하게 됩니다. 그리고 자신은 축복을 받을 수 없다고 생각합니다. 그래서 신앙이 식어 버립니다.

그런데 보세요. 오늘 하나님은 원망만 하고 순종하지도 않은 이스라엘 백성을 그래도 축복하시지 않습니까? 이게 참 놀랍고 이게 참 기가 막힌 것입니다.

예수님의 십자가를 보세요. 예수님은 착한 사람을 위해서 십자가에서 죽으신 것이 아닙니다. 착하게 될 가능성이 있는 사람들을 위해서 십자가를 지신 것도 아닙니다. 착하게 살겠다고, 순종하며 살겠다고 말씀을 지키며 살겠다고 서약한 사람들을 위해서 죽으신 것이 아닙니다. 예수님이 십자가를 지신 이유는 그렇게 할 수 없는 사람들을 위해서, 하나님의 은혜가 아니면, 하나님의 무한한 용서가 아니면 도무지 구원 받을 수 없는 나 같은 죄인들을 영원히 사랑하시겠다고 대신 죽이신 것입니다.

여러분! 이 사랑이, 이 은혜가 이해가 되십니까?

우리는 이 땅에 살면서 종종 넘어지고 실패하며 살게 됩니다. 믿음으로 살고 싶지만 그렇지 못할 때가 있을 것입니다. 때로는 죄를 짓고, 때로는 엉터리 같은 신앙을 보여주고, 때로는 이기적인 모습을 보여줄 때가 있을 것입니다.

그러면 우리는 그 순간 끝장난 것입니까? 하나님께서 천국 호적에서 내 이름을 파내시는 것입니까? 이제 하나님의 무서운 진노만 있는 것입니까? 그래서 두려워하십니까? 나는 이제 가능성이 없기 때문에 축복 받을 수 없다고 생각하세요? 그러지 말아야 하는 것입니다.

그 때 우리는 예수님의 십자가의 사랑, 그 영원한 사랑, 내가 흔들려도 항상 그 자리에 있는 사랑, 그럼에도 불구하고 나를 품어 주시는 그 이해할 수 없는 사랑, 그 하나님의 은혜, 그 감당할 수 없는 은혜를 붙잡고 다시 일어나야 하는 것입니다. 그리고 내 자신의 모습을 볼 때 너무나도 부끄럽지만 그럼에도 나를 사랑하시는 하나님을 바라보며, 믿음으로 살아야 하는 것입니다.

저는 젊었을 때 아주 칼 같던 사람이었습니다. 그런데 하루는 한 권사님께서 자기 아들을 자랑하시는 것입니다. 그 권사님의 아들은 신앙생활을 제대로 하지 않는 아들이었습니다. 성격도 포악해서 교회 사람들과 몇 번이나 주먹다짐까지 했습니다. 또 고등학교를 졸업하고 별다른 직업이 없이 살다가, 사업하겠다고 해서 나이 35세에 권사님에게 돈을 받아 주식으로 다 날려 먹은 사람이었습니다. 신기한 것은 그래도 이분은 교회는 나오더라구요. 교회 분들은 이 아들을 별로 좋게 보지 않았습니다. 그런데 그런 아들을 둔 권사님이 아들을 자랑합니다. '그래도 우리 아들이 이제까지 주일을 빠진 적이 없다고, 아이가 참 머리가 좋고 재주가 있다고, 또 하나님이 이 아들을 얼마나 축복하시는지, 이 아들이 태어나면서부터 집안이 잘 되기 시작했다고….' 저는 그 이야기를 들으면서 내내 불편했습니다. 전혀 사실이 아니었기 때문입니다. 너무나도 편협된 생각이었습니다. 권사님은 아들을 정확하게 보지 못하셨습니다. 한 마디 해주고 싶었습니다. 그런데 말이죠…. 제가 목회를 해 보니까, 우리교회 권사님들도 그런 것 같습니다. 더 놀라운 것은 말이죠. 제 아내도 너무나도 편협적이라는 것입니다. 어머니들의 뇌에는 자식의 잘못은 하나도 기억되지 않고, 잘한 것만 기억하고 있는 것입니다. 왜 자녀들이 부모 밑에서 건강하게 살 수 있을까? 그것은 부모의 사랑 이런 어처구니없는 편협된, 그리고 무한한 사랑 때문 아닐까요?

그렇다면 우리를 살리시겠다고 외아들을 십자가에 대신 내어 주신 하나님의 사랑은 어떻겠습니까? 더 충격적인 것은 그 편협된 사랑이, 나를 향하신 그 뜨거운 사랑이 하나도 변하지 않고, 지금도 여전하다는 것입니다.

우리는 죄인이어도 사랑받고 있습니다. 지금 사고치고 있어도 여전히 존귀한 하나님의 자녀입니다. 문제가 많고 신앙이 흔들리고 때로는 못된 짓을 해도 하나님은 우리를 아끼시고 사랑하십니다. 그래서 성공적인 인생을 살 수 있고, 축복받을 수 있는 것입니다. 그러므로 우리는 늘 넘어져도 그 은혜를 붙잡고 믿음으로 다시 일어나야 하는 것입니다.

우리는 이 세상에서 어떻게 살아야 합니까? 은혜로 살아야 하는 것입니다. 그러면 내가 아무리 부족해도, 이 세상이 아무리 각박해도 우리는 그 은혜로 다시 시작할 수 있고, 더 복된 삶을 살 수 있는 것입니다. 이 믿음으로, 여러분 인생에 쓴 마라의 물이 사라지고, 12샘과 70그루의 종려나무의 복이 임하기를 주님의 이름으로 축원합니다. 아멘.

07장

기도해도 문제가 더 악화될 때

출 5:1-9

제가 신학교 다닐 때 경제적으로 무척이나 어려웠습니다. 그 당시 아이들도 어려서 자주 병에 걸렸습니다. 경제적인 문제를 위해서 기도했습니다. 그러나 삶은 나아지지 않고 더 어려웠습니다. 주님의 부르심에 순종하여 가정과 나 자신의 일보다 교회를 우선순위로 섬겼습니다. 그러면 주님께서 축복해주셔서 모든 문제를 다 풀어 주실 줄 알았습니다. 그런데 제 삶의 문제는 더 악화되었습니다. 여러분은 이런 경험이 없습니까? 기도했습니다. 문제가 해결되는 것이 아니라, 더 악화됩니다. 순종했습니다. 큰 손해만 생겼습니다. 여러분은 어떻습니까?

40세에 애굽을 떠난 모세는 80세까지 광야에서 양을 치는 목자의 일을 감당했습니다. 그런데 어느 날 하나님께서 모세를 찾아 오셨습니다. 다시 이집트 땅에 가서 이스라엘의 지도자가 되고 이스라엘 백성을 이집트 땅에서 이끌어 내라고 명령하셨습니다. 이 말씀을 듣고 모세가 주님의 말씀에 순종해서 하나님의 뜻을 바로에게 전합니다. 그러자 어떻게 되었습니까? 오히려 바로 왕이 이스라엘 백성이 벽돌을 만들 때 필요한 짚을 주지 말고, 스스로 짚을 구해서 벽돌을 만들고, 생산량을 이전과 똑같이 하라는 명령을 내립니다. 그래서 이스라엘 백성이 더 심한 학대를 받게 됩니다. 그 때 모세가 얼마나 당황했겠습니까?

우리도 이럴 때가 있을 것입니다. 그러나 우리는 출애굽기의 결론을 알고 있습니다. 출애굽의 결론은 뭡니까? 하나님의 구원의 성취와 승리입니다. 이것은 또한 주님의 백성인 이스라엘의 위대한 승리였습니다. 이런 상황은 과정일 뿐입니다. 우리 인생도 이와 같습니다. 우리 인생의 결론은 반드시 위대한 승리로 끝나게 될 줄로 믿습니다. 중요한 것은 무엇입니까? 인생의 과정을 어떤 믿음으로 이겨내느냐 하는 것입니다. 그렇다면 기도해도 문제가 더 악화되고, 순종했지만 더 어려운 일을 당할 때 우리는 어떤 믿음으로 전진해야 합니까?

1. 시간을 주님께 맡겨야 합니다.

22절을 보십시오. "모세가 여호와께 돌아와서 아뢰되 주여 어찌하여 이 백성이 학대를 당하게 하셨나이까? 어찌하여 나를 보내셨나이까?"

모세가 바로에게 가서 "'여호와 하나님께서 내 백성을 보내라'고 하십니다. 그러니 보내 주십시오."라고 하자, 오히려 이집트 왕 바로가 이스라엘 백성을 더 심하게 학대합니다. 기도하고, 순종했는데, 더 어려움이 찾아 온 것입니다. 그러자 모세가 매우 속상했습니다. 낙심했습니다. 그래서 하나님께 찾아 와서 기도하며 하나님께 답답한 마음을 토로하고 있습니다. 왜 모세가 이렇게 합니까? 모세는 당장 하나님께서 이스라엘 백성을 구원하실 줄로 생각했기 때문입니다.

이 부분이 우리가 가장 힘들어 하는 부분일 것입니다. 우리는 당장 모든 문제가 해결되기를 소망합니다. 그러나 하나님은 그렇게 하시지 않습니다. 하나님은 하나님의 때에 하나님의 뜻을 이루어 가시는 것입니다.

출애굽기 3:20절을 보세요.
"내가 내 손을 들어 애굽 중에 여러 가지 이적으로 그 나라를 친 후에야 그가 너희를 보내리라."

하나님께서 모세를 부르실 때 하신 말씀입니다. 하나님께서 뭐라고 하십니까? 모세가 바로 왕에게 가서 '하나님의 백성을 보내시오.' 그러면 당장 기적이 일어나고, 당장 구원의 역사가 일어난다고 하시지 않았습니다. 여러 가지 이적을 행한 후에야 구원의 역사가 일어나게 된다는 것입니다. 즉 시간이 필요하다는 것입니다. 하나님의 때가 있습니다.

여러분, 하나님은 우리를 향한 목적과 뜻이 있습니다. 하나님은 우리를 더욱더 축복하시고, 우리를 더 깊은 믿음의 사람이 되게 하시며, 우리에게 반드시 승리를 주실 것입니다. 그런데 이것은 그냥 즉시 되는 것이 아닙니다. 하나님은 오랜 시간을 통해 이런 것을 이루어 주시는 것입니다.

　그런데 우리는 어떻습니까? 조급합니다. 당장 보이지 않기 때문에 넘어집니다. 그러지 말아야 합니다. 하나님의 때를 믿고, 소망을 품고 기다려야 하는 것입니다. 그러면 마냥 기다리고만 있어야 합니까? 아닙니다. 우리는 기다리면서 지금의 문제를 극복하기 위해서 최선을 다해야 하는 것입니다. 그럴 때 그런 과정을 통해서 더 깊이 하나님의 은혜를 알게 되고, 그 과정을 통해서 내 믿음의 그릇이 더 커지고 넓어지는 것을 경험합니다. 그리고 반드시 승리를 주시는 하나님의 능력을 더 감격적으로 체험하게 되는 것입니다. 그러므로 조급한 마음에 눌리지 마십시오. 시간을 주님께 맡기면 자유해집니다. 그리고 시간을 하나님께 맡기고 긍정적인 믿음으로, 끝까지 소망을 품고 믿음으로 전진하십시오. 그러면 반드시 하나님의 시간에, 가장 최고의 타이밍에 하나님의 은혜를 경험하게 될 것입니다.

　중국에는 극동지방에서만 자라는 희귀종인 모소 대나무라는 것이 있습니다. 그 지방의 농부들은 모소 대나무 씨를 여기 저기 뿌려 놓고 대나무가 자라기를 기다립니다. 그런데 이 대나무는 1년에 겨우 3cm 자랍니다. 2년째에도 3cm, 3년째에도 3cm, 4년째에도 3cm라고 합니다. 그런데 5년째가 되면 기적이 일어납니다. 그렇게 성장하지 않았던 모소 대나무는 5년째가 되는 순간부터 하루에 30cm 이상씩 자라기 시작합니다. 그리고 6주 만에 15m 이상 큰 대나무가 됩니다. 그리고 그 일대는 엄청난 대나무 숲이 형성된다는 것입니다. 그런데 왜 모소 대나무는 4년 내내 3cm로만 성장하고 있었던 것일까요? 그 사이에 가만 정지해 있었던 것입니까? 아닙니다. 지난 4년간 모소 대나무는 땅 속에서 엄청나게 뿌리를 넓게 깊이 내리고 있었던 것입니다.

위로 자란 것이 아니라, 땅 속 깊이 뿌리를 내리고 있었던 것입니다. 그 뿌리의 힘으로 5년째가 되자, 하루에 30cm씩 성장할 수 있었던 것입니다. 4년의 시간은 그냥 무의미한 시간이 아니었던 것입니다.

기도해도 아무런 변화가 보이지 않을 수 있습니다. 말씀에 순종했는데 오히려 더 손해를 볼 수가 있습니다. 그러면 그런 시간은 무의미한 시간입니까? 아닙니다. 하나님께서 더 놀라운 하나님의 은혜와 축복의 뿌리를 깊이 내리는 시간인 것입니다. 하나님의 때가 되면 이전의 고통이 기억나지 않을 만큼 엄청난 하나님의 은혜와 승리를 경험하게 되는 것입니다. 그러므로 조급한 마음을 버리고, 시간을 하나님께 맡기십시오. 그리고 끝까지 기도하십시오. 끝까지 순종하십시오. 끝까지 최선을 다하십시오. 그래서 여러분의 기도와, 여러분의 순종으로 하나님의 복을 장차 풍성히 받는 역사가 있기를 주님의 이름으로 축원합니다.

2. 방법을 하나님께 맡겨야 합니다.

6-7절을 보세요. "바로가 그날에 백성의 감독들과 기록원들에게 명령하여 이르되 너희는 백성에게 다시는 벽돌에 쓸 짚을 전과 같이 주지 말고 그들이 가서 스스로 짚을 줍게 하라."

모세가 하나님의 말씀에 순종해서 바로에게 갔습니다. 모세가 오자 이스라엘 백성은 더 간절히 기도했습니다. 모세는 하나님의 말씀의 순종하여 믿음으로 바로에게 갔습니다. 그리고 하나님의 뜻을 전했습니다. 그런데 그 순간 하나님의 구원의 능력이 나타난 것이 아니라, 오히려 바로의 마음이 강퍅해졌고, 그 결과 더 심한 학대를 받게 된 것입니다.

그런데 출애굽기 10:1을 보세요. "여호와께서 모세에게 이르시되 바로에게로 들어가라 내가 그의 마음과 그의 신하들의 마음을 완강하게 함은 나의 표징을 그들 중에 보이기 위함이며."

지금 모세는 바로 왕이 마음을 완강하게 하고, 오히려 이스라엘 백성을 더 학대하니까 낙심했습니다. 기도하고, 순종해도 당장 결과가 보이지 않으니까 그의 믿음이 흔들렸습니다. 그런데 하나님은 뭐라고 하십니까? 하나님은 바로 왕의 마음이 완강하게 된 그것을 구원의 도구로 사용하고 계실 뿐만 아니라, 더 강력한 승리, 더 강력한 능력을 보여주시기 위해서 이런 상황을 사용하고 계시다는 것입니다. 여러분 모세가 이런 하나님의 전략을 생각이나 할 수 있었겠습니까?

우리도 마찬가지입니다. 우리는 하나님의 놀라운 기적의 역사가, 승리의 역사가 어떤 방식으로 나타날지 모릅니다. 우리를 구원하시는 하나님의 때와 방법은 하나님의 주권 가운데 있는 것입니다. 하나님은 내 생각보다 크시고, 하나님은 내 방법 그 이상으로 역사하시는 것입니다. 그러므로 내 생각의 범위에서 하나님을 생각하지 말아야 합니다. 내 방법으로 하나님의 방법을 미리 정하지 말아야 합니다. 하나님은 우리가 생각하는 그 이상의 방법으로 승리를 만들어 가시는 분이십니다. 그러므로 우리는 방법까지도 하나님께 맡겨야 합니다.

여러분 홍해 바다를 생각해 보세요. 하나님이 이스라엘 백성을 홍해 바다로 이끄실 때 절망했습니다. 왜냐하면 거기는 막다른 골목이었기 때문입니다. 모두가 방법이 없다고 생각했습니다. 그러나 어떻습니까? 하나님은 홍해 바다를 가르셨습니다. 그리고 그 홍해 바다를 통해서 이집트를 완전히 심판하여, 이스라엘에게 영원한 구원을 주신 것입니다. 하나님의 생각은 우리와 다릅니다. 하나님의 방법은 우리의 생각을 뛰어 넘는 것입니다. 그러므로 우리는 어떤 문제가 더 악화되는 상황에서도 희망을 품고, 긍정적인 믿음으로 있는 자리에서 최선을 다해야 하는 것입니다.

주일학교 아이들에게 해주는 이야기 중에 이런 이야기가 있습니다. 숲속에서 나무들이 자라고 있었습니다. 그 때 제일 큰 나무가 말했다. "나는 커서 아이들이 쉬는 아기 침대가 될거야. 아기들은 언제 보아도 예쁘거든." 둘째 나무가 말했습니다. "나는 커서 큰 배가 될거야. 바다는 넓으니까." 셋째 나무가 말했습니다. "나는 지금 이대로가 좋아. 하늘을 가리키면서 하나님만 생각하는 것이 제일 좋은 일이니까." 세월이 흘러 나무들이 자랐을 때, 사람들이 와서 제일 큰 나무를 베어다 마구간 구유 통으로 만들었습니다. 나무는 침대가 되고 싶었지만, 냄새나는 말 먹이통이 된 것입니다. 나무는 크게 실망했습니다. 그러나 어느 날, 밤 요셉과 마리아가 마구간으로 들어오더니, 그 구유 통을 깨끗이 닦고 아기 예수님을 누이는 침대로 사용했습니다. 둘째 나무는 큰 배가 아니라, 시골 동네의 가난한 시몬이라는 사람의 조그만 조각배가 되었습니다. 그 나무도 크게 실망했습니다. 그런데 어느 날 아침 예수님이 오시더니, 자기를 타시고 말씀을 전한 후, 베드로를 데리고 깊은 데로 가서 엄청나게 많은 물고기를 잡게 하신 것입니다. 그 배는 기적을 담은 배가 되었습니다. 셋째 나무는 하나님을 찬양하는 나무가 되고 싶다고 했는데, 다 자라자 베어져 십자가가 되어 사람들을 매다는 형틀이 되었습니다. 그러나 예수님이 달리시는 영광을 안게 되었습니다. 하나님의 방법은 항상 우리와 같지는 않으나 하나님의 방법이 가장 좋은 길이라는 것입니다.

내가 보기에는 모든 것이 끝인 것처럼 보여도, 하나님에게는 끝이 없습니다. 지금 답답해도, 지금 낙심되어도 방법도 하나님께 맡기십시요. 하나님은 안 되는 상황, 절망적인 그 상황 자체도 구원의 도구로, 축복의 도구로 사용하십니다. 그러므로 믿음으로 전진합시다. 그러면 반드시 내 생각 이상으로 축복하시는 하나님의 능력을 보게 될 것입니다. 그렇게 되기를 축원합니다.

3. 결과를 하나님께 맡겨야 합니다.

하나님이 모세를 부르셨습니다. 가서 이집트 왕 바로에게 이스라엘 백성을 보내라는 주님의 뜻을 전하라고 하셨습니다. 전하기만 하면 이 모든 책임을 하나님께서 지시겠다는 것입니다. 무슨 말입니까? 모든 결과는 하나님께 있다는 것입니다.

물론 당장 기도 응답이 되지 않아서 화날 때도 있습니다. 순종했는데 손해 봤기 때문에, 다음에는 내가 순종하지 말자 이렇게 생각할 수도 있습니다. 그러나 이런 행동은 하나님을 잘 몰라서 그런 것입니다. 하나님은 반드시 승리를 주시는 분입니다. 그러므로 우리는 결과를 하나님께 맡기고 지금 기도하고, 지금 순종하고, 지금 최선을 다해야 합니다. 그럴 때 우리는 조급함을 이길 수 있습니다. 그리고 우리는 당장의 결과 때문에 흔들리지 않게 됩니다.

미국에 이민 가신지 약 10여 년이 지났으나 거의 영어로 대화하지 못하는 사람이 있었습니다. 그 이유는 미국에서 한글 인쇄소를 경영했기 때문에 영어를 전혀 사용하지 않았기 때문입니다. 이분이 살다 보니까, 미국 시민권이 필요한 것입니다. 사업이 너무 바빠서 시험 준비도 제대로 하지 못하고 시민권 취득 시험을 보게 되었습니다. 면접하는 시간이 되었습니다. 시험관이 질문하였습니다.

"미국을 상징하는 새가 무엇입니까?" 정답은 독수리이거든요? 그런데 너무 긴장해서 그런지 독수리가 영어로 생각이 나지 않는 것입니다. 할 수 없이 그는 시험관 앞에서 자신의 두 손으로 날개 짓을 크게 하며 독수리처럼 눈을 무섭게 떠 보였습니다. 그리고 힘차게 날갯짓을 하면서 모든 결과는 하나님께 맡겼습니다. 그러자 시험관은 환히 웃으면서 자기 평생에 이런 재치와 유머감각이 있는 동양인은 처음 보았다면서 합격을 시켜주었다는 것입니다.

여러분, 우리는 결과를 주관하는 사람이 아닙니다. 우리는 최선을 다하기만 하면 됩니다. 기도하고, 순종하고, 충성하고, 믿음으로 살면 됩니다. 결과는 하나님께 맡겨야 합니다. 왜 그런가요? 하나님은 신실한 분이시고, 전능하신 분이시며 또 우리를 구원하기 위해 예수님을 주시기까지 사랑하시고 계시다는 것을 알기 때문입니다.

예수님의 십자가를 한번 생각해보세요. 우리를 사랑하셔서, 우리를 구원하시고 살리시겠다고 하나님이 독생자 예수님까지 보내주시지 않았습니까? 그런 하나님께서 왜 우리를 더 놀랍게 축복하시지 않겠습니까? 그러므로 우리는 어떤 어려운 상황에서도, 하나님께서 반드시 놀라운 결과를 주신다는 것을 믿고, 긍정적인 믿음으로, 희망을 선포하며 전진해야 하는 것입니다. 그럴 때 더 놀라운 하나님의 은혜를 누리게 되는 줄로 믿습니다.

지난 겨울에 가족과 함께 명동에 갔습니다. 명동에 가니까, 구세군에서 나오신 분들이 불우이웃돕기 빨간 냄비 앞에서 기악 연주를 하고 있었습니다. 많은 사람들이 구세군 기악 연주를 구경했습니다. 저도 잠시 들었는데요, 정말 수준급이었습니다. 원래 구세군은 기악악기 연주로 유명합니다. 영국 구세군 대원들이 길에서 복음을 전하고 전도를 했는데, 전도하다가 폭력배들에게 탄압을 받았습니다. 그런데 그 때 생각해 낸 것이 기악으로 찬송하며 전도하는 것이었습니다. 그 때부터 구세군은 기악으로 찬양하며 전도하게 됩니다. 이 기악팀을 브라스 밴드라고 합니다. 우리나라 구세군에도 기악팀이 있습니다. 구세군 서울 후생원에서 브라스 밴드를 합니다. 서울 후생원은 고아들을 양육하는 구세군 아동양육시설입니다. 여기서 기악을 가르칩니다. 그런데 어느 날, 최슬기라는 여자 아이가 후생원에 들어옵니다. 가정 생활이 어려운 부모가 아이를 후생원에 맡겨버린 것입니다. 부모가 자기를 버렸다는 생각 때문에 한동안 깊은 우울증 증세를 보였습니다. 그러다가 이 아이가 초등학교 4학년 때 트롬본에 매료됩니다. 그 때부터 기도하면서 트롬본하고, 찬송하면서 트롬본하고 했습니다. 예고를 가고 싶었는데, 돈이 없습니다. 그래서 고등학교도 밴드가 남아 있는 신진자동차공고에 입학합니다. 그런데 이 학교 선생님이 희망을 줍니다. "음악은 돈으로 하는 것이 아니라, 재능으로 한다. 하나님이 함께 하시면 너도 된다." 그래서 최예슬이 꿈을 꾸기 시작합니다. "나는 서울대학교 음대에 갈 것이다." 그러자 주변에서 말립니다. 거기는 예고를 나와도 힘든 곳인데, 어떻게 갈 수 있겠느냐는 것입니다. 그러나 그런 이야기를 들을 때마다 교회에서 더 간절하게 기도합니다. "하나님, 하나님은 제 아빠이시지요? 하나님께서 제 인생을 책임지실 줄로 믿습니다." 그리고 모든 결과는 하나님께 맡기고 최선을 다합니다. 악기도 비싼 것도 아니고, 레슨을 할 수도 없었습니다. 입술에 피가 맺히도록 연습 또 연습을 했습니다. 그런데 어느 날 서울대학교 총동창회 주최 콩쿨이 있었습니다. 이 때 다른 예고 출신을 다 이기고, 최예슬 자매가 거기에 나가 1등을 했습니다. 그리고 이어 서울대학교 음대 시험을 봤습니다. 그리고 모든 결과를 하나님께 맡겼습니다. 기도하고 기다리면서 많은 생각을 했습니다. 결과는 합격이었습니다.

여러분, 최예슬 자매가 자신의 환경을 탓하고, 자기를 버린 부모를 탓하면서 날마다 원망하며 주저앉았다면 이런 결과가 있었겠습니까? 자신의 어려운 환경을 극복하기 위해서 얼마나 기도했겠습니까? 그래도 오히려 더 상황이 나빠졌지 않았습니까? 그러나 결과를 하나님께 맡기고, 더 기도하고, 더 순종하고, 긍정적인 믿음으로 최선을 다하니까, 남들이 생각할 수 없는 놀라운 축복을 하나님이 부어 주신 것입니다.

여러분 우리도 이와 같이 해야 합니다. 우리 하나님은 좋으신 분이십니다. 우리를 사랑하십니다. 그러므로 기도해도 더 문제가 악화되고, 순종해도 어려움이 있을 때, 모든 것을 맡기시고 믿음으로 전진하십시요. 그래서 반드시 승리를 주시는 하나님을 경험하시는 복된 인생이 되시기를 주님의 이름으로 축원합니다. 아멘.

08장

눈물을 기쁨으로 바꾸어주신다

눅 7:11-17

얼마 전에 김용 다트머스 대학 총장이 세계은행 총재가 된 것을 보고 어떤 분이 말하기를 '한국인은 정말 대단한 존재'라는 것입니다. 여러분은 어떻게 생각하십니까? 저는 그 말을 듣고 그분의 기분을 생각해서 말하지는 않았지만 한국인이 대단한 것이 아니라, 작은 나라의 사람을 그렇게 세우신 하나님이 대단하신 분이신 것입니다. 세계 3대 국제기구가 IMF, UN, 그리고 세계은행입니다. 그런데 전 세계를 이끌어가는 3대 기구 중에 2개 기구의 수장이 한국인입니다. UN은 한국인 반기문 사무총장입니다. 그리고 얼마 전 김용 다트머스 대학 총장이 세계은행 총재가 되었습니다. 그리고 이 두 분은 모두 기도하는 크리스천입니다. 60억 인구 중에 한국인 기독교 인구가 얼마나 되겠습니까? 이것이 사람의 능력이겠습니까? 한국인이 탁월해서 얻은 결과입니까? 아닙니다. 하나님이 세우신 것입니다.

옛날 시골은 보릿고개를 넘기면서 먹을 것이 없어 고난을 당했습니다. 자식들은 배고프다고 울고, 부모는 허기진 자녀들을 보면서 울어야 했습니다. 그 때마다 우리 어머니들은 어린 아이들을 데리고 교회에 가서 울면서 기도했습니다. "하나님, 우리 아이들이 이 민족과 세계의 머리가 되게 하여 주시옵소서." 그 때마다 세상 사람들은 조롱했습니다. 우리나라와 같이 가난하고 배운 것이 없는 나라에서 어떻게 세계를 움직이는 지도자가 나오냐고 말입니다. 또 이런 작은 시골 교회에서 어떻게 그런 인물이 나온다고 기도를 그렇게 거창하게 하느냐고 조롱했습니다.

그러나 지금 어떻게 되었습니까? 가난하고 배운 것도 없는 이 민족을 축복하셔서 전 세계 곳곳에 기도하는 사람들이 지도자가 되게 하셨습니다. 한국인이 대단한 것이 아니라, 어머니들이 시골 교회 마룻바닥에서 기도한 것들을 소중히 여기시고 그 기도에 응답하신 하나님이 대단하신 것입니다. 하나님이 우리의 눈물을 기쁨으로 바꾸어 주신 것입니다.

1. 주님의 긍휼

예수님께서 나인이라는 마을에 들어가셨습니다. 그런데 성문 입구에서 통곡 소리가 들리는 것입니다. 너무나도 슬프고 애절한 울음이었습니다. 가서 보니까, 아들 하나만 둔 한 과부의 통곡이었습니다. 이 과부에게는 아들이 하나 있었는데 그 아들이 죽은 것입니다. 아들은 이 여인의 전부였습니다. 그리고 자신의 소망이었고 인생을 사는 삶의 이유였습니다. 먹고 사는 문제로 죽을 고생을 했지만 그래도 아들이 있어서 힘이 났습니다. 그런데 그 독자가 죽은 것입니다. 울음이 나오다 못해 한 맺힌 절규가 나왔습니다. 그 때 예수님께서 그 장면을 보셨습니다. 그녀의 울음은 예수님의 마음을 깊이 감동시켰습니다. 예수님께서 그 여인을 보시고, "울지마시오."라고 위로하셨습니다. 그리고 나서 그 관에 손을 대시고 "청년아 내가 네게 말하노니 일어나라."하고 명령하십니다. 그러자 기적이 일어났습니다. 죽은 청년이 살아난 것입니다. 장례식에 난리가 났습니다. 어떤 사람은 무서워서 도망가는 사람도 있었을 것입니다. 그런데 그 청년은 마치 깊은 잠을 자고 깨어난 듯이 일어나 앉아 예수님과 몇 마디 대화를 했습니다. 그리고 나서 예수님은 그 청년을 그 과부에게 보내주었습니다.

오늘 본문 말씀이 우리에게 말씀하고자 하시는 바가 무엇입니까? 예수님은 고통과 절망으로 울고 있는 자들을 불쌍히 여겨주시는 하나님의 마음을 전달하시기 위해서 오셨다는 것입니다. 많은 사람들이 하나님은 전능하신 신이시기 때문에 근엄하게 보좌에 앉아서 감정 없이 우리를 지켜보시는 분으로만 생각합니다. 그러나 그렇지 않습니다. 하나님은 슬퍼하시며 하나님도 아파하시고 하나님도 때론 우시기도 하십니다. 언제 그렇게 합니까? 하나님의 자녀들이 고통당할 때입니다.

저희 집사람이 아이들을 데리고 치과에 갔습니다. 아이가 움직이니까 아이가 못 움직이도록 아이를 묶고 치료를 합니다. 그러면 아이는 기를 쓰면서 막 웁니다. 죽을 것 같이 웁니다. 이빨의 충치를 갈아내는 단순한 치료인데도 아이는 죽을 것 같이 웁니다. 그런데 그 아이를 보고 있는 엄마는 정말 죽습니다. 얼굴이 완전히 하얗게 되어서 일어서지도 못합니다. 머릿속에서는 단순한 충치 치료라는 것을 알고 있지만, 자식의 울음소리를 이기지 못하는 것입니다.

하나님은 우리의 아버지가 되십니다. 하나님은 우리의 눈물을 이기시지 못하시는 것입니다. 하나님은 우리를 긍휼히 여겨주십니다. 그래서 그 마음을 보여 주시기 위해서 예수님을 보내신 것입니다. 오늘 본문을 보세요. 예수님이 그 하나님의 마음을 보여주고 있지 않습니까? 하나 뿐인 아들을 잃어버린 그 과부의 고통에 예수님이 뭐라고 말씀하십니까? 불쌍히 여기시며 "울지 말라"고 하시지 않습니까?

여러분 중에 눈물의 인생을 살고 계신 분이 계십니까? 하나님이 여러분을 긍휼히 여겨주시고 계심을 아시기 바랍니다. 여러분 중에 남들에게 말하지 못할 아픔이 있습니까? 하나님께서 그 사정을 다 아시고 위로하기를 원하신다는 것을 믿으시기 바랍니다.

그런데 하나님은 긍휼한 마음만 가지고 계신 것이 아니라, 적극적으로 우리 인생 가운데 들어오셔서 눈물을 기쁨으로 바꾸어 주신다는 것입니다.

예수님은 그 과부를 불쌍히 여기시면서 "울지 말라"고 말씀만 하신 것이 아닙니다. 예수님은 그 과부의 아들이 누워있는 그 관에 가셔서 그 죽은 아들을 살리신 것입니다. 오늘 본문이 말씀하는 바가 뭡니까? 인간의 모든 절망, 눈물, 고통에 대하여 하나님은 보고만 계시는 분이 아니라, 눈물을 기쁨으로 바꾸시기 위해서 적극적으로 우리 인생에 들어오신다는 것입니다.

요한복음 2장에 보면 예수님께서 가나 결혼식장에서 행하신 기적이 나옵니다. 유대인들의 결혼식은 축제입니다. 그리고 그 기쁨을 더하기 위해서 포도주를 마십니다. 그런데 결혼식장에 포도주가 떨어졌습니다. 그러자 사람들이 웅성거렸습니다. 불평하는 하객들 때문에 결혼식이 엉망이 될 상황이었습니다. 그 때 예수님께서 그 집 하인들에게 명령하십니다. "물을 돌 항아리에 가득 채우라." 그래서 그 하인들이 항아리에 물을 채웁니다. 그러자 주님께서 '이제는 다시 떠서 하객들에게 나누어 주라.' 그래서 하인들이 그대로 했습니다. 그러자 하객들이 난리가 났습니다. 이렇게 맛있는 포도주를 어디서 구했느냐며 기뻐하는 것입니다. 물이 포도주가 된 것입니다. 예수님께서는 왜 물이 포도주가 되는 기적을 행하셨습니까? 어떤 분은 '죄인이 의인이 되는 것'에 대한 비유라고 설명합니다. 그러나 본문을 더 깊이 연구하면 그것이 아니라, '절망을 기쁨으로 바꾸시는 하나님'의 크신 은혜를 강조한 것입니다.

유대사회에서 결혼식장에 풍성한 음식이 없다는 것은 수치입니다. 그 결혼식은 마을 사람들에게 제대로 인정받지 못합니다. 그래서 포도주가 떨어지는 것은 곧 절망이요, 수치요, 가문의 위기를 말하는 것입니다. 그런데 예수님께서 물로 맛좋은 포도주를 만드심으로 그 위기와 절망을 바꾸어 더 행복하고 더 즐거운 잔치로 바꾸신 것입니다.

예수님이 왜 이 땅에 오셨습니까? 예수님께서 왜 우리를 위해 십자가를 지시고 죽으셨습니까? 우리의 모든 절망과 아픔과 눈물을 기쁨으로 바꾸시기 위해서입니다. 그래서 하나님이 역사의 중심에 적극적으로 들어오신 것입니다. 하나님은 우리의 눈물을 기쁨으로 바꾸시기 위해서 우리 인생 중심에 들어오시는 분이십니다. 하나님은 우리의 고난과 눈물과 설움을 불쌍히 여겨주실 뿐 아니라, 그 눈물이 기쁨이 되도록 만들어 주십니다.

2. 주님과 접촉하라

14절을 봅시다. "가까이 가서 그 관에 손을 대시니 멘 자들이 서는지라 예수께서 이르시되 청년아 내가 네가 말하노니 일어나라 하시매."

예수님께서는 말씀 한 마디로 죽은 사람을 일으키실 수 있는 하나님이십니다. 그런데 예수님은 말씀으로만 하지 않으시고 이해할 수 없는 행위를 하십니다. 그것이 무엇입니까? 관에 손을 대신 것입니다. 왜 그렇게 하셨을까요?

구약 레위기에는 정결법이 기록되어 있습니다. 여기에 보면 부정한 것과 정한 것이 구별되어 있습니다. 음식도 정한 것이 있고 부정한 것이 있습니다. 심지어 사람도 그렇습니다. 나병 환자는 부정합니다. 그와 접촉한 사람도 부정해집니다. 그래서 공동체 밖으로 나가야 합니다. 또한 혈루증에 걸린 여자도 부정합니다. 혈루증은 하혈하는 질병입니다. 그리고 시체도 부정합니다. 이렇게 부정한 사람과 접촉하면 그 사람도 부정해집니다. 이스라엘 사람들은 이 정결법을 목숨처럼 지켰습니다. 그런데 예수님이 죽은 사람이 누워 있는 관에 손을 대셨습니다. 그 때 이스라엘 사람들은 충격을 받았을 것입니다. 그것은 정결법에 어긋나는 것이기 때문입니다. 예수님이 부정해지셨다고 오해 받을 수 있습니다. 예수님도 그 율법을 잘 알고 계십니다. 그런데 어떤 일이 벌어졌습니까? 예수님이 부정해지신 것이 아니라, 죽은 사람이 살아났습니다. 이것을 통해서 알 수 있는 것이 무엇입니까? 부정한 것이 예수님과 접촉하면 예수님이 부정해지시는 것이 아니라, 오히려 부정한 것이 살아나고, 부정한 것이 거룩하게 되는 은혜가 임하게 된다는 것입니다. 예수님은 생명의 근원이 되십니다. 그리고 모든 부정한 것을 뛰어 넘는 거룩하신 하나님이십니다. 그러므로 예수님에게 접촉만 되면 생명이 살아나는 것입니다.

요한복음 15:4절에 보면 "내 안에 거하라. 나도 너희 안에 거하리라. 가지가 포도나무에 붙어 있지 아니하면 스스로 열매를 맺을 수 없음 같이 너희도 내 안에 있지 아니하면 그러하리라."

나무 열매는 나무 본체에서 열리는 것이 아니라, 나뭇가지에서 열립니다. 나뭇가지가 열매를 맺으려면 나무 본체에 붙어 있어야 합니다. 나무 본체에서 생명의 힘을 공급받아야 나뭇가지에 열매가 맺히는 것입니다. 나뭇가지가 나무에서 잘라져 떨어지면 그 나뭇가지는 말라 죽게 되는 것입니다. 열매를 맺으려면 나뭇가지에 붙어 있어야 합니다. 이와 같이 우리도 믿음의 열매를 맺고, 생명의 열매, 그리고 축복의 열매, 인격 성숙의 열매를 맺기 위해서는 우리 스스로 잘 해보는 것이 아니라, 예수님을 의지하고 그분에게 믿음으로 붙어 있어야 한다는 것입니다. 그러므로 믿음으로 예수님에게 붙어 있으면 생명의 열매가 생기는 것입니다. 믿음으로 하나님의 은혜를 붙잡고 살면서 하나님을 섬기는 사람은 결국 눈물을 기쁨으로 만드시는 하나님의 축복을 보게 되는 것입니다.

그런데 나뭇가지에서 열매가 바로 맺히는 것은 아닙니다. 시간이 필요합니다. 그러나 중요한 것은 무엇입니까? 붙어 있으면 결국 열매를 맺게 되는 것입니다.

성경 인물 중에 가장 눈물의 인생을 산 사람이 요셉일 것입니다. 요셉은 꿈 많은 청소년 시절에 형들에게 미움을 받아 생매장 당할 뻔 했습니다. 자신을 보호해주고, 자신을 사랑해줄 친형들에게 버림을 당한 것입니다. 그리고 다행히 죽지는 않고 노예로 팔려갔습니다. 부모의 사랑을 가장 민감하게 받아야 할 청소년 시기에 요셉은 가정을 떠나 노예가 된 것입니다. 그리고 이집트 왕의 경호실장인 보디발의 집에서 노예로 일을 했습니다. 그 어린 나이에, 빼빼 마른 체형으로 주인의 발을 씻어주고, 농사일을 하고, 잡일을 해야 했습니다. 일을 하다가 열이 나서 아파도 자신을 돌보아 줄 사람이 없었습니다. 요셉은 눈물로 살아야 했습니다. 설상가상으로 요셉은 보디발 아내의 유혹을 거절하자 모함으로 지하 감옥에 갇히게 됩니다. 거기서 죽을 고통을 당합니다. 얼마나 절망적인 인생입니까? 그러나 창세기 45:7에 보면 요셉은 이 모든 눈물의 고난 속에 하나님의 은혜가 있다고 믿었습니다. 고난이 변하여 기쁨이 되게 하실 것을 믿었다는 것입니다. 그래서 그는 삶을 포기하지 않았습니다. 원망하거나 절망하지 않았습니다. 믿음으로 하나님에게 바짝 붙어 있었습니다. 그리고 인내했고, 끝까지 하나님을 찬송하며 긍정적인 믿음으로 살았습니다. 그러자 어떤 일이 벌어졌습니까? 하나님이 요셉에게 지혜를 주셨고, 그 결과 요셉은 이집트 왕의 꿈을 해석하는 사건으로 지혜자로 인정받게 하십니다. 그리고 이집트의 국정을 이끄는 총리가 되게 하셨습니다. 하나님이 요셉의 눈물을 기쁨이 되게 하신 것입니다.

우리는 끝이 보이지 않는 고난으로 절망 할 때가 있습니다. 또 옛날에 당한 서러운 일 때문에 아파서 울 수도 있습니다. 나를 힘들게 하는 사람이 있어서 그 사람 때문에 잠을 못 잘 수도 있습니다. 물질적인 어려움 때문에 힘들어 하는 자녀들을 돕지 못해서 가슴만 까맣게 태울 때도 있을 것입니다. 이 때 중요한 것이 무엇입니까? 믿음으로 하나님과 접촉해 있는 것입니다. 원망과 불평을 쏟아내면서 안 된다고 말하지 않고 역사의 주인이신 하나님을 찬송하며, 하나님의 은혜를 믿으며 사는 것입니다. 그러면 요셉의 눈물을 기쁨으로 바꾸신 하나님을 경험하게 되는 것입니다.

3. 끝까지 믿음으로 전진하자

신갈렙 선교사님이 "행복한 암 동행기"라는 책을 썼습니다. 암과 동행하는 것이 어떻게 행복합니까? 신갈렙 선교사님은 이랜드 그룹에 입사해서 선교사의 열정으로 사업을 잘 이끌었습니다. 신앙생활도 열심히 하고 직장생활도 선교사라는 생각으로 복음을 전하면서 직장생활을 잘했습니다. 그런데 지난 2006년 4월 암 진단을 받았습니다. 마음속에 원망과 절망이 찾아 왔습니다. 항암 치료를 24번 받았습니다. 머리카락이 다 빠지고 온 몸에 말할 수 없는 고통이 찾아왔습니다. 그러나 암이 다 나았을 것이라고 희망에 부풀어 있는 그에게 "암이 폐로 전이되었다."는 진단이 내려졌습니다. 그리고 얼마 후 다시 "암이 림프절 전체는 물론 다른 장기로도 전이되었다."는 선고를 받게 된 것입니다. 치유불가였습니다. 마음속에서 분노와 절망이 한꺼번에 몰려왔습니다. 그런데 어느 날 밤, 이렇게 인생을 원망으로 보내면 안 되겠다는 생각이 들었습니다. 이 절망 안에도 하나님의 은혜가 있다고 믿었습니다. 그래서 믿음으로 예수님을 붙잡았습니다. 그리고 눈물을 기쁨으로 바꾸시는 하나님을 바라보며 믿음을 지켰습니다. 그런데 암에 걸려 사형 선고를 받고 나니까, 평생 살면서 보이지 않던 것이 보이더랍니다. 곧 인생에서 가장 중요한 것이 무엇인지 보이더랍니다. 그러니까 평생 고치지 못했던 성격이 변하고, 헛되게 시간을 낭비하던 무기력한 생활이 변하고, 인생에서 가장 중요한 것이 어떤 것인지 보이더라는 것입니다.

암은 고통이 아니라, 나를 믿음 안에서 진실하게 살 수 있도록 이끄는 축복이라는 생각이 들었습니다. 그 때 시편 118편 17절 말씀이 떠올랐습니다. "내가 죽지 않고 살아서 여호와께서 하시는 일을 선포하리로다." 그래서 '내가 죽지 않고 살아서 주님이 하시는 일을 내가 선포하겠습니다.'라고 결심을 하게 됩니다. 그런 후 기도 중에 로마서 8장 28절 말씀을 하나님이 주셨습니다. "우리가 알거니와 하나님을 사랑하는 자 곧 그의 뜻대로 부르심을 입은 자들에게는 모든 것이 합력하여 선을 이루느니라." 무슨 말이죠? 고통이나, 눈물이나, 아픔이 기쁨으로 변화된다는 것입니다.

그 때부터 자기 몸에 있는 암을 연구하기 시작했습니다. 암에 관한 책 수백 권을 읽었습니다. 그리고 성경을 찾아 읽으면서 암을 성경적으로 새롭게 해석했습니다. 그리고 그 방법으로 자신의 몸에 적용하면서 암을 치유해 나가기 시작했습니다.

하나님이 신갈렙 선교사님을 놀랍게 사용하시고 계십니다. 의사들은 바로 죽는다고 했는데 이분은 지금까지 암과 함께 살면서 수많은 암환자들에게 복음을 전하고 있습니다. 암에 관한 책을 썼습니다. 『암, 투병하면 죽고 치병하면 산다』, 『암이란 진단을 받으면 어떻게 해야 하나』 이 책들은 지금 불신자들과 암 전문의들에게 큰 인기를 끄는 책이 되었습니다.

놀라운 것은 신갈렙 선교사님은 현대의학이 아닌 방법을 사용하여 암을 치유하고 있습니다. 자신이 발견한 방법으로 수많은 환자들과 의사들에게 놀라운 지혜를 주는 사람으로 기쁘게 쓰임 받고 있습니다.

하나님은 우리의 고난과 눈물을 불쌍히 여겨주시는 분이십니다. 그런데 불쌍히 여기기만 하시는 분이 아니라, 우리의 눈물을 기쁨으로 바꾸시기 위해서 직접 우리의 인생과 역사 속에 들어오시는 분이십니다. 그래서 예수님을 역사 가운데 보내신 것입니다. 그 예수님이 과부를 위로하시고 그 아들을 살리신 것입니다. 믿음으로 예수님과 연결되어 있으면, 언젠가 내 메마른 삶이 회복되고, 죽어가는 영혼이 살아나고, 절망 속에서 흘린 눈물이 기쁨으로 변화되는 것을 반드시 누리게 될 것입니다.

여러분은 하나님의 자녀들입니다. 하나님은 사람의 부모보다 더 여러분을 사랑하십니다. 자식의 울음소리를 이겨낼 부모가 없듯이, 하나님은 우리의 고난을 긍휼히 여겨주시는 것입니다. 믿음으로 인내하십시오. 믿음으로 하나님을 찬송하시기 바랍니다. 그래서 내 인생의 눈물을 기쁨으로 바꾸시는 하나님으로 말미암아 여러분을 통해서 이웃과 일가친척들과 주변 사람들이 하나님을 발견하고, 하나님을 찬양하는 일들이 일어나기를 주님의 이름으로 축원합니다. 아멘.

09장

모두가 끝이라고 할 때 하나님은 시작하신다

왕하 19:14-19

가이드 포스트 5월호에 참 은혜로운 글이 실렸습니다. 일본 동경에서 선교사역을 감당하고 있는 정진숙이라는 선교사님이 쓴 글입니다. 여러분 모두 아시다시피 일본에 큰 지진이 일어났고 지금은 후쿠시마 원전 사건으로 일본이 큰 어려움을 겪고 있습니다. 수많은 사람들이 가족을 잃었고, 고통을 당하고 있습니다. 이 모습을 지켜본 정진숙 선교사님이 이들을 위로하기 위해서 노래를 만들어 유튜브에 올렸다고 합니다. 그 노래의 가사는 '희망의 빛줄기'를 놓지 말라고 격려하는 노래였습니다. 이 노래를 유튜브라고 하는 인터넷 채널에 올려놓자 놀랍게도 수많은 일본인들이 이 노래를 듣고 위로를 받더라는 것입니다. 그리고 이것을 본 일부 사람들은 덕분에 어려운 중에 용기를 찾게 되었다는 글을 남기기도 했다는 것입니다.

그런데 어느 날 요코하마에 사는 친구로부터 편지 한 통을 받았다고 합니다. 지난 3월 11일 대지진 당시 벌어진 기적에 대한 내용이었습니다. 선천성 간질병을 앓던 30대 일본 여성이 있었는데 약물 부작용으로 걷지도 못하고 말도 못했다고 합니다. 인간적으로 희망이 없는 여인이었습니다. 그런데 그분이 친구의 전도를 받고 예수님을 믿고 예배를 드리게 되었습니다. 그런지 얼마 후에 일본 대지진이 일어났습니다. 바로 그 때, 이 여인은 자신도 모르게 "예수님, 도와주세요!"라고 외쳤다는 것입니다. 그 순간 기적이 일어났습니다. 그 때부터 이 여인이 걷기도 하고 말도 하게 되었다는 것입니다. 치유가 된 것입니다. 할렐루야! 대지진 참사로부터 모두가 절망 속에 있고 모두가 끝이라고 말할 때 하나님은 자기를 찾는 자에게 은혜를 주시고 기적을 베풀어주신다는 것을 이 선교사님이 체험한 글을 올린 것입니다.

예수님을 영접하고 하나님의 자녀가 되었다는 것은 무엇을 의미합니까? 그것은 절대 희망의 눈으로 살게 되었다는 것을 말하는 것입니다. 세상 사람들은 하나님을 알지 못합니다. 그들은 오직 인간적인 관점에서만 생각하고 말합니다. 그래서 그들은 벽을 만나면 끝이라고 포기하고 맙니다. 그러나 우리 믿음의 사람들은 어떤 상황에서도 포기하지 않습니다. 왜 그런가요? 모두가 끝이라고 말할 때 하나님께서 새로운 일을 시작하신다는 것을 알고 있기 때문입니다.

모두가 사업이 망했다고 해도 우리는 하나님을 통해서 새 희망을 보는 사람들입니다. 모두가 이 질병은 죽을병이라고 해도 우리는 하나님을 통해서 기적을 보는 사람입니다. 모두가 우리의 인생이 끝이라고 해도 하나님은 바로 그 때 놀라운 일을 행하시는 분이십니다. 이것이 바로 전능하신 하나님을 믿는 우리의 믿음입니다. 그러므로 그리스도인에게는 절망은 없습니다. 오직 우리는 예수 안에서 절대 희망만을 품고 사는 믿음의 사람, 기적의 사람, 희망의 사람입니다. 이런 믿음으로 승리하시기를 축원합니다.

그러면 모두가 끝이라고 할 때 우리는 어떤 신앙의 자세를 가져야 합니까?

1. 히스기야의 절대 희망

오늘 본문에 보면 히스기야 왕의 기도가 나옵니다. 히기스야 왕이 남쪽 유대 나라를 통치하던 시대에 북쪽의 강력한 제국인 앗수르가 예루살렘을 침공했습니다. 앗수르의 산헤립 왕은 중동의 모든 나라를 정복했습니다. 그리고 북 이스라엘과 그 수도 사마리아까지 완전히 초토화시켰습니다. 이제 앗수르 강대국을 맞설 나라는 중동에 없었습니다. 산헤립은 엄청난 군사력을 이끌고 예루살렘을 쳐들어왔습니다. 그리고 이제 랍사게라는 신하를 시켜, 히스기야 왕과 여호와 하나님을 모독하는 말을 하게 합니다. "너희가 섬기는 여호와 하나님이 너희를 구원할 것이라는 말을 믿지 말라. 히스기야 왕의 말을 듣지 말라. 이 땅의 모든 나라의 왕과 신들은 나 산헤립의 손에 다 멸망을 당했다. 너희도 그렇게 되리라. 와서 항복하라." 이 말을 들은 백성들은 두려워서 어떻게 할 수가 없었습니다. 히스기야 왕과 신하들도 다 두려워 떨었습니다. 이 때 앗수르의 산헤립은 최후의 선전포고를 기록한 편지를 히스기야에게 보냅니다. 그 때 히스기야가 어떻게 했습니까? 그 편지를 들고 여호와의 성전에 올라갑니다. 그리고 그 편지를 성전에 펴 놓고 울면서 기도합니다. "주 여호와여 오직 하나님만이 참 하나님이십니다. 살아계신 하나님을 모욕하는 말을 전한 산헤립을 잊지 마십시오. 우리를 구원하여 주옵소서!" 이렇게 기도한 것이 바로 오늘 본문의 말씀입니다.

절망하는 사람은 끝을 만날 때 스스로 절망하며 무너지고 맙니다. 그러나 믿음의 사람은 절망의 순간에 포기하지 않고 하나님께 나아가는 사람입니다. 이런 믿음의 사람이 결국 성공적인 인생을 만들게 되는 것입니다.

그래서 예수님께서 뭐라고 하셨습니까? "너희가 악한 자라도 좋은 것으로 자식에게 줄 줄 알거든 하물며 하늘에 계신 너희 아버지께서 구하는 자에게 좋은 것으로 주시지 않겠느냐."(마 7:11)

고대 근동의 거의 모든 나라가 앗수르 왕 산헤립의 협박을 받고 굴복했습니다. 모두가 지리멸렬하여 무너지고 말았습니다. 앗수르가 공격하면 모두가 끝이라며 무너진 것입니다. 그러나 히스기야는 어떻게 했습니까? 그의 협박에도 인생 끝이라고 생각하지 않았습니다. 왜 그런가요? 하나님이 살아계시기 때문입니다. 이것이 바로 우리가 배워야 할 믿음입니다. 하나님이 저와 여러분의 아버지가 되십니다. 그런데 왜 인생이 끝입니까?

그 때 하나님께서 이사야 선지자를 통해서 놀라운 응답을 주십니다. 20절을 봅시다. "아모스의 아들 이사야가 히스기야에게 보내 이르되 이스라엘 하나님 여호와의 말씀이 네가 앗수르 왕 산헤립 때문에 내게 기도하는 것을 내가 들었노라 하셨나이다." 할렐루야!

하나님은 저와 여러분의 기도를 다 들어주십니다. 왜 그런가요? 아버지이시기 때문입니다. 저희 집사람은 아주 놀라운 은사를 가지고 있는데, 첫째는 기도 응답의 능력이 있습니다. 저희 집사람이 기도하면 신기하게도 잘 응답됩니다. 둘째는 수면의 은사인데, 눈만 감으면

3초 안에 잠을 잡니다. 참 놀랍습니다. 저는 잠을 자려면 적어도 30분은 예비 동작을 해야 합니다. 그런데 하나, 둘, 셋 하면 잠을 잡니다. 저는 이 은사가 제일 부럽습니다. 더 놀라운 것은 한번 잠들면 옆에서 소리를 질러도 반응이 없다는 것입니다. 얼마나 놀랍습니까? 그런데 참 기가 막힌 것은 저희 집 막내 아이가, "엄마" 하면서 울면 바로 벌떡 일어나는 것입니다. 저희 집사람이 그래요. 신기하게도 다른 소리는 잘 안 들리는데, 자신의 자녀가 우는 소리는 바로 들리더라는 것입니다. 이것이 바로 사랑이고, 이것이 바로 부모의 마음입니다.

하나님은 저와 여러분의 아버지가 되십니다. "영접하는 자 곧 그 이름을 믿는 자들에게는 하나님의 자녀가 되는 권세를 주셨으니."(요 1:12) 할렐루야!

모두가 이제 끝이라고 생각할 때, 히스기야 왕은 기도했습니다. 그러자 하나님께서 이사야 선지자를 통해서 기도 응답을 주십니다. 그 내용이 무엇입니까? 앗수르 왕이 감히 예루살렘 성을 향하여 화살 하나도 날리지 못하고 망하게 된다는 것입니다.

그리고 35절에 놀라운 역사가 일어납니다. "이 밤에 여호와의 사자가 나와서 앗수르 진영에서 군사 십팔만 오천 명을 친지라 아침에 일찍이 일어나 보니 다 송장이 되었더라." 할렐루야! 어떻게 되었습니까? 하나님의 천사가 나와서 앗수르 군사를 쳤습니다. 그러자 저들이 하룻밤 사이에 다 죽고 멸망하고 만 것입니다. 앗수르 왕 산헤립은 예루살렘을 향하여 화살 하나 날리지 못하고 그대로 멸망하고 만 것입니다. 이것은 고고학적으로도 증명이 된 사실입니다. 초강대국 앗수르가 작은 나라 이스라엘을 정복하지 못하고 망했다는 것입니다. 왜 그런가요? 모두가 끝이라고 할 때 하나님께서 역사하셨기 때문입니다.

이스라엘 백성이 이집트에서 탈출하여 홍해 바다 앞에 이르렀을 때, 이집트 군대가 이스라엘을 추격했습니다. 앞에는 홍해 바다가 있어서 도망가지도 못합니다. 모든 이스라엘 백성들은 두려워 떨며 이젠 끝이라고 말합니다. 그 때 어떤 일이 일어났습니까? 모두가 끝이라고 할 때 하나님께서는 홍해 바다를 가르신 것입니다.

모두가 끝이라고 할 때 하나님은 위대한 일을 시작하십니다. 그럼에도 불구하고 오늘날 수많은 그리스도인들이 쉽게 절망하고 낙심합니다. 믿음이 없는 사람처럼, 하나님을 모르는 사람처럼 행동합니다. 우리가 하나님을 믿는다고 할 때, 그 믿음은 도대체 어떤 믿음입니까? 그것은 절망을 희망으로 바꾸시고, 낮은 자를 높이시고 가난한 자를 부요하게 하시며, 병든 자를 치유하사 강건하게 하시는 하나님의 은혜를 신뢰하는 믿음 아닙니까? 그런데 믿음이 있다고 하면서 절망합니다. 이런 믿음은 하나님이 기뻐하시지 않는 것입니다. 우리가 인간적인 생각, 인간적인 한계로 불신앙 가운데 있으면 그 어떤 하나님의 기적과 능력을 경험할 수 없습니다. 그러므로 우리는 모두가 끝이라고 할 때에도 하나님의 일하심, 하나님의 은혜를 기대하며 절대 희망 가운데 살아야 합니다. 어떤 일을 당해도 예수 안에서 희망, 어떤 소리를 들어도 예수 안에서 희망을 소유하시기 바랍니다. 그래서 놀라운 하나님의 축복과 은혜를 체험하는 여러분 되시기를 주님의 이름으로 축원합니다.

2. 성전에서 찾은 절대 희망

오늘 히스기야 왕은 절대 위기의 순간, 모두가 끝이라고 말할 때 그는 성전에 올라갔다는 것입니다. 당시 북방의 강대국 앗수르를 맞설 수 있는 나라는 유일하게 이집트뿐이었습니다. 그래서 앗수르의 산헤립도 이집트에 대한 경계심이 있었습니다. 18:21절을 보세요. "이제 네가 너를 위하여 저 상한 갈대 지팡이 애굽을 의뢰하도다."라고 합니다. 이 말은 앗수르 왕 산헤립의 부하인 랍사게가 히스기야 왕에게 한 말입니다. "네가 아무리 이집트를 의지하려고 해도 우리 앗수르가 더 세다."라는 말입니다. 왜 이 말을 합니까? 이집트가 늘 마음에 걸리기 때문입니다. 즉 이스라엘 백성이 이집트에게 원조를 요청해서 군사를 불러 올까 신경 쓰였던 것입니다. 그래서 많은 이스라엘 왕들이 이집트를 의지했습니다. 아마도 히스기야 왕 시대에도 수많은 신하들이 이집트에게 도움을 구하자고 했을지도 모르겠습니다. 그런데 히스기야 왕은 어디로 갔습니까? 이집트에게로 간 것이 아니라 성전에 올라갔습니다. 왜 그런가요? 하나님의 도우심은 세상에 있는 것이 아니라, 성전에서부터 시작한다는 것을 알았기 때문입니다.

우리도 마찬가지입니다. 인생에 문제를 만나고 벽을 만날 때 인간적인 방법을 찾기보다 먼저 주님 전에 나아와 무릎을 꿇어야 하는 것입니다. 왜 그런가요? 하나님의 역사는 바로 성전에서부터 시작하기 때문입니다.

연세대학교 영동 세브란스 병원의 암센터 소장인 이희대 박사님이 있습니다. 최근에 그분이 『희대의 소망』이라고 하는 책을 썼습니다. 이분은 2003년도에 대장암이 발병되어 지금까지 8년 동안 병과 싸우고 있는데 대장암을 비롯해서 온 몸에 암이 전이되어서 열 번 이상 재발을 하여, 수술을 수없이 받았습니다. 현재 암세포가 간과 골반 뼈에 전이되어 암4기, 말기 암 상태이지만은 아직도 그는 절대 희망을 가지고 예수님 붙잡고 환자들을 치료하고 있습니다. 본인이 암센터 소장이에요. 그런데 본인이 암에 걸렸습니다. 그것도 암 말기입니다. 본인도 잘 알고 있습니다. 그러나 이분은 절대로 암말기라는 말을 쓰지 않습니다. 이분은 "암4기 다음에 생명의 5기가 있다."고 합니다. 그래서 절대 죽음을 선고 받고도 절대 긍정의 믿음을 가지고 전진해 나갑니다. 믿음으로 암을 극복하고 사시는 분입니다. 의학적으로는 이분은 벌써 죽어야 합니다. 원래 말기 암 환자는 3개월에서 6개월 선고 받거든요. 그러나 8년이 지나도록 건강하게 살고 있습니다. 이분은 늘 이렇게 말합니다. "암이 허락 없이 와서 돈도 안 내고 전세 살고 있다고." 이렇게 긍정적인 믿음, 절대 희망의 믿음으로 암과 싸우는 거예요. 심지어 그는 이런 간증을 하고 있습니다.

"암은 하나님을 만나게 해주었기 때문에 저에겐 차라리 축복이었습니다. 기독교 학교도 나왔고 성경을 접한 적도 있었지만 수박 겉핥기에 불과했습니다. 그런데 암을 통해서 철저히 낮아짐으로써 비로소 저는 하나님을 만나게 되었습니다. 2003년 6월에 저는 이미 암 4기였습니다. 말기입니다, 말기. 그때 죽는다, 죽는다 했더라면 진짜 죽었을지도 모릅니다. 모두가 끝이라고 했습니다. 하지만 하나님은 세상적인 치료 외에 영적인 치료를 허락하셔서 새로운 생명으로 태어나게 해주셨습니다. 절망 속에서 만난 하나님은 믿음으로 암을 극복할 수 있도록 해주셨을 뿐만 아니라 의술을 뛰어넘어 하나님을 의지하는 것이 무엇보다 중요하다는 것을 깨닫게 해 주셨습니다."

우리가 어디에서 희망을 찾을 수가 있습니까? 우리가 어디에서 하나님의 능력, 하나님의 도우심, 하나님의 권능을 찾을 수가 있습니까? 바로 성전인 것입니다. 모두가 끝이라고 말할 때 여러분은 성전에 와서 부르짖으시기 바랍니다. 그러면 하나님께서 일하기 시작하실 것입니다. 그러므로 성전에서 부르짖는 사람은 절대 희망으로 살게 되는 것입니다. 성전에서 하나님의 일하심을 발견하는 여러분 되시기를 주님의 이름으로 축원합니다.

3. 하나님을 향한 절대 희망

오늘 히스기야는 어떻게 하나님께 기도합니까? 19절을 보세요. "우리 하나님 여호와여 원하건대 이제 우리를 그의 손에서 구원하옵소서 그리하시면 천하만국이 주 여호와가 홀로 하나님이신줄 알리이다 하니라." 무슨 말이죠? 온 세계 사람들이 깜짝 놀랄 방법으로 인간의 생각의 범위를 뛰어 넘는 하나님의 능력으로 구원하여 달라는 것입니다.

인간의 한계로 하나님의 능력과 방법을 제한하는 사람이 있습니다. 그는 믿는다고 하지만 자기 이성의 한계 범위 안에서 믿습니다. 그 사람이 믿는 하나님은 어떤 하나님입니까? 전능하신 하나님이 아니라, 자기가 생각하는 능력 범위 안에만 있는 하나님인 것입니다. 이것이 바로 똑똑하다고 생각하는 사람들이 쉽게 넘어지는 함정입니다.

우리가 믿는다고 할 때 그것은 곧 하나님의 전능하심, 하나님의 방법의 선하심을 믿는 것입니다. 모두가 끝이라고 할 때, 하나님은 시작하십니다. 어떻게요? 그것은 잘 모릅니다. 단지 아는 것은 하나님의 생각은 우리의 생각보다 크시며, 하나님의 뜻은 우리의 뜻보다 더 놀랍다는 것뿐입니다. 우리는 단지 절대 믿음으로 하나님을 신뢰하여 믿고 따릅니다. 당장 눈으로 보기에는 그것이 내게 손해인 것 같지만, 그 모든 것이 놀랍게 합력하여 선을 이루고, 위대한 승리가 되게 하여 주실 것을 믿는 것입니다. 그러므로 우리는 인간의 생각으로 하나님을 제한하지 말고, 큰 믿음으로 하나님의 은혜를 구해야 합니다. 당장 답답하게 보이고, 불가능하게 보여도 절대로 낙심하지 말고 주님을 믿고 믿음으로 구하십시오. 그리고 어떤 결과가 나와도 하나님께서 결국 가장 좋은 것을 주신다는 것을 믿으시기 바랍니다.

존 헤론(John W. Heron, 1857-1890) 선교사님이 계십니다. 이분은 1858년 6월 15일 영국에서 목사님 아들로 태어납니다. 그런데 어릴 때부터 '나는 선교사가 될 것이다. 선교사가 될 것이다.'라고 자신의 비전을 말했습니다. 열네 살 나이에 미국으로 이민을 와서 그는 의과대학에 가서 모든 공부를 하고 테네시 주립대학 의과대학에서 수석으로 졸업을 합니다. 대학교에서 그가 워낙 탁월한 학생이었기 때문에 교수로 제안이 들어옵니다. 그러나 그는 그것을 단호히 거절합니다. '나는 선교사로 가기로 내 자신을 주님께 드린 사람입니다.' 그래서 미국 북장로교회 선교사로 신청해서 우리 한국에 제1호 선교사로 임명장을 받았습니다. 이분의 꿈은 조선의 제1호 선교사가 되는 것이었습니다. 그래서 배를 타고 조선으로 오는데, 급하게 전보를 받습니다. 조선에 갑신정변이 일어나서 정부가 혼란스러우니까, 일본에서 조선말을 배우고 지시가 있을 때까지 기다리라는 것입니다. 그래서 일본에서 박영효라는 분에게 조선말을 배웠습니다. 그런데, 그 사이에 언더우드와 아펜젤러 선교사님이 조선에 먼저 입국하게 되어, 그 분들이 공식적인 최초의 선교사님이 되었습니다. 그래서 존 헤론 선교사님의 꿈은 좌절되고 말았습니다.

미국에서 의과대학 교수 자리까지 포기하고 왔는데, 한 순간에 조선 1호 선교사의 꿈이 좌절된 것입니다. 그리고 나서 1885년 6월 21일 서울에 도착합니다. 조선에 도착하니까, 난리가 났습니다. 조선 정부에는 이런 저런 정변으로 칼에 맞은 사람, 총에 맞은 사람이 있는 것입니다. 그런데 조선 한의사들이 고치지를 못합니다. 그래서 조선 왕실에서 존 헤론 선교사님을 조선에 모셔오게 됩니다. 존 헤론 선교사님이 수많은 사람을 고칩니다. 그러니까, 조선 왕의 총애를 받았습니다. 그래서 존 헤론 선교사님의 말이라면 다 들어주는 분위기가 됩니다. 어느 날, 존 헤론 선교사님이 보니까 조선 서민들은 날마다 이질, 콜레라, 매독과 같은 질병으로 아주 처참하게 죽어가는 것입니다. 그런데도 서민을 위한 병원이 하나도 없었습니다. 그래서 왕에게 서민들을 위한 제중원이라고 하는 최초 서양식 국립 병원을 세워줄 것을 건의합니다. 그래서 제중원이 생긴 것입니다. 서민들도 서양식 치료를 받자 수많은 사람들이 생명을 얻습니다. 이 때 존 헤론 선교사님을 만나는 사람마다 예수님의 사랑을 전합니다. 그래서 수많은 사람들이 예수님을 영접하게 되는 것입니다. 여러분 아시다시피, 이 제중원이 세브란스 병원이 됩니다. 이곳에서 치료를 하면서 복음을 전하니까, 교회가 생깁니다. 그 교회가 지금 남대문 교회입니다. 그리고 이 분이 성경을 번역하고 또 성경책을 출판하면서 대한기독교서회를 설립합니다. 그리고 전국을 다니면서 병자들을 고치고 복음을 전하는데 자기 모든 혼신의 노력을 기울여서 우리 한국 사람을 돌보는 것입니다.

헤론 선교사가 갑신정변으로 조선의 첫 번째 선교사가 되는 꿈이 좌절되었을 때, 얼마나 답답했겠습니까? 그러나 그것이 하나님의 축복이었습니다. 하나님께서 다 길을 마련하신 것입니다. 이것이 바로 하나님의 방법입니다. 조금 길이 막힌다고 불평하지 마세요. 하나님의 뜻을 구하고 하나님의 방법을 믿고 믿음으로, 예수 안에서 감사하면서 살아야 합니다.

1890년 여름, 수많은 전염병 환자들이 확산되어 나갈 때, 그 병을 고치기 위해서 600리나 되는 먼 길, 시골로 내려가서 치료하고 오다가 전염병 이질에 걸리고 맙니다. 3주간 몹시 앓다가 세상을 떠나게 되는데, 하나님이 자기를 부르신다는 것을 깨닫습니다. 존 헤론 선교사님은 함께 일하던 조선 사람들을 불러 놓고 마지막으로 이렇게 유언을 합니다.

> "나를 사랑해 주고 도와준 친구들 감사합니다. 예수님은 여러분을 사랑하십니다. 예수님은 여러분 한 분 한 분을 위하여 십자가에 못 박히셨고 그 생명을 바치셨습니다. 여러분 예수를 믿으십시요. 다만 예수님을 믿으십시요."

그는 가쁜 숨을 몰아쉬면서 마지막으로 예수를 믿으라고 외치고, 조용히 눈을 감고 천국에 갔습니다. 마지막 생명의 불꽃을 피워서 복음을 전했습니다. 주님 말씀을 전하고 그가 세상을 떠났을 때, 그의 나이가 불과 32세입니다. 한국에 온지 5년 만에 사랑하는 아내와 두 딸을 남겨두고 꽃다운 나이에 한국 사람을 위해 헌신하다가 세상을 떠난 것입니다. 놀라운 것은 존 헤론의 남겨진 가족들은 끝까지 조선에 남아서 선교를 계속 이어갔습니다. 그리고 수많은 결신자를 얻었다고 합니다.

모두가 끝이라고 할 때, 하나님은 시작하시는 것입니다. 하나님은 우리의 생각보다 크십니다. 여러분을 절망케 하는 것이 무엇입니까? 여러분을 낙심케 하는 것이 무엇입니까? 무엇이 여러분을 두렵게 합니까? 앗수르의 선전포고가 담긴 편지를 들고 성전에 올라가 그 편지를 펴 놓고 기도하던 히기스야를 생각해 보십시오. 그리고 절대 희망을 품고 기도하던 그를 생각해 보십시오. 모두가 끝이라고 했을 때, 그는 하나님을 찾았습니다. 그 때 하나님은 위대한 일을 시작하셨습니다. 하나님이 함께 하시니 절대로 낙심하지 마시기 바랍니다. 모두가 끝이라고 할 때, 하나님은 시작하십니다. 하나님의 방법은 내 생각보다 크심을 기억하시기 바랍니다. 그래서 이 믿음으로 결국 승리를 주시는 하나님의 은혜를 경험하시기를 주님의 이름으로 축원합니다. 아멘.

10장
메마른 시대 속에 생명수를 누리는 삶
막 11:20-24

서울 경부선 고속도로가 시작되는 지점에 만남의 광장이라는 곳이 있습니다. 왜 이곳이 만남의 광장인줄 아십니까? 친구나 친척들이 함께 여행을 가려고 합니다. 그런데 어떤 사람은 신림동에 살고, 어떤 사람은 불광동에 삽니다. 한번에 모여서 여행가기가 어렵습니다. 그래서 사람들이 함께 여행을 떠나기 전에 고속도로 초입에 있는 만남의 광장에서 만나자고 약속을 합니다. 그리고 만남의 광장에서 만나 함께 즐거운 여행을 떠나는 것입니다. 이런 이유로 그곳이 만남의 광장이라고 부르게 된 것입니다.

그리스도인은 하나님과 동행하는 자들입니다. 우리는 예수 그리스도 안에서 하나님을 만나며, 그 안에서 새로운 인생길을 시작하는 자들입니다. 그래서 예수님이 바로 만남의 광장이십니다. 그러므로 그리스도를 알고, 그리스도와 교제하고 그리스도를 깊이 경험하는 것이 축복이며 믿음의 능력이 됩니다. 그런데 하나님과 동행하는 인생,

하나님의 은혜와 축복을 누리는 인생이 되기 위해서는 믿음의 원리가 필요합니다. 이것을 다룬 내용이 바로 오늘 본문의 말씀입니다.

예수님께서 예루살렘으로 올라가시는 도중에 잎사귀가 무성한 무화과나무를 보셨습니다. 무화과나무는 그 뜻이 꽃이 없이 과일이 열리는 나무라는 뜻입니다. 다른 말로 하면 잎사귀가 무성하면 대부분 무화과 열매가 있다는 뜻입니다. 예수님께서 길을 가시는데 길가 저편에 잎사귀가 아주 풍성하고 무성한 무화과나무가 있었습니다. 그래서 예수님께서 무화과 열매를 드시기 위해서 그 무화과나무로 가셨습니다. 그렇지만 그 무화과나무는 잎사귀만 무성했지 열매는 하나도 없었습니다. 이에 예수님께서 그 나무를 저주하셨습니다. 그 다음날 아침, 예수님과 제자들이 예루살렘에서 내려왔습니다. 그런데 베드로가 어제 예수님이 저주하신 무화과나무가 바짝 말라버린 것을 보고 깜짝 놀랐습니다. 베드로는 예수님에게 "주님께서 저주하신 그 잎사귀만 무성한 무화과나무가 말라버렸습니다."라고 말합니다. 그러자 예수님께서 뭐라고 하셨습니까? "내가 진실로 너희에게 말하노니 누구든지 이 산더러 들리어 바다에 던져지라 하며 그 말하는 것이 이루어질 줄 믿고 마음에 의심하지 아니하면 그대로 되리라. 그러므로 내가 너희에게 말하노니 무엇이든지 기도하고 구하는 것은 받은 줄로 믿으라 그리하면 너희에게 그대로 되리라."고 하신 것입니다. 저는 이 믿음의 능력이 여러분 삶 가운데 그대로 임하기를 주님의 이름으로 축원합니다.

오늘 본문은 우리에게 중요한 의미를 제시하고 있습니다. 먼저 무화과나무는 하나님을 떠난 세상을 상징하는 것으로 볼 수 있습니다. 하나님을 떠난 세상은 어떤 세상입니까? 잎사귀는 무성해서 풍성해 보이고 화려해 보이고 뭔가 있을 것 같지만 정작 그 안에는 열매가 하나도 없다는 것입니다. 오늘날의 세상을 보세요. 얼마나 옷이 아름답고 화려합니까? 얼마나 차들이 멋집니까? 또 건물들을 보세요. 얼마나 높이 올라가는지 보기만 해도 아찔합니다. 제가 미국 시카고에서 세계에서 가장 높은 빌딩 중에 하나인 시어스 빌딩을 본적이 있습니다. 얼마나 높은지 멀리서도 웅장하게 보였습니다. 참으로 이 세상은 화려합니다. 그러나 예수님이 보실 때 이 세상에는 생명의 열매가 없다는 것입니다. 저는 어제 한 원로목사님의 장례식에 다녀왔습니다. 예수님 믿는 분들의 장례식장은 차분하고 천국의 소망과 기쁨이 흐릅니다. 그런데 옆에 있는 다른 불신자 분의 장례식은 그야 말로 절망이었습니다. 소리를 지르며 웁니다. 상주가 술을 먹었는지 분위기가 아주 험악합니다. 한 눈에 봐도 절망이 보입니다. 너무나도 침울했습니다. 이것이 세상입니다. 사람은 생명의 주인이 아닙니다. 세상은 이렇게 화려한데, 세상은 이렇게 좋은 건물과 자동차와 삶의 부를 만들어 가고 있는데 생명의 문제는 해결하지 못하고 너무나도 무기력한 것입니다. 잎사귀는 너무나도 화려한데, 생명의 열매가 없는 것입니다.

예수님이 저주하신 이 열매 없는 무화과나무가 말라버렸습니다. 무슨 뜻입니까? 주님을 메시야로 받아들이지 않는 자는 망한다는 것을 의미합니다. 그래서 이 세상은 메마른 상태로 살게 된다는 것입니다. 세상 사람들은 목마른 사람들입니다. 세상 사람들은 마음이 공허합니다. 세상 사람들은 무엇인가 재미를 찾습니다. 그들은 자기 영혼에 알 수 없는 공허함과 목마름의 고통을 호소하고 있습니다. 그럼에도 불구하고 예수님을 찾지 않습니다. 세상에서 경험하는 영혼의 목마름을 해소하려고 쾌락을 추구하고, 어떤 오락을 추구합니다. 그러나 문제는 해결되지 않습니다. 오늘날 한국 사회를 보세요. 수많은 사람들이 영적인 목마름과 공허함과 외로움을 해결하지 못하고 무너지고 있지 않습니까? 주님을 떠난 세상은 어떤 세상입니까? 화려한 잎사귀는 있으나 열매가 없는 무화과나무와 같습니다. 결국 주님을 떠난 자는 무화과나무처럼 말라버리고 말 것입니다.

예수님의 제자들과 마찬가지로 우리도 바로 이런 열매 없는 시대, 메마른 시대를 살고 있습니다. 이 메마른 시대에서 성공적인 인생을 사는 비결은 바로 믿음으로 사는 것입니다. 그 때 제자들은 믿음을 통해서 생명수를 경험합니다. 믿음을 통해서 하나님과 동행하는 은혜를 경험합니다. 그리고 기적과 능력을 체험하게 됩니다. 저는 여러분의 인생이 이 메마른 시대 속에서 생명수를 경험하고 믿음의 능력을 체험하는 복된 인생이 되시기를 주님의 이름으로 축원합니다.

이 세상을 이겨내는 믿음에는 세 가지 요소가 있습니다. 그것이 무엇입니까?

1. 기다림의 믿음

오늘 본문을 보세요. 예수님께서 뭐라고 하셨습니까? '그 말하는 것이 이루어질 줄 믿고 마음에 의심하지 아니하면 그대로 되리라'고 하십니다. 오늘 예수님께서는 놀라운 믿음의 능력을 말씀해 주시고 계십니다. 믿고 구하는 것이면 그대로 된다고 하십니다. 그러므로 의심하지 말라고 하십니다. 왜 의심하지 말라고 할까요? 당장 이루어지지 않을 수 있기 때문입니다. 이 메마른 시대 속에서 하나님의 능력과 기적과 은혜를 체험하는 삶을 살기 위해서 우리가 가져야 할 믿음은 무엇입니까? "기다림의 믿음"이라는 것입니다.

사도행전에 보면 예수님께서 하늘로 승천하시기 전에 제자들에게 마지막 당부를 하십니다. 그것이 무엇입니까? 당장 나가서 복음전하지 말고, 예루살렘에서 하나님께서 약속하신 것이 임하기까지 기다리라는 것입니다. 그것이 무엇입니까? 바로 성령이었습니다. 제자들은 예수님의 말씀을 믿고 기도했습니다. 그러나 당장 성령께서 임하신 것이 아닙니다. 여러 날을 기다리며 기도했습니다. 그러자 어떻게 되었습니까? 오순절 날 성령께서 바람같이 불같이 제자들에게 임한 것입니다. 성령의 엄청난 능력이 제자들에게 임하여 그 능력으로 하나님 나라를 선포하게 된 것입니다.

만약 제자들이 성령 세례를 받지 않고 복음을 전했다면 어떻게 되었을까요? 영적 전쟁에서 100전 100패 했을 것입니다. 말라버린 세상에 어떻게 우리 인간의 능력으로 생명수를 전해 줄 수 있습니까? 사람의 능력으로 예수님 믿게 할 수 있습니까? 절대 불가능합니다. 그것은 오직 성령께서 하시는 일이다. 사람의 능력으로 하나님 나라의 축복을 이 땅에 가져올 수 있습니까? 그럴 수 없습니다. 오직 성령께서만 하시는 것입니다. 그러므로 제자들은 성령의 충만을 받아야만 했던 것입니다. 이와 같이 초대교회의 시작은 '기다림의 믿음'으로부터 시작되었다고 할 수 있습니다.

오늘날 우리가 신앙생활에 실패하는 이유가 무엇입니까? 왜 우리는 세상에서 믿음의 능력을 경험하지 못합니까? 우리가 세상 속에서 믿음의 능력을 경험하지 못하는 이유는 기다림에서 실패하기 때문인 것입니다. 사실 우리는 너무나도 조급합니다. 우리는 너무 인스탄트

식의 삶에 익숙합니다. 모든 것이 빨리 빨리 즉석에서 이루어지기를 원합니다. 그래서 어떻게 합니까? 하나님보다 앞서가는 오류를 범하여 자주 실패하는 것입니다.

왜 우리에게 믿음의 능력이 나타나지 않으며, 메마른 세상 속에서 생명수를 누리는 놀라운 기적을 체험하지 못합니까? 하나님보다 앞서가기 때문입니다. 하나님보다 앞서가기 때문에 우리는 하나님과 동행하지 못하는 것입니다. 믿음이란 하나님과 동행하는 것입니다. 즉 하나님과 함께 보조를 맞추어야 합니다. 많은 사람들이 믿고 구하고 나서 당장 열매가 보이지 않으면 인간적인 방법으로 해결하려고 합니다. 자기 지혜, 자기 경험, 자기 능력으로 하려고 합니다. 그래서 하나님의 능력이 나타나지 않는 것입니다. 그러니 그 안에 메마름이 경험되는 것입니다. 믿음의 능력은 곧 기다림의 능력입니다. 끝까지 열매를 놓고 기도하시기 바랍니다. 그리하면 하나님께서 놀라운 방법으로 반드시 이루어주실 줄 믿습니다.

우리가 즐겨 먹는 꿀 한 숟가락은 꿀벌이 4천 2백번이나 꽃을 왕복하며 얻은 것입니다. 영어사전 웹스터를 집필한 웹스터는 36년 동안 밤낮으로 작업을 하면서 결국 그 엄청난 사전을 편찬한 것입니다. 작곡가 요셉 하이든은 8백 개의 작품을 작곡했는데 가장 유명한 천치창조 오라토리오는 66세가 되어서야 8백 번이라는 작품을 써본 후에야 세상에 빛을 보게 된 것입니다. 로마의 시스틴 예배당에 그려진 미켈란젤로의 '최후의 심판'도 8년 동안 2천 번이나 스케치해서 얻은 작품이라는 사실을 아십니까?

빨리 이루어지는 것이 능사가 아닙니다. 정말 좋은 작품은 기다림이 필요한 것입니다. 마찬가지입니다. 하나님은 우리에게 가장 좋은 것을 주시기 위해서 우리로 하여금 기다리게 하신다는 것을 아십니까? 기다림이 축복이며, 기다림이 능력인 것입니다. 그러므로 당장 눈에 보이는 열매가 없다고 낙심하지 마십시요. 이 메마른 시대 속에서 생명수를 누리는 축복은 기다림의 믿음을 통해서 얻어지는 것입니다. 지금 기도제목을 놓고 기다리고 계십니까? 하나님께서 가장 좋은 것을 준비하고 계신다는 사실을 믿으시기 바랍니다. 인내와 기다림으로 메마른 시대를 이겨내시는 여러분 되시기를 주님의 이름으로 축원합니다.

2. 선포하는 믿음

오늘 23절에 보면 우리에게 좀 생소한 믿음의 원리를 말씀하고 계십니다. 그것이 무엇입니까? 말로 선포하고 나서 믿으라는 것입니다. 23절을 다시 읽어 봅시다. "내가 진실로 너희에게 이르노니 누구든지 '이 산더러 들리어 바다에 던져지라' 하며 그 말하는 것이 이루어질 줄 믿고 마음에 의심하지 아니하면 그대로 되리라."고 합니다.

참된 믿음은 주 안에서 확신한 꿈과 비전을 선포하는 것입니다. 믿음의 사람은 선포합니다. 왜 그런가요? 하나님의 역사는 그냥 이루어지는 것이 아니고 선포로부터 이루어지기 때문입니다. 골리앗 앞에서 하나님의 승리를 선포한 다윗을 기억하십니까? 자기를 미워하는 형들 앞에서 자신의 꿈과 비전을 선포한 요셉을 기억하십니까? 믿음의 사람은 자신의 꿈과 비전을 선포하며, 믿음으로 하나님의 은혜를 구합니다. 그러면 하나님의 능력을 체험합니다. 그러나 믿음이 부족한 사람은 선포하기를 두려워하는 것입니다.

왜 오늘날 수많은 그리스도인들이 예수님을 믿는다고 하면서 자신감이 없이 살고 있습니까? 왜 예수 믿고 산다고 하면서 능력이 나타나지 않을까요? 하나님을 경험하지 못하기 때문입니다. 왜 경험하지 못합니까? 하나님을 온전히 신뢰하지 못하기 때문입니다. 그래서 그는 늘 입을 꼭 다물고 삽니다. 실패와 두려움 속에서 삽니다. 저는 여러분의 믿음이 더 강해지기를 소원합니다. 저는 여러분이 꿈과 비전을 가지고 믿음으로 선포하는 사람이 되기를 원합니다. 나는 비록 부족해도 하나님께서 하시면 무엇이든지 할 수 있다는 믿음으로 선포하기를 축원합니다.

미국 시애틀 퍼시픽 대학교에 이재일 교수라고 하는 한국인 여교수가 있습니다. 그녀는 한쪽 다리가 짧아서 다리를 저는 장애인이었습니다. 모든 장애인이 그렇듯이 그녀도 열등감, 수치심, 분노, 절망감을 경험하며 인생을 살아야 했습니다. 신앙생활을 하면서도 그런 내적 갈등과 싸우는 시간은 지속되지만 점점 믿음으로 인생을 새롭게 디자인하기 시작합니다. "하나님 내가 미국에 가서 디자인공부를 하고 교수가 되게 하여 주옵소서." 젊은 여자가 그것도 장애인이 미국에 홀로 가서 교수가 되겠다고 선포를 하자 이 소식을 들은 주변사람들은 아무도 믿어주지 않았습니다. 그럼에도 그녀는 지방대학을 졸업하고 혈혈단신으로 미국으로 건너갑니다. 학업이 쉽지 않아 포기하고 싶었습니다. 우울증과 무기력증이 그녀를 사로잡았습니다. 육체적으로도 장애 때문에 힘이 들었습니다. 또 경제적으로 너무 어려워서 며칠씩 굶기도 했다고 합니다. 그런데 놀라운 것은 그런 상황에서도 교회를 섬기는 일에서는 최선을 다했다고 합니다. 목자를 하고, 교회 여러 가지 봉사를 하고 말입니다. 그러면 신기하게도 하나님께서 일용할 양식을 주시듯이 그 때 그 때마다 새로운 힘을 주셨다고 합니다. 그 힘으로 악착같이 공부합니다. 그리고 늘 주변 사람들에게 자신의 믿음을 선포합니다. "저는 교수가 될 것입니다." 그녀는 결국 미국에서 학위를 받고 서른한 살에 미국 시애틀 퍼시픽 대학교에 교수가 되었습니다. 참 대단하신 분입니다. 어떻게 이렇게 할 수 있었을까요? 그 비결은 믿음입니다. 하나님의 도우심입니다. 그녀는 『나는 날마다 꿈을 디자인한다』라는 책을 써서 젊은 청년들에게 큰 꿈을 심어주고 있습니다. 그녀가 이렇게 간증했습니다. "비전은 하나님이 이루시는 것입니다. 하나님을 의지함으로 비전이 시작되고 또한 비전이 이루어지기 때문입니다. 여러 가지 우리가 이해하지 못할 환경을 어떻게 받아들이느냐는 중요하지 않습니다. 그저 하나님을 믿고 신뢰하는 것입니다."

믿음은 선포하는 것입니다. 하나님은 여러분의 입술을 통해서 일하시기 시작합니다. 그러므로 눈에 보이는 것이 없고 또 느껴지는 것이 없어도 하나님의 하나님 되심을 믿고 믿음으로 선포하며 전진하십시오. 이 메마른 시대 속에서 하나님의 은혜를 경험하는 여러분 되기를 주님의 이름으로 축원합니다.

3. 믿음의 기도

어떤 사람은 믿음만 있으면 되지 왜 기도하느냐고 합니다. 그러나 그것은 믿음의 능력이 무엇인지 모르는 사람입니다. 믿음의 능력은 기도할 때 드러나는 것입니다. 하나님은 우리의 기도를 통해서 우리의 믿음의 선포와 믿음의 기다림이 열매 맺게 하시는 것입니다. 즉 우리의 선포가 씨앗이라면 믿음의 기다림은 물을 주는 것이며, 믿음의 기도는 열매를 맺게 하는 성령의 능력인 것입니다.

아프리카 말라위의 나이팅게일이라고 하는 백영심 평신도 선교사가 있습니다. 그 말라위라고 하는 나라는 인구 5만 명에 의사가 한 명밖에 없는 그렇게 절망적인 환경에 있는 나라입니다. 그런데 이 말라위에 큰 병원이 세워지는 기적이 일어났습니다. 이 병원이 세워지게 된 것은 백영심 선교사님의 희생과 사랑과 헌신이 있었기 때문입니다. 백영심 선교사님은 고려대학교 부속병원에서 일하던 내과 간호사입니다. 그런데 28살 때 아프리카 케냐의 마사이족에게 간호사가 필요하다는 말을 듣고 자기의 좋은 직장을 내려놓고 아프리카로 건너갑니다. 그곳에서 불쌍한 사람들을 치료해주고 헌신하던 중에 말라위라고 하는 가난한 나라 이야기를 듣게 됩니다. 그곳은 케냐보다 더 의료 환경이 열악하고 병으로 죽는 사람들이 많다는 것입니다. 그래서 그녀는 말라위로 갑니다. 아프리카에서 가장 가난한 나라, 말라위, 그 중에서도 가장 가난한 어느 한 마을에 들어가 '진료소'를 세웠습니다. 그러자 그 산동네에 사는 사람들이 하루에 100명씩 찾아오는 것입니다. 아프리카 사람들은 백영심 선교사님을 "시스터 백"이라고 부르면서 늘 찾아 왔습니다. 어느 날 5살짜리 아이가 피투성이가 되어서 어머니 등에 업혀 왔는데 의료시설이 부족해서 치료를 하지 못했습니다. 결국 그 아이는 제대로 된 치료도 한번 받지 못한 채 죽고 맙니다. 그 때부터 그녀는 말라위에 큰 병원을 세울 것을 결심하고 기도하기 시작했습니다. 한국에도 병원을 세우는 일은 그렇게 쉬운 일이 아닙니다. 더욱이 아무런 시설도 없고 자본도 없는 아프리카 말라위에 병원을 세우는 일은 결코 쉬운 일이 아닙니다. 그런데 기적이 일어났습니다. 백영심 선교사님의 헌신에 감동 받은 한 한국인이 이 사실을 한국에 있는 여러 사람들에게 말했는데, 이 소문이 대양상선 회장님 귀에 들어간 것입니다. 감동을 받은 대양상선 회장님이 자기 사재를 털어 말라위에 최고의 병원을 지어주게 된 것입니다. 그 병원이 세워져 준공식 때, 말라위 대통령이 참석해서 그 병원 준공에 대한 감사의 뜻을 표했습니다. 그러나 하나님의 손길은 여기서 끝나지 않았습니다. 일본 NGO 단체에서는 백영심 선교사님의 신앙에 감동을 받고 CT 촬영 장비를 기증하게 됩니다. 또 KOICA(한국국제협력단)은 초음파 의료장비를 기증하고, 대만·노르웨이·스코틀랜드 등 여러 나라 NGO 단체도 병원에 기증하게 됩니다. 대양상선에서는 지금도 한 달에 최소 1억 이상 지원한다고 합니다. 그리고 병원 옆에 간호대학도 세웠습니다. 지금은 말라위 최초의 의과대학 설립을 위해서 일하고 있다고 합니다. 사람들은 그녀를 말라위의 나이팅게일이라고 부릅니다. 하나님의 사랑과 기적을 온 몸으로 보여주고 있는 것입니다. 우리 하나님은 지금도 이렇게 믿음의 사람들을 통해 위대한 일하고 계십니다.

여러분, 우리가 인간의 생각과 이성으로 살 때, 하나님은 믿음의 사람들을 통해서 위대한 일들을 이루어 가신다는 것을 아십니까? 하나님은 믿음의 사람을 통해서 이 메마른 시대에 위대한 기적과 생명을 창조해 나가시는 것입니다. 그런데 그 믿음은 바로 기도를 통해서 열매를 맺는 것입니다. 여러분! 하나님께 믿음으로 부르짖으시기 바랍니다. 믿음의 사람 백영심 선교사를 통해 아무것도 없는 말라위 땅에 병원이 세워진 것처럼 위대한 하나님의 역사를 경험하게 될 것입니다. 기도하고 부르짖으면 메마른 사막에 꽃이 피고 기적의 나무들이 자라게 되는 것입니다.

예수님은 하나님과 만나는 만남의 광장입니다. 예수님만이 유일한 구원의 길입니다. 다른 이름은 없습니다. 예수 안에서 우리는 생명을 얻습니다. 그리고 예수님을 믿음으로 하나님과 동행하는 축복과 기적과 감격의 인생을 살 수 있습니다. 잎사귀만 무성하고 열매 없는 이 시대, 메마른 이 시대 속에서 놀라운 은혜와 기적을 누리며 풍성한 삶을 살기 위해서는 오직 믿음으로 살아야 합니다. 인간적인 방법을 포기하고 하나님의 뜻을 구하며 기다리는 믿음, 꿈과 비전으로 선포하는 믿음, 간절히 기도하는 믿음을 통해서 생명수를 누리는 기적의 인생을 사는 여러분 되시기를 주님의 이름으로 축원합니다. 아멘.

11장

바라봄의 원리

민 21:4-9

　서울 잠원동에서 묻지마 살인 사건이 발생했습니다. 길 가던 행인에게 아무 이유 없이 흉기를 휘두른 것입니다. 범인은 박모 씨로 미국 뉴욕 주립대학을 다니던 수재였습니다. 왜 이런 끔찍한 일을 했느냐? 질문을 하자. 아무런 이유가 없다는 것입니다. 단지 '블레이블루'라고 하는 컴퓨터 게임을 하던 중에 컴퓨터 게임처럼 사람을 죽이고 싶었다는 것입니다. 그래서 사람을 죽였다는 것입니다. 그는 게임에 중독되었고 날마다 사람을 죽이는 것을 본 것입니다. 그 결과 생명에 대한 존귀함이 사라지고, 자신이 게임의 주인공이 되어서 사람을 죽인 것입니다. 사람은 자신이 보는 것에 영향을 받고 그 보는 것으로 그 영혼이 살기도 하고 죽기도 하는 것입니다.

　맹모삼천지교라는 말이 있습니다. 맹자의 어머니가 아들 맹자의 교육을 위해서 세 번이나 이사를 했다는 말입니다. 처음 이사한 곳은 공동묘지 근처였습니다. 맹자는 날마다 상여가 지나가는 것과 통곡하는 것을 봅니다. 그러니까, 맹자가 집에 와서는 상여 매는 흉내를 냅니다. 그리고 통곡하는 흉내를 내는 것입니다. 그래서 맹자 어머니가 안 되겠다 싶어 다른 곳으로 이사를 했는데, 시장 통이었습니다. 맹자가 시장에서 상인들이 장사하는 모습을 날마다 봅니다. 그러더니 집에 와서는 '골라, 골라, 싸다, 싸다, 아줌마! 이거 떨이요'하는 것입니다. 맹자 어머니가 이것도 아니다 싶어 글방, 학교 옆으로 이사를 갑니다. 맹자는 학생들이 날마다 열심히 공부하는 모습을 봅니다. 그리고 자기도 집에 와서 공부합니다. 그래서 어떻게 되었습니까? 대학자가 된 것입니다. 무슨 말입니까? 사람은 보는 것에 깊은 영향을 받는다는 것입니다. 무엇을 보느냐에 따라서 그 영혼과 인생이 180도 바뀌는 것입니다.

그러면 우리 영혼을 건강하게 하고 풍요롭게 하기 위해서 우리는 무엇을 바라보며 살아야 합니까? 나를 사랑하사 죄인을 구원하시기 위해 십자가에 달리신 예수 그리스도를 바라보아야 하는 것입니다.

1. 바라봄의 원리

이스라엘 백성이 모세를 따라 광야로 나오게 되었습니다. 호르 산에서 홍해 바다 쪽으로 길을 걸어갔습니다. 그런데 그 길이 너무나 험합니다. 바닥이 크고 작은 돌이 있고 또 험한 골짜기와 비탈이 있어서 걷기에 매우 힘이 드는 것입니다. 어린 아이들과 임신한 여인, 나이 많은 사람들과 가축이 너무 힘들어 합니다. 이런 모습을 본 이스라엘 백성은 화가 났습니다. 그래서 모세를 찾아가 원망하며 불평했습니다. "우리를 죽이려고 이집트에서 꺼낸 것입니까? 여기는 물도 없고 쉴 곳도 없습니다. 정말 지긋지긋합니다. 차라리 이집트 노예가 낫겠습니다. 그리고 날마다 내리는 이 만나도 정말 지긋지긋합니다. 당신과 여호와라는 하나님 때문에 정말 짜증나고 화가 납니다." 여러분 생각해 보세요. 아무리 힘들어도 노예보다는 자유가 있는 삶이 행복한 것 아닙니까? 당시 이집트 왕은 이스라엘 백성들이 남자 아이를 낳으면 그 자리에서 다 죽였습니다. 그리고 아주 혹독한 노동으로 죽을 지경이었습니다. 그런 지옥 같은 곳에서 하나님께서 구원해주신 것입니다. 그런데 지금 조금 힘들다고 하나님을 원망하고 지도자 모세를 원망합니다. 하나님이 제일 싫어하시는 것이 불평과 원망입니다. 그래서 하나님이 광야의 독사인 불뱀을 보내십니다. 수많은 이스라엘 사람들이 그 불뱀에게 물렸습니다. 온 몸에 40도 이상의 고열이 납니다. 그리고 수많은 사람들이 고통을 받습니다. 그러자 이스라엘의 지도자들이 나와서 간구합니다. "우리가 죄를 지었습니다. 이 불뱀들이 물러가게 해주십시오." 그래서 모세가 하나님께 기도하자, 하나님께서 놀라운 영적 원리를 가르쳐주십니다. 놋으로 불뱀의 형상을 만들어 높은 장대에 매달라는 것입니다. 그리고 그 장대에 달린 놋뱀을 쳐다보기만 하면 치유된다는 것입니다. 그래서 모세가 놋으로 불뱀의 형상을 만들어 높은 장대에 매답니다. 그리고 이스라엘 백성들에게 이 놋뱀을 쳐다보기만 하면 치유될 것이라고 선포합니다. 어떤 사람은 이게 무슨 말도 되지 않는 소리냐고, 뱀에게 물렸는데 어떻게 저 놋으로 만든 뱀을 쳐다보면 사느냐고 하면서 쳐다보지 않는 사람도 있었습니다. 그러나 어떤 사람은 믿음으로 그 놋뱀을 쳐다봅니다. 그러자 어떻게 되었습니까? 열병이 떠나가고 완전히 치유가 된 것입니다.

그러면 이 놋뱀은 궁극적으로 무엇을 가리키고 있습니까? 요한복음 3:14-15을 보시기 바랍니다.

> "모세가 광야에서 뱀을 든 것 같이 인자도 들려야 하리니, 이는 그를 믿는 자마다 영생을 얻게 하려 하심이니라."

한 밤중에 니고데모라고 하는 사람이 찾아 왔습니다. 그는 이스라엘의 영적 지도자였습니다. 그러나 진리를 알지는 못했습니다. 그래서 답답한 마음을 가지고 예수님을 한 밤중에 찾아 온 것입니다. 진리를 찾고, 영생을 찾고, 천국의 축복을 구하는 그에게 예수님께서 하신 말씀이 무엇입니까? 민수기 21장에 나온 놋뱀이 바로 예수님을 말씀하고 있다는 것입니다. 그리고 장대에 달린 놋뱀을 바라보았을 때, 치유되고 생명을 얻음과 같이 이제는 십자가에 달리신 예수 그리스도를 바라 볼 때, 우리의 모든 죄와 죽음의 문제가 해결되고 영원한 생명을 얻게 된다는 것입니다.

2. 뱀에게 물린 세상

그리스도인은 세상을 정확하게 볼 수 있어야 합니다. 이 세상은 뱀에게 물려 죽어가고 있는 세상입니다. 정상이 아닙니다. 병들어 있습니다. 신문에 보니까 한 중학교 교사가 음란물을 인터넷 사이트에 무려 700백 개나 올렸다가 검찰에 구속되었다고 합니다. 또 강남에 사는 사람들 1/4이 우울증 증세를 보이고 있다고 합니다. 그런데 왜 우울증이 오는가 하면 열등감 때문이라는 것입니다.

어떤 집사님이 한 겨울에 선글라스를 쓰고 왔습니다. 멋을 내기 위해서가 아니라, 눈의 멍자국을 가리기 위해서 쓴 것입니다. 하루가 멀다하고 부부 싸움을 했는데, 이제는 남편이 폭력을 행사하는 것입니다. 오늘날 남편들은 아내를 용서하지 못합니다. 아내들은 남편을 용서하지 못합니다. 한 집에 살고 있지만 서로를 향하여 원망과 미움이 가득합니다. 사랑이 넘치고 행복이 넘쳐야할 가정이 의심과 원망과 불신으로 무너지고 있는 것입니다. 그 가정에 갔더니 "남편이 문제다. 아내가 문제다." 서로 책임을 떠맡기면서 싸웁니다. 불신과 원망의 영이 그 가정에 가득한 것을 보았습니다.

어떤 신문 사설에서 한국 사회를 불신의 사회라고 한 것을 본적이 있습니다. 야당은 여당을 믿지 못하고, 국민은 정치인들을 믿지 못하고, 기업인을 믿지 못하고, 의사들을 믿지 못하고, 음식점을 믿지 못하고, 건설하는 사람들을 믿지 못하고, 심지어 법조인이나 성직자도 믿지 못한다는 것입니다. 이것이 바로 한국 사회라는 것입니다. 한국 사회는 건강한 사회가 아닙니다. 뱀에 물려 열병을 앓고 있다는 사실을 알아야 하는 것입니다.

민족을 치유하고 가정과 내 자신을 치유하기 위해서는 어떻게 해야 합니까? 우리는 바라봄의 원리를 따라 십자가에 달리신 예수 그리스도를 바라보아야 소망이 있습니다. 그 때 하나님께서 이 민족을 살려주시고, 가정을 치유하시고 여러분 한 사람, 한 사람을 진리와 축복의 길로 인도하여 주실 것입니다. 그러므로 십자가에 달리신 예수님을 바라보심으로 참된 자유, 평강, 기쁨을 누리시기를 주님의 이름으로 축원합니다. 그러면 우리는 십자가에 달리신 예수님의 무엇을 바라보아야 합니까?

3. 가시 면류관

예수님께서 십자가에 달려 죽으실 때에 로마 병사들은 예수님을 조롱하기 위해서 가시로 왕관을 만들어 예수님의 머리에 씌었습니다. 그러자 예수님의 머리에서는 피가 터져 나왔습니다. 왜 예수님은 가시 면류관을 쓰셨을까요? 그것은 예수님의 고난의 면류관이 우리에게는 생명의 면류관이 되기 때문입니다.

요한복음 1:12절에 보면 "영접하는 자 곧 그 이름을 믿는 자들에게는 하나님의 자녀가 되는 권세를 주셨으니"라고 합니다. 무슨 말입니까? 예수님을 주로 고백하는 자들은 그 사람의 신분 고하를 막론하고 하나님의 자녀가 된다는 것입니다. 즉 여러분 모두가 왕자님, 공주님이 되었다는 말입니다. 예수님이 쓰신 가시 면류관 때문에 우리는 왕자의 왕관을, 공주의 왕관을 쓰게 된 것입니다. 이제 여러분은 그리스도 안에서 새로운 존재가 된 것입니다.

열등감 때문에 우울해질 때가 있습니까? 나 혼자 버림받은 것 같은 느낌 때문에 모든 것을 포기하고 싶은 생각이 들 때가 있습니까? 삶의 문제로 원망과 불평이 있습니까? 자신이 초라하게 생각 될 때가 있습니까? 그 때마다 나에게 하나님의 자녀라고 하는 왕관을 씌어주시기 위해서 가시 면류관을 쓰신 예수님을 바라보십시오. 그러면 우리 안에 계신 성령님께서 우리 마음에 모든 열병을 치유하시고, 하나님의 자녀 됨의 은혜를 회복시켜 주실 것입니다.

예수님의 제자인 베드로는 갈릴리 시골 호수에서 물고기를 잡고 사는 사람이었습니다. 어부 출신이기에 특별히 공부를 많이 한 사람이 아닙니다. 그저 하루 잡아 하루 먹고 사는 어부출신입니다. 그 배우지 못한 베드로가 복음을 전하다가 유대 지도자들 앞으로 잡혀 왔습니다. 당시 그 사회에서 가장 잘나간다고 하고, 가장 높은 영적 권위를 가지고 있었던 지도자들과 대제사장들인 안나스, 가야바, 요한, 알렉산더, 그리고 대제사장 문중의 어른들이 다 참여했습니다. 얼마나 주눅이 들었겠습니까? 그래도 베드로는 전혀 그렇게 하지 않았습니다.

이스라엘의 장로들과 서기관들이 모여서 베드로에게 '네가 무슨 권위로, 누구의 이름으로 복음을 전했느냐?' 위압적인 자세로 심문합니다. 그 때 베드로는 담대히 이렇게 선포합니다.

"다른 이로써는 구원을 받을 수 없나니 천하사람 중에 구원을 받을 만한 다른 이름을 우리에게 주신 일이 없음이라."(행 4:12)

그러니까, 이스라엘의 지도자들이 이렇게 말합니다. "아니, 저 놈 학력도 없고 족보도 없는 갈릴리 촌뜨기가 아니야? 그런데 어떻게 이렇게 당당하게 말하는가?" 오늘날로 하면 "저런 무식한 놈들" 뭐 이런 말일 것입니다. 그러면서 다시는 복음을 전하지 말라고 협박하면서 베드로를 놓아 줍니다. 그 때 베드로가 그들을 당당하게 쳐다보면서 뭐라고 합니까? "복음을 전하지 말라고? 당신들의 말을 듣는 것이 하나님의 말씀을 듣는 것보다 옳은가 생각해 보시오." 그러면서 다시 나가서 복음을 전했습니다. 어떻게 이럴 수 있었을까요?

베드로전서 2:9절에 베드로 사도는 이렇게 고백합니다. "너희는 택하신 족속이요 왕 같은 제사장들이요 거룩한 나라요 그의 소유가 된 백성이니"라고 선포합니다. 무슨 말입니까? "우리는 하나님의 자녀요, 우리는 왕 같은 존재다"라는 것입니다.

베드로는 유대 지도자들 앞에서 예수 그리스도의 가시 면류관을 본 것입니다. 그리고 그 예수님의 가시 면류관 때문에 자기의 머리에 영적 왕관이 있음을 믿은 것입니다. 그는 담대히 복음을 전했습니다. 베드로는 정말 초대교회의 가장 위대한 사도가 되었습니다. 그래서 수많은 유대 지도자들이 베드로를 존귀한 사도로 섬게 된 것입니다.

열등감, 원망, 낙심, 두려움이 여러분의 영혼을 흔듭니까? 예수님의 쓰신 가시 면류관을 바라보십시오. 그리고 주 안에서 새로워진 자신을 바라보십시오. 그러면 주께서 여러분의 모든 열병을 치유하시고, 영적 자신감과 부요함을 주사 이 세상을 이기게 하실 것입니다. 이런 은혜가 있기를 축원합니다.

4. 못 박힌 손과 발

우리가 바라보아야 할 예수님은 또 어떤 분이십니까? 바로 우리를 위해 십자가에 못 박히신 분이십니다. 그래서 우리는 십자가에 못 박히신 예수님의 손과 발을 바라보아야 하는 것입니다. 왜 예수님께서 십자가에 손과 발이 박히셨습니까? 우리를 죄와 죽음에서 구원하시기 위해서 못 박히신 것입니다.

한 문둥병자가 예수님을 찾아 왔습니다. "원하시면 저를 깨끗하게 치유하실 수 있으십니다. 고쳐 주십시오." 그러자 예수님은 손을 그 문둥병자에게 대시며 "내가 원하노니 깨끗함을 받으라."고 선포하십니다. 그러자 그 순간 문둥병자가 치유가 되었습니다. 율법에 따르면 문둥병자를 손으로 만질 수가 없습니다. 그러나 주님은 그 문둥병자를 손으로 어루만져주셨습니다. 그리고 치유하여 주신 것입니다.

또 어느 날 두 명의 소경이 예수님께 달려 나아와 그 앞에 무릎을 꿇고 간구합니다. "주여, 내가 보기 원하나이다." 그러자 예수님께서 그 눈을 어루만지시며 "네 믿음대로 되라."고 하셨습니다. 그 순간 그들의 눈이 치유되었습니다.

예수님의 손은 어떤 손입니까? 바로 치유하는 손이었습니다. 예수님의 발은 어떤 발입니까? 병든 자를 찾아다니시는 발이었습니다.

예수님께서는 아담과 하와 이후로 우리 인간에게 찾아 온 죄와 죽음, 질병과 모든 고통을 치유하시기 위해서 두 손과 발을 대못에 내어주신 것입니다. 그러므로 누구든지 마음의 질병, 가정의 문제, 육신의 질병이 있는 사람은 예수님의 손과 발을 바라보아야 하는 것입니다. 그러면 주의 성령께서 믿음으로 바라보는 자를 치유하시고 어느 누구보다 더 강건한 힘을 주시는 것입니다.

이번에 중고등부 수련회가 강원도 감람산 기도원에서 있었습니다. 제가 한번 가봤는데, 정말 경치도 좋고 공기도 좋은 곳이었습니다. 그런데 거기 원장님이 자기를 소개하시는데, 갈분기도원 출신이라는 것입니다. 1970-80년대 우리나라에서 가장 유명한 기도원이 몇이 있었는데, 그 중에 하나가 갈분기도원입니다. 여기 설립자가 저의 삼촌 장로님이십니다. 통합측 장로님이신데, 갈분기도원에서 설교도 하시고, 찬송도 인도하시고 기도를 많이 하시는 분으로 유명하십니다. 그래서 기적이 많이 일어났습니다. 얼마나 유명했으면, 제가 있었던 서초동의 창신교회도 예전에 그 갈분기도원으로 수련회를 갔었다고 합니다. 그래서 제가 우리 학생회 수련회 장소의 원장 목사님에게, "목사님, 그 장로님이 제 삼촌 되십니다." 그랬더니 식사를 급하게 하시고는 마당으로 나와서 저를 붙잡고 얼마나 좋아하는지 몰라요. 그러면서 제게 달려와서는 허리를 굽혔다 폈다 하시면서 "목사님, 제가 죽을병에 걸렸는데 그 때 치유 받고 지금까지 단 한번도 병 없이 이렇게 건강하게 살고 있습니다. 그런데 예수님의 치유는 영혼까지 행복해집니다. 예수님은 진정한 치유자이십니다."라고 말씀하셨습니다. 그래서 제가 예 맞습니다. 예수 안에 참된 치유가 있습니다라고 화답했습니다.

    오늘날 한국 사회에 병들어 가고 있는 것을 보십시오. 가정이 병들고, 사회가 병들고, 학교가 병들고 있습니다. 우리 청소년들이 음란과 폭력과 입시 경쟁으로 병들어 가고 있지 않습니까? 이 문제를 해결하기 위해서 해볼 것은 다 해봤지만 어떻습니까? 문제가 없어지고 있습니까? 이 사회를 치유하고, 가정을 치유하고, 우리 질병과 삶을 치유하는 것은 오직 예수님을 바라보는 것뿐입니다. 대한민국이 예수님을 믿음으로 바라보고, 가정이 예수님을 믿음으로 바라볼 때 열병이 떠나가고, 치유의 역사가 일어나는 것입니다. 우리를 치유하시기 위해서 십자가에 달리신 예수님의 손과 발을 바라보심으로 모든 종류의 질병에서 치유 받아 참된 자유함을 누리시기를 주님의 이름으로 축원합니다.

5. 창에 찔린 옆구리

요한복음 19:34에 보면 "그 중 한 군인이 창으로 옆구리를 찌르니 곧 피와 물이 나오더라."고 기록되어 있습니다. 십자가에 달리신 예수님의 옆구리를 창으로 찌르니까, 피와 물이 쏟아졌다는 것입니다.

에베소서 1:7절에 보면 "그의 피로 말미암아 구속 곧 죄 사함을 받았느니라"고 합니다. 예수님께서 물과 피를 쏟으신 것은 우리의 죄를 물처럼 씻으시고, 피로써 용서하셨다는 것을 보여주시는 것입니다. 인간의 모든 문제는 죄에서 시작된 것입니다. 모든 저주의 시작은 죄 때문입니다.

지난 주, 주일 오후 예배 전에 어느 집사님이 여자 한 분을 제 방으로 모셔왔습니다. 병원 환자복을 입었는데, 얼굴을 보니까 죽음의 그림자가 가득합니다. 그래서 제가 어디가 아프냐고 물었더니 췌장암 말기라고 합니다. 그리고 합병증으로 당뇨가 왔고 또 시력이 떨어져 앞이 보이지 않는다는 것입니다. 그래서 제가 복음을 전했습니다. "이 땅의 삶이 전부가 아닙니다. 죽음 이후에는 분명히 천국과 지옥이 있습니다." 그랬더니 그분이 "저는 지옥가요." 아주 단호하게 말해서 깜짝 놀랐습니다. "왜 그렇게 생각하십니까?" "지은 죄가 많아서 지옥가요. 그 죄 때문에 이 병에 걸린 것 같아요." 그러면서 하는 말이 자기는 불교신자인데, 착한 일을 해서 갚아야 되는데 그럴 수가 없다며 인생을 포기하는 것입니다. 그래서 제가 "아주머니, 지은 죄가 많다고 했죠? 착한 일을 얼마만큼 하면 그 죄가 없어집니까?" 그러자 그녀는 아무 말도 못하고 가만히 있었습니다. "아주머니의 죄는 착한 일로 갚아야 될 문제가 아니라, 용서 받아야 할 문제인 것입니다. 예수님은 우리를 용서하시기 위해서 이 땅에 오신 하나님이시고, 우리의 죄를 위해서 십자가에서 물과 피를 다 쏟고 죽으신 것입니다. 이 예수님을 바라보세요. 죄 때문에 절망, 후회, 한탄을 하지 마시고 예수님을 바라보세요. 예수님을 믿으세요. 예수님은 하나님이십니다." 그랬더니 아직은 믿을 수가 없고, 나중에 발길이 돌려지면 그 때 오겠다며 그냥 갔습니다. 얼마나 안타까운지 모릅니다.

죄 때문에 두려움이 찾아옵니까? 죄책감 때문에 마음에 자유가 없습니까? 나의 부족함 때문에 하나님의 축복을 받지 못할 것 같습니까? 그 때마다 나의 죄를 다 용서하시기 위해서 물과 피를 쏟아내신 예수님의 옆구리를 바라보시기 바랍니다. 그러면 모든 죄책감이 사라지고, 나를 사랑하시고 나를 품고 계시는 하나님을 보는 기적이 일어날 것입니다.

미국의 유명한 복음전도자 빌리 그래함 목사님께서 뉴욕에 유명한 정신과 의사와 함께 말씀을 나눈 적이 있는데 그 정신과 의사가 말하기를 "목사님, 이 정신병원에 와 있는 대부분의 사람들 가운데 과거에 대한 피해의식, 과거의 상처에 대한 기억, 또 마음속에 용서하지 못한 사람들 때문에 고통을 받고 있습니다. 용서만 이 시간 주님 앞에서 회복할 수 있다면 한 ⅓ 이상이 당장 병을 고침 받고 나갈 수 있습니다. 그런데 이 사람들은 하루에도 몇 번씩 과거의 상처를 또 되뇌이고, 또 되뇌이고, 또 되뇌이고, 또 되뇌이고…. 마음속에 막 끓어오르는 분노 속에 분노하고 잠을 이루지 못하고 발작합니다."라는 이야기를 들었다고 합니다.

오늘날도 자꾸 자기 실수, 자신의 부족함, 자신의 상처, 자신의 죄만 바라보는 사람이 있습니다. 그러니까, 기쁨도 확신도 감사도 없는 것입니다. 아닙니다. 여러분들은 눈을 들어서 나를 사랑하시고, 나를 용서하시고, 나를 늘 새롭게 하시는 십자가 위에 달리신 예수님을 바라보아야 합니다. 바라봄의 원리를 잘 기억하시기 바랍니다. 예수님만 바라볼 때 우리는 승리자가 됩니다. 우리는 자유와 확신을 얻습니다. 나는 비록 부족해도 그런 나를 세우실 하나님을 보게 되는 것입니다. 할렐루야!!

나를 죄와 죽음에서 구원하기 위하여 물과 피를 쏟아 내신 예수님의 옆구리를 바라보고 예수님의 보혈의 피를 의지함으로 과거의 모든 죄책감, 절망, 고통에서 자유함을 얻기를 바랍니다. 그래서 이제는 가슴을 펴고 당당하게 성공적인 인생을 살아가시는 여러분 되시기를 주님의 이름으로 축원합니다.

여러분은 무엇을 바라보고 살고 있습니까? 사람은 바라보는 것에 따라 살기도 하고 죽기도 하는 것입니다. 예수님의 십자가를 바라보시기 바랍니다. 그 가시 면류관, 그 손과 발, 그 옆구리를 바라보시기 바랍니다. 그래서 여러분의 모든 과거의 상처에서, 모든 죄책감에서, 모든 문제와 열병에서 해방되어 자유함을 누리며 건강하고 풍요로운 예수님의 제자의 인생을 사시기를 주님의 이름으로 축원합니다. 아멘.

12장

빈들에 임하는 하나님의 은혜

눅 3:1-2

지난주 분당을 다녀오는 길에 신세계 백화점 건물 전체를 성탄 전 등으로 가득 채워놓은 것을 보았습니다. 우리나라에서 성탄절이 가장 빨리 오고 또 성탄절을 가장 기다리는 곳이 바로 백화점이구나 하는 생각을 했습니다. 그러나 백화점에서 아무리 성탄절을 기다리고 또 성탄 장식을 예쁘게 한다고 해서 그곳에 정말 예수님이 찾아 가시겠습니까? 물건을 살 고객은 많이 올지 모르지만 예수님은 거기에 계시지 않습니다. 그러면 예수님은 어디에 계실까요?

몽골 선교를 하고 계시는 한 선교사님의 글을 읽게 되었습니다. 몽골 시골 마을에는 교회가 거의 없다고 합니다. 그러니까 성탄절이 무엇인지도 모르는 것입니다. 그런데 이 선교사님이 사역하는 교회에서 성탄 축하의 밤을 하게 되었다고 합니다. 몽골 시골 마을의 겨울은 영하 20도가 넘습니다. 처음에는 이 추위에 사람들이 모여들까 고민했지만 그래도 야외에서 하기로 하고 그 겨울에 야외에서 성극도 하고, 캐럴도 불렀다고 합니다. 그런데 놀라운 것은 이 성탄 축하의 밤에 참여하기 위해서 마을 사람들이 당나귀를 타고 수십 킬로미터에서 교회로 찾아 왔다고 합니다. 교회 앞에는 성탄 축하의 밤을 보기 위해서 수십 명의 아이들, 노인들, 그리고 마을 사람들이 와서 성탄 축하를 보고, 또 그 자리에서 예수님을 영접하는 기적이 일어났다는 것입니다. 그 추운 몽골 겨울밤에 말입니다. 이 복된 성탄 주간에 예수님은 어디에 계십니까? 백화점이 아니라 그 몽골 빈들에 서 있는 그 시골 마을에 계시는 것입니다.

오늘 말씀에 보면 세례 요한을 소개합니다. 그런데 세례 요한을 소개하기 전에 어떤 사람들이 나옵니까? 로마 황제가 먼저 소개되고 있습니다. 당시 로마 황제는 디베료(Tiberius) 황제입니다. 그는 막강한 절대 군주의 권력을 가지고 있었던 로마 황제였습니다. 그리고 로마 황제의 명을 받아 유대 지역을 다스리고 있었던 분봉 왕들과 총독의 이름이 나옵니다. 그리고 나서 누가 나옵니까? 당시 유대의 대제사장인 안나스와 가야바가 소개되고 있습니다.

구약 성경에 보면 유대인의 대제사장은 레위 지파에서만 나옵니다. 그리고 대제사장은 한 명이어야 합니다. 그런데 오늘 대제사장이 몇 명으로 소개되고 있습니까? 안나스와 가야바 두 명입니다. 왜 그렇습니까? 원래는 안나스가 대제사장이었습니다. 당시 대제사장은 유대인의 정신적 지주였습니다. 안나스라는 대제사장이 아주 탁월합니다. 그래서 모든 유대인들이 안나스를 중심으로 똘똘 뭉쳐 있었습니다. 그런데 유대인들이 하나가 되는 것을 로마가 좋아할 리가 없습니다. 그래서 어떻게 합니까? 강제로 안나스를 대제사장직에서 쫓아냅니다. 그리고 가야바라는 사람을 대제사장으로 세웁니다. 가야바가 누구입니까? 가야바는 바로 안나스 대제사장의 사위였습니다. 비록 안나스는 대제사장직에서 쫓겨났지만 실질적인 유대교 지도자로서의 역할을 행할 수가 있었던 것입니다. 유대인들은 마음속으로 진짜 대제사장은 안나스라고 생각하고 있는 것입니다. 그래서 유대인들이 마음속으로 존경하고 따르는 대제사장인 안나스와 로마가 억지로 세운 법적인 대제사장인 가야바가 동시에 성경에 기록되게 된 것입니다. 대제사장 안나스는 그 만큼 유대인들에게 큰 영향력을 미치는 지도자였습니다. 그는 항상 예루살렘에서 제사를 집행하며 유대인들을 지도하고 가르쳤습니다. 그의 말은 곧 유대사회에 기준이 될 정도였습니다.

그런데 오늘 성경은 뭐라고 합니까? 하나님의 말씀이 그 안나스와 가야바, 모든 사람들이 존경하고 바라보는 예루살렘에 임한 것이 아니라 빈들에 임했다는 것입니다.

2절 말씀을 볼까요? "안나스와 가야바가 대제사장으로 있을 때에 하나님의 말씀이 빈들에서 사가랴의 아들 요한에게 임한지라."

하나님의 말씀이 예루살렘에 임하지 않고 빈들에 임했다는 것입니다. 하나님 말씀이 권세있고 화려하고 능력 있고 힘있는 곳에 임하지 않고 아무것도 없는 광야, 메마른 땅, 빈들에 임했다는 것입니다. 이것이 바로 복음이며 바로 우리 생각과 다르게 역사하시는 하나님의 뜻인 것입니다. 많은 사람들은 하나님의 은혜가 예루살렘 성전에 임할 것이라고 생각했습니다. 많은 사람들은 안나스 대제사장에게 하나님의 말씀이 임할 것이라고 생각했습니다. 그러나 하나님은 아무것도 없는 초라한 땅 빈들에 하나님의 은혜를 주셨습니다.

오늘 본문 말씀을 통해서 예수님께서 오신 성탄절을 앞두고 있는 계절에 우리가 가져야 할 신앙의 자세와 믿음에 대하여 생각해 보고자 합니다. 예루살렘이 아니라 빈들에 임한 하나님의 은혜를 보면서 우리가 배워야 할 영적 진리는 무엇입니까?

1. 하나님은 화려한 곳에 집중하시지 않는다.

여러분 빈들이 어디입니까? 광야입니다. 광야는 어떤 곳입니까? 사람이 살 수 있는 곳이 아닙니다. 이곳은 하나님의 은혜와 도우심이 아니고서는 살 수 없는 곳입니다. 그런데 요한이 바로 그런 빈들에 살았습니다. 무슨 말입니까? 요한의 삶 전체는 하나님의 은혜만 구하는 삶이었다는 것입니다.

하나님의 은혜는 어디에 임합니까? 미국의 뉴욕과 같이 화려하고 힘있는 사람이 사는 곳에 하나님의 은혜가 임합니까? 아니면 강남과 같이 돈 많은 사람들이 있는 곳에 하나님의 은혜가 임합니까? 그렇지 않습니다. 하나님의 은혜는 빈들에 임하는 것입니다. 다른 말로 하면 하나님의 은혜를 구하는 사람, 기도하는 사람, 자신의 죄를 아파하고 예수님의 십자가를 바라보는 사람, 너무나 연약해서 그저 하나님만 바라보는 사람에게 임한다는 것입니다. 하나님은 인간의 외적인 환경, 배경, 능력에 관심이 없으십니다. 우리는 언뜻 생각하기에 하나님은 돈 많은 사람을 통해서 일하실 것이라고 생각합니다. 그러나 절대로 그렇지 않습니다. 많이 배운 사람이 위대하게 쓰임 받을 것이라고 생각하십니까? 절대로 그렇지 않습니다. 하나님은 외모를 보지 아니하십니다. 그 중심을 보시고 하나님은 낮은 자를 높이시고, 가난한 자를 부하게 하시며 약한 자를 강하게 하시는 것입니다.

사무엘 선지자가 뿔에 기름을 담아 베들레헴 이새의 집에 찾아 갔습니다. 그리고 이제 사울 왕을 대신할 이스라엘의 왕을 새롭게 세우기 위해서 이새의 아들을 불러 자기 앞에 서게 합니다. 첫째 아들 엘리압이 사무엘 선지자 앞을 지나갑니다. 정말 똑똑하고 잘생겼습니다. 왕으로서 부족함이 없어 보입니다. 그러자 사무엘이 "왜 하나님이 나를 여기에 보내셨는지 알겠다. 과연 이런 사람이 있으니 나를 보내셨구나."하고 기름을 부으려고 합니다. 그러자 여호와 하나님께서 사무엘 선지자에게 말씀하십니다. "사무엘아. 사람의 용모와 키를 보지 말라. 내가 보는 것은 사람과 같이 아니하니 사람은 외모를 보거니와 나 여호와는 중심을 보느니라." 둘째 아들 삼마가 지나갑니다. 그도 아주 멋지게 잘생겼습니다. 셋째 아들 넷째 아들 이렇게 일곱째가 다 지나가도 하나님께서 아무도 선택하시지 않습니다. 그래서 사무엘이 묻습니다. "여기 아들이 전부입니까? 다른 아들은 없습니까?" 그러자 이새가 "예, 막내 하나가 있기는 있는데 그 녀석은 양이나 치는 목동입니다." "빨리 그를 데려오시오." 한 참을 지나서 저쪽에 허름한 목동의 옷을 입은 청소년 다윗이 터벅터벅 걸어옵니다. 그러자 하나님께서 사무엘에게 "저 다윗이 바로 내가 원하는 이스라엘의 왕이다. 가서 기름을 부어라"고 하십니다(삼상 16: 3-12).

하나님이 왜 양을 치는 목동 다윗을 선택하셨습니까? 하나님의 마음에 합한 사람이었기 때문입니다. 왜 하나님의 마음에 합한 사람입니까? 다윗은 늘 이렇게 기도했기 때문입니다.

"여호와는 나의 목자시니 내게 부족함이 없으리로다 그가 나를 푸른 풀밭에 누이시며 쉴 만한 물 가로 인도하시는도다 내 영혼을 소생시키시고 자기 이름을 위하여 의의 길로 인도하시는도다 내가 사망의 음침한 골짜기로 다닐지라도 해를 두려워하지 않을 것은 주께서 나와 함께 하심이라 주의 지팡이와 막대기가 나를 안위하시나이다."

누구에게 하나님의 은혜가 임합니까? 잘 배운 사람? 돈 많은 사람? 배경이 좋은 사람이요? 아닙니다. 하나님의 은혜는 하나님의 은혜를 사모하고 구하는 자에게 임하는 것입니다.

나이가 많아서 하나님께서 쓰임 받지 못할 것 같습니까? 돈이 없어서 기가 죽습니까? 배우지 못해서 하나님의 복을 누리지 못할 것 같습니까? 하나님은 인간적인 조건에 움직이시는 분이 아니십니다. 하나님은 가난한 심령을 가지고 하나님의 은혜를 구하는 자와 함께 하시고 그를 높이시고 그를 축복하시는 것입니다.

전 건국대학교 부총장을 역임하셨던 류태영 박사님을 아십니까? 얼마 전 EBS에서 성공시대라는 프로에서도 강의를 했는데 전 국민에게 큰 감동을 주었습니다. 이분은 시골 마을에서 머슴의 아들로 태어났습니다. 가진 것이 없었기 때문에 지독한 가난에 시달렸습니다. 날마다 먹을 것이 없어서 먹을 것을 하루 종일 찾아 다녔다고 합니다. 그런데 이분의 가정은 예수님을 잘 믿는 믿음의 가정이었습니다. 어머니가 날마다 기도로 아들을 키웠다고 합니다. 하루는 가난이 너무나 힘들어서 죽을 지경이었는데, 우연히 대장간을 지나가게 되었다고 합니다. 대장간에서 보니까, 녹슨 쇠를 뜨거운 불과 용광로 녹여서 다시 멋진 호미와 곡괭이를 만드는 것입니다. 그것을 보면서 류태영 박사님이 그 어린 나이에 이렇게 기도를 했다고 합니다. "하나님, 녹슨 것이 불에 들어갔다 나오니까, 깨끗하고 멋진 호미가 되었는데, 내 인생도 멋진 인생 만드시려고 불구덩이에 던져 고난을 주신 것임을 믿습니다. 기왕 주실 고난이라면 더 뜨거운 불고난을 주셔서 정말 멋진 인생 만들어 주옵소서."

이분은 초등학교를 졸업했는데 돈이 없어서 중학교에 가지 못했습니다. 그래도 어떻게 돈을 모아 18살에 중학교에 입학합니다. 중학교를 졸업하자 무작정 서울로 상경을 합니다. 그리고 영등포에서 구두닦이를 하게 됩니다. 잘 곳이 없어서 길에서 노숙을 했다고 합니다. 때로는 고물을 줍기도 하고 때로는 쓰레기통에서 음식을 주어서 먹었습니다. 그러면서 야간 고등학교에 가게 됩니다. 어느 날, 구두를 닦고 있는데 어떤 사람이 미국으로 유학을 간다는 말을 듣습니다. 그 때 유학이 뭔지도 모를 때였습니다. 그래서 유학이 뭐냐고 물었더니 "외국에 좋은 선생님 밑에서 공부하는 것"이라고 알려줍니다. 그래서 그 다음날 새벽에 대방동에 있는 교회에 가서 기도했습니다. "하나님, 나도 유학가고 싶습니다. 보내 주실 줄 믿습니다." 그렇게 기도하고 나니까, 마음에 "가난한 우리나라를 농촌 복지국가로 만들고 싶다."는 꿈이 생겼습니다. 야간 대학을 다니면서 유학의 꿈을 꾸다가, 낙농복지 국가인 덴마크로 유학을 가고 싶은 비전을 품게 됩니다. 그래서 덴마크 왕에게 편지를 씁니다. 그런데 왕이 사는 주소를 알 수 없습니다. 그래서 또 교회에게 가서 기도하니까, 하나님이 "왕이 사는 곳을 우체부가 모르겠냐?" 하시더랍니다. 그래서 '덴마크 국왕'에게 편지를 보냈습니다. 한 나라의 왕에게 편지를 보낼 때는 특사나 대사관을 통해 보내야 편지가 전달되지 않습니까? 이런 식으로는 절대로 편지가 전달되지 않는 것입니다. 그런데 기적이 일어났습니다. 덴마크 왕실 사무실에서 답장이 온 것입니다. "왕께서 귀하의 편지를 읽고 감동을 받았습니다. 모든 경비와 비행기 값, 학비 일체를 우리가 부담할 테니 와서 마음껏 공부하시오." 이 사실이 덴마크 신문에도 크게 실렸습니다. 그래서 덴마크에 유학을 가게 됩니다. 그런데 또 이스라엘에 가서 공부하고 싶은 생각이 들어서 이스라엘 총리에게 편지를 무작정 썼다고 합니다. 그랬더니 또 이스라엘 총리에게 답장이 왔습니다. 그래서 이스라엘로 유학도 하게 됩니다. 공부하고 한국에 돌아오니까, 건국대학교에서 스카우트를 해서 교수가 되었습니다. 그리고 박정희 대통령이 류태영 박사를 불러서 '국가를 위해서 일하라'는 요청을 받고 새마을 운동을 시작하게 되었다고 합니다.

하나님의 은혜는 부잣집 아들, 배경이 좋은 사람에게만 임하시는 것이 아니라, 나 같이 약하고 연약한 빈들 같은 인생, 그래서 하나님의 은혜만 바라보는 사람에게 임하는 것입니다. 그러므로 자신의 약한 것, 부족한 것 때문에 좌절하지 말고 하나님의 은혜를 구함으로 절망이 희망이 되는 축복을 누리시기를 주님의 이름으로 축원합니다.

2. 하나님의 은혜가 임하는 곳이 역사의 중심이 된다.

세례 요한이 빈들에서 '회개하라'고 선포하자 어떤 일이 일어났습니까? 마태복음 3:5에 보면 "이 때에 예루살렘과 온 유대와 요단 강 사방에서 다 그에게 나아와"라고 합니다. 무슨 말입니까? 하나님의 은혜가 임하자 그곳이 역사의 중심이 되었다는 것입니다.

　어느 날 밤 동방박사들이 그전에 볼 수 없었던 크고 신비한 별을 발견합니다. 그 별을 보니까, 유대인의 왕을 상징합니다. 그래서 동방박사들이 그 왕에게 경배하기 위해서 예루살렘에 갑니다. 예루살렘이 바로 왕이 사는 도성이기 때문입니다. 왕은 예루살렘에서 태어날 것이라고 생각한 것입니다. 그래서 예루살렘으로 간 것입니다. 그러나 예루살렘에는 예수님이 없었습니다. 예수님은 어디에서 태어나셨습니까? 예루살렘이 아니라 작은 시골 마을인 베들레헴이었습니다. 그래서 동방박사들이 어디로 갑니까? 베들레헴으로 간 것입니다. 주님이 임하시면 그곳이 역사의 중심 되는 것입니다

　우리 인생도 마찬가지입니다. 내가 비록 빈들 같은 인생, 아무것도 없는 광야 같은 인생이지만 주님이 함께 하시면, 나를 통해서 하나님의 능력이 나타나고 나를 통해서 하나님의 축복이 우리 가정과 교회와 이웃에게 전파되는 것입니다. 그러므로 우리는 세상의 화려함을 추구하지 말고 오직 하나님의 은혜가 나와 함께 하기를 구해야 하는 것입니다.

　여러분 송명희 시인을 잘 아실 것입니다. 이분은 너무나 찢어지게 가난한 가정에서 태어났습니다. 그런데 설상가상으로 태어날 때 의사의 실수로 뇌를 다쳐서 뇌성마비가 되었습니다. 온 몸을 제대로 가늘 수가 없습니다. 그래서 항상 방바닥에 붙어서 살아야 합니다. 손을 들려고 하면 머리가 틀어지고, 발을 움직이려 하면 온 몸에 경련이 일어나면서 목과 허리가 돌아가는 것입니다. 아주 중증 뇌성마비로 절망적인 인생을 살고 있었습니다. 그런데 정신은 말짱해요. 그래서 자신의 인생을 저주하고 몇 번이고 죽으려고 합니다. 그러다가 1979년

10월 늦가을에 열린 교회 부흥회에 갔다가 거기서 예수님을 인격적으로 만나고 예수님을 영접했습니다. 얼마나 울었는지 모릅니다. 그 때부터 불평, 불만, 절망의 소리를 중단하고 하나님의 은혜를 구하면서 기도하는 삶을 살았습니다.

그런데 어느 날 마음속에서 하나님의 음성이 들립니다. 그리고 하나님은 그것을 받아 적으라고 하십니다. 그래서 그 말씀을 받아 적었습니다. 방바닥에 엎드려 손가락 사이에 크레파스를 끼고 방바닥에 하나님이 주신 말씀을 적었습니다. 그런데 적어 놓고 보니까, 때로는 기도문이요, 때로는 한편의 멋진 신앙의 시가 나오는 것입니다. 그 때 적은 시가 "나 가진 재물 없으나", "예수 그 이름", "나 고통당할 때"와 같은 주옥같은 시들입니다. 이 시들이 어떻게 되었습니까? 이 시를 주찬양 선교단에서 노래로 만들었습니다. 그래서 대한민국 최초의 CCM이 되어 세상에 나오게 됩니다. 그래서 1980년대 1990년대 교회에 다닌 대한민국 모든 기독교인들이 송명희 시인이 지은 찬양을 노래로 부르게 된 것입니다. 명문대 나온 사람이 쓴 시가 아니라, 초등학교도 못나온 뇌성마비에 걸린 자매의 시를 온 세상 사람이 자기 노래로 부르는 것입니다. 하나님의 은혜가 임하자 빈들이 역사의 중심이 된 것입니다.

빈들의 인생을 살고 계십니까? 내 안에 영적으로 곤고함이 있고 내 삶에 아픔이 있고 내 삶에 약함이 있습니까? 하나님의 은혜를 구하십시오. 그러면 하나님의 손에 쓰임 받는 역사의 주인공이 될 것입니다. 약한 자를 강하게 하시고, 낮은 자를 높이시는 주님의 은혜를 누리는 여러분 되시기를 주님의 이름으로 축원합니다.

3. 하나님의 은혜가 있는 곳은 어디나 성전이 된다.

빈들에 하나님의 말씀이 임하자 어떤 일이 벌어졌습니까? 수많은 사람들이 세례 요한에게 나아왔습니다. 그리고 자신의 죄를 자복하고 죄 씻음을 상징하는 세례를 받습니다. 사람들이 안나스가 있는 그 화려한 예루살렘에서 세례 받지 않고 빈들 요단강에서 세례를 받습니다. 무슨 말입니까? 빈들이 하나님께서 임재하시는 진정한 성전이라는 것입니다. 더 놀라운 것은 뭔지 아십니까?

21절을 보세요. "백성이 다 세례를 받을 새 예수도 세례를 받으시고 기도하실 때에 하늘이 열리며."

누가 세례를 받으셨습니까? 예수님입니다. 예수님이 예루살렘에 가신 것이 아니라, 바로 빈들에 가서 세례 요한에게 세례를 받으셨다는 것입니다. 그러자 어떤 일이 벌어졌습니까? "하늘이 열렸다"는 것입니다.

어떤 곳에 하늘이 열리고, 어떤 곳에 예수님이 계십니까? 화려한 곳입니까? 권세가 있고 잘나가고 돈이 많고 배경 좋은 곳입니까? 아닙니다. 빈들 같이 가난하고 연약하고 부족지만 그럼에도 불구하고 진실한 믿음으로 은혜를 구하는 자에게 하늘이 열리고, 주님이 함께 하시는 것입니다. 그러므로 여러분은 나는 비록 부족해도 나에게 은혜를 주시고 하늘을 열어주시는 주님을 사모하며 믿음으로 승리하시기를 주님의 이름으로 축원합니다.

지금 현재 미국에서 가장 영향력 있는 목사를 들라고 하면 새들

백 교회 릭 워렌 목사님이십니다. 이분이 쓴 "목적이 이끄는 삶"이라는 책은 최고의 베스트셀러가 되었습니다. 그는 아주 탁월하게 목회를 해서 수많은 사람들에게 영향력을 미치고 있는 영적 리더입니다. 그런데 릭 워렌 목사님에게는 목회를 할 수 없을 만큼 큰 병이 있다는 것을 아십니까? 태어날 때부터 뇌 기능에 이상이 생겨서 아드레날린이 잘 분비되지 않는 병이 있습니다. 그래서 때때로 아드레날린이 분비되지 않으면 막 떨리게 되고, 갑자기 설교 중에 기절하게 되고, 또 온몸에 말할 수 없는 통증이 다가온다고 합니다. 그래서 설교하다가 정신을 잃을 때를 대비해서 예비 설교자를 준비해 놓고 설교할 정도로 그렇게 고통의 시간들을 많이 보냈습니다. 어떤 경우에는 아드레날린 주사를 맞고 강단에 올라 설교를 할 때도 있습니다. 매 주일 설교할 때마다 '하나님 내가 이 한번 설교하는 것으로 족합니다. 이제 더 이상 설교 못합니다. 더 이상 설교 못합니다. 하나님께서 은혜 주시지 않으면 저는 할 수 없습니다. 저를 불쌍히 여겨주십시오.' 그리고 나서 전적으로 하나님만 의지하면서 설교를 합니다. 그런데 어떤 일이 일어납니까? 빈들의 육체를 가지고 설교를 하는데, 매번 설교할 때마다 성령께서 강력하게 임재하시는 것입니다. 그래서 설교만 하면 부흥하는 것입니다.

목회자로서 가장 약한 육체, 가장 무서운 질병을 가지고 있는데 하나님의 은혜를 구하니까, 가장 강력하게 하나님의 영광이 임하는 것입니다. 파킨슨 병자와 같이 온 몸을 떨면서 설교하는데, 안티기독교인들이 회개하고, 자살하려는 사람들이 그 자리에서 예수님을 영접하는 역사가 일어나는 것입니다. 하나님의 은혜가 임하니까, 질병에 걸린 목회자의 입술에 가장 놀라운 하나님의 영광이 임하는 것입니다. 릭 워렌 목사님은 25년간 자신의 질병 치유를 위해서 기도했다고 합니다. 그런데 이제는 하지 않는다고 합니다. 단지, 이 질병을 덮어버릴 하나님의 은혜, 하나님이 영광이 임재하기를 위해서 기도한다고 합니다. 빈들에 하나님의 은혜가 임하면 그곳이 가장 영광스러운 성전이 되기 때문입니다.

여러분, 우리에게 가장 필요한 것이 무엇입니까? 물질입니까? 학벌입니까? 좋은 배경입니까? 아닙니다. 이 성탄 주간에 우리에게 가장 필요한 것은 나를 찾아오시는 주님의 은혜인 것입니다. 주님이 오시면 낮은 자가 높아지고, 가난한 자가 부하게 되며, 모든 질병과 아픔이 치유되고, 빈들이 영광의 장소가 되는 것입니다.

하나님의 은혜가 임하면 약한 자도 귀하게 쓰임 받을 수가 있으며, 하나님의 은혜가 임하면 부족한 사람도 영광스러운 인생이 되는 것입니다. 그러므로 광야 같은 인생이라고 낙심하지 마시고, 오직 하나님의 은혜를 구하십시오. 예수 그리스도를 나의 주로 모셔 들이시고 그분을 높이십시오. 그래서 나를 찾아오시고 나를 새롭게 하시고 나를 높여주실 하나님의 권세와 능력을 경험하고 누리는 복된 인생이 되시기를 주님의 이름으로 축원합니다.

13장
새로운 기회를 주시는 하나님
요 21:1-11

　가족들과 함께 망상해수욕장에 갔었습니다. 아이들과 함께 해변에서 물놀이를 하는데, 막내 아이가 파도를 무척이나 신기해하면서 즐거워했습니다. 해변에 그림을 그리면 파도가 와서 싹 쓸어 가 버리는데, 그것을 보면서 얼마나 막 웃으면서 정말 즐거워하는지 시간 가는 줄을 모릅니다. 오후 늦게까지 놀다가 바다에서 나오게 되었습니다. 그랬더니 막내 아이가 얼마나 좋았는지 가지 않겠다는 것입니다. 그러면서 발음도 제대로 되지 않는 아이가 이렇게 말을 합니다. "다음에 파도 없어요, 파도 안 와요." 다음에는 파도가 오지 않는다는 것입니다. 아직 아무것도 모르는 것입니다. 지구의 자전과 달의 공전이 멈추지 않은 한, 파도는 계속 칠 것입니다.
　이와 같이 하나님께서 주시는 기회의 파도는 이번 한번뿐이라고 믿고 사는 사람들이 있습니다. 그래서 기회를 놓치거나 인생의 실패를 경험하면 모든 것이 절망인 듯이 포기하는 사람이 얼마나 많은지 모릅니다.

어떤 젊은 부부가 신도시에 집을 사두면 오를 것이라 생각하고 아파트와 아파트 상가를 구입했습니다. 그런데 수년이 지나도록 집값은 오르지 않았습니다. 오히려 집값은 하락했고 아파트 상가도 신통치 않았습니다. 더 심각한 것은 신도시가 아직 개발 중이기 때문에 생활환경이 매우 좋지 않았습니다. 부부는 자주 부부싸움을 했습니다. 자신들의 인생은 실패한 인생이라고 생각한 것입니다. 어느 날 이 젊은 부부는 아주 심하게 부부싸움을 했습니다. 화가 난 부인은 집에서 나와 차를 몰고 어디론가 막 달렸습니다. 그런데 이 지역이 아직 개발 중이기 때문에 표지판이 제대로 되어 있지 않았습니다. 이 젊은 부인은 화가 나서 그만 운전을 하다가 자기도 모르게 역주행을 했습니다. 그리고 사고가 나서 그 자리에서 죽고 말았습니다.

다시는 기회가 없다고 생각하니까, 싸우게 되고 결국 분노의 마음으로 판단력을 잃고 모든 것을 다 잃게 된 것입니다. 여러분은 절대로 이런 잘못된 생각을 갖지 말아야 합니다. 세상 사람들은 인생의 기회가 세 번이라고 말합니다. 그러나 그것은 세상 사람들의 말입니다. 하나님은 오직 여호와를 앙망하는 자들에게는 끝임없이 새 힘을 주시고 끊임없이 밀려오는 파도와 같은 기회를 주시는 분이심을 알아야 하는 것입니다. 인생의 기회를 놓쳤다고 해서 세상에 무너진 듯이 절망할 필요가 없습니다. 하나님께서는 언제든지 여러분에게 다른 기회를 주시는 분이시기 때문입니다.

예수님의 제자들은 실패자였습니다. 예수님께서 십자가에 못 박혀 고난당하실 때 믿음의 자리를 지키지 못하고 다 도망간 것입니다. 특히 베드로는 예수님 앞에서 예수님을 세 번이나 부인하고 또 저주하면서 부인한 사람입니다. 믿음의 길에서 파선하고 실패한 제자들이 갈릴리 바다로 돌아가 다시 물고기를 잡고 있습니다. 그런데 그런 배신자들, 도망자들, 실패자들에게 주님이 다시 찾아 가십니다. 왜 그런가요? 새로운 기회를 주시기 위해서입니다. 주님은 배신자들에게도 기회를 주십니다. 실패자들에게도 기회를 주시고, 죄인에게도 무능력한 사람에게도 끊임없이 밀려오는 파도와 같이 기회를 주십니다. 그런데 많은 사람들이 기회를 살리지 못하고 반복적으로 실패한다는 것입니다. 왜 그렇습니까? 실패를 통해서 배우지 않기 때문입니다. 실패를 통해서 배우지 않으면 다음에 오는 기회는 아무런 의미가 없는 것입니다. 그러면 우리가 새로운 기회를 축복의 기회로 만들기 위해서는 어떻게 해야 합니까?

1. 빈 배의 원인을 파악하라

에덴 동산에 살던 아담과 하와는 사탄의 유혹을 이기지 못하여 하나님께서 먹지 말라 명하셨던 선악을 알게 하는 금단의 열매를 먹고 말았습니다. 그리고 두려움에 숨었습니다. 그 때 하나님의 음성이 들렸습니다. "아담아! 네가 어디 있느냐?" 하나님께서는 무소부재의 하나님이시기에 그 시각 아담이 어디에 있는지 모르실 까닭이 없습니다. 그럼에도 불구하고 하나님께서 아담을 향하여 구태여 "네가 어디 있느냐?"고 부르시는 이유가 무엇이겠습니까?

내일 시험을 치뤄야 할 아들이 오락실에서 정신없이 놀고 있는 것을 발견한 어머니가 아들을 향해 '너 지금 어디 있니?' 하고 말했다면,

그것은 어머니가 아들의 소재를 알지 못함으로 하는 말이 아닙니다. 지금 있어서는 안 될 곳에 있는 아들의 잘못을 일깨워 주려는 역설적 강조법입니다. '네가 지금 있어야 될 곳은 오락실이 아니잖니?', '네가 있어야 할 곳은 네 공부방이지 않니?', '네가 지금 할 일은 오락이 아니라 시험 준비하는 것 아니니?' 따라서 '너 지금 어디 있니?'란 말의 참뜻은 바로 이런 의미가 내포되어 있는 것입니다. '아담아! 네가 어디 있느냐?'고 부르신 하나님의 말씀도 이와 똑같습니다. '아담아! 네가 있어야 할 곳은 죄와 어둠의 나락 속이 아니잖니?', '네가 거할 곳은 빛 가운데 계신 하나님 존전이잖니?' 더 이상 흑암의 공포 속에서 떨지 말고 지금 당장 나오라는 뜻입니다.

오늘 본문 5절을 봅시다. "예수께서 이르시되 애들아 너희에게 고기가 있느냐 대답하되 없나이다."

갈릴리에서 만나자는 주님의 말씀을 따라 제자들은 갈릴리로 되돌아갔지만, 그러나 갈릴리에 도착한 그들은 주님을 까맣게 잊어버리고 말았습니다. 그들이 그곳에서 해야 할 일이 무엇인지조차 망각한 채 그들은 단지 그들의 필요를 위해, 그들의 욕구를 쫓아, 모두 갈릴리 바다를 향해 고기잡이에 나서고 말았습니다. 그들이 땀 흘리며 그물을 던지는 그 바닷가에 주님께서 나타나 계셨음에도 불구하고, 제자 중 단 한 사람도 그들과 함께 하고 계시는 주님을 알아보지 못할 정도로 그들은 자신들의 욕구에만 사로잡혀 있었습니다. 그러나 그 결과는 참담한 실패였습니다. 밤이 맞도록 수도 없이 그물을 던졌건만 단 한 마리의 물고기도 얻지 못했습니다. 하지만 그 실패의 의미가 무엇인지, 그들에게 지금 무엇이 잘못되어 있는지를 한번 짚어 보려는 사람도 없었습니다. 그들은 아무런 의미도 없이 빈 그물만을 기계적으로 반복해 던질 뿐이었습니다. 지칠 대로 지친 그들은 여전히 빈 배에 타고 있었을 따름입니다. 그들에게 예수님은 뭐라고 질문하십니까? "얘들아 너희에게 고기가 있느냐?"

예수님은 전지전능하신 분이십니다. 이미 제자들이 물고기를 잡지 못하고 있다는 것을 아셨습니다. 그럼에도 예수님은 왜 제자들에게 이런 질문을 하셨을까요? 이 질문의 의미가 무엇입니까? 그것은 바로 "너희들의 힘으로 살아보니까 잘되느냐?", "하나님의 은혜가 없는 곳에 진정한 삶의 의미를 밝혀줄 열매, 물고기가 있느냐?"라고 물으시는 것입니다.

오늘 예수님께서 다시 새로운 기회를 주시기 위해 제자들을 찾아오셨습니다. 왜 제자들이 믿음에서 실패했습니까? 왜 제자들이 빈 배를 타고 있습니까? 인생의 빈 배가 된 이유가 무엇입니까? 예수님을 떠났기 때문입니다.

요한복음 15:4절에 보면 "내 안에 거하라 나도 너희 안에 거하리라 가지가 포도나무에 붙어 있지 아니하면 스스로 열매를 맺을 수 없음같이 너희도 내 안에 있지 아니하면 그러하리라."

세상 사람들이 가장 성공한 사람으로 여기는 사람 중에 한 사람이 나폴레옹입니다. 나폴레옹이 유럽을 정복하고 세계를 지배하려다 워털루 전투에서 패전한 뒤 세인트 헬레나 섬에 유배되었을 때 일입니다. 지난 날 그는 세계를 제패했던 영웅이었지만 죄인의 몸이 되었기에 좀처럼 남들에게 초라한 모습을 보여 주려 하지 않았습니다. 그러던 중 한 기자가 어렵사리 그를 인터뷰하게 되었습니다. "지난날을 회

상할 때 가장 행복 했던 순간은 언제였습니까?" 나폴레옹은 눈을 지그시 감은 채 눈물을 흘립니다. 그리고 이렇게 말했습니다. "스위스 알프스 산맥을 넘을 때였지. 잠시 전투가 그친 어느 주일 아침이었는데, 산 아래 조그만 교회에서 종소리가 울려왔지. 그 소리에 이끌려 교회로 들어갔다네 나는 그 때 정말 마음이 평안하고 행복하더라고." 그러면서 울었다는 것입니다. 예수님을 잃어버린 인생에 어떻게 참된 성공이 있겠습니까?

나폴레옹은 평생 성공적인 인생을 살다가 결국 마지막에 가서는 빈 배의 인생을 살았습니다. 반대로 평생 많은 패배의 삶을 살았음에도 종국에는 예수님의 은혜로 승리하고 하나님의 위대한 일꾼으로 쓰임 받은 링컨도 있습니다. 그의 이력서를 살펴보면 1831년 사업에 실패하다. 1832년 주 의회에 진출하려다 패배하다. 1833년 두 번째로 사업에 실패하다. 1836년 신경쇠약으로 고생하다. 1838년 국회 하원의장 선거에서 패배하다. 1840년 대통령 선거 위원 선출에서 패배하다. 1843년 하원에 진출하려다 패배하다.(뭐 되는 게 없어요.) 1848년 또 다시 하원에 진출하려다 패배하다. 1855년 상원에 진출하려다 패배하다. 1856년 부통령에 입후보했으나 패배하다. 1858년 또 다시 상원에 진출하려다 패배하다. 그런데 1860년 대통령에 당선되다.

미국의 16대 대통령 아브라함 링컨의 이력을 보면 계속 패배의 연속이었는데 끝까지 믿음을 잃지 않고 주님 십자가 붙잡고 승리한 것입니다. 그가 대통령에 당선되고 고향을 떠나며 남긴 그의 연설이 매우 유명합니다. 그의 일부분을 소개해드리기 원합니다.

"하나님의 도우심 없이는 나는 결코 성공할 수 없습니다. 그리고 그 하나님의 도움이 있는 한 나는 절대로 실패할 수 없습니다."

오늘 예수님은 여러분에게도 질문하십니다. "너희들에게 고기가 있느냐? 인생의 참된 만족의 열매는 있느냐? 영적인 기쁨이 충만하냐?" 오직 예수님을 마음 중심에 모시기를 바랍니다. 예수님을 삶의 중심에, 인생의 중심에 모시기를 바랍니다. 그래서 열매가 있는 인생, 기쁨과 감사가 넘치는 인생, 새로운 기회를 누리는 인생이 되시기를 주님의 이름으로 축원합니다.

2. 자신의 빈 배를 고백하라

하나님은 우리 인생에 기회를 주시는 분이십니다. 그러나 그 전에 우리가 깨닫기를 원하시는 것이 있습니다. 무엇입니까? 빈 배를 고백하라는 것입니다. 5절에 보면 예수님이 제자들에게 물으십니다. "너희에게 고기가 있느냐?" 무슨 뜻이죠? "나를 떠나서 너희에게 참된 기쁨과 성공이 있더냐?" 질문하시는 것입니다. 그 때 제자들이 뭐라고 답합니까? "없나이다." 그러자 예수님께서 "배 오른편에 그물을 내리라." 그러자 그물이 찢어질 정도로 고기가 많이 잡혔다는 것입니다.

우리는 여기서 중요한 영적 교훈을 얻을 수 있습니다. 그것이 무엇입니까? 빈 배를 고백할 때 주님께서 새로운 기회를 주신다는 것입니다. "주님 외에는 나의 기쁨이 없습니다. 주님 외에는 은혜가 없습니다. 주님 나를 도우소서."라고 고백할 때 기회가 오는 것입니다.

사도행전 2장에 오면 오순절 사건이 나옵니다. 오순절 날 성령이 제자들에게 임했습니다. 온 세상 나라의 말로 막 기도를 크게 합니다. 지나가는 사람들이 충격을 받습니다. 어떤 사람들은 이집트에서 오고, 어떤 사람은 아라비아에서 오고, 어떤 사람은 중국에서 왔는데 한 번도 외국에 나가보지 못한 제자들이 이집트 말로, 아라비아 말로, 중국 말로 막 기도하는 것입니다. 얼마나 큰 충격입니까? 그래서 사람들이 놀라고 있는데 어떤 사람이 '이 사람들은 술 먹었나보다.' 이렇게 말합니다. 그 때, 베드로가 일어나서 담대하게 선포합니다. '옛날 요엘 선지자에게 하나님이 약속하시기를 메시야가 오시면 성령을 주신다고 했는데, 이 날이 바로 그날이다.' 그러면서 뭐라고 합니까? "누구든지 주의 이름을 부르는 자는 구원을 받으리라."

우리 주님은 누구든지 구원하시고 축복하시고 새로운 기회를 주시는 분이십니다. 배운 사람, 못 배운 사람 상관이 없습니다. 죄인이든지 의인이든지 상관이 없습니다. 어떤 사람에게도 복을 주시고 구원하시고 다시 시작할 수 있는 기회를 주십니다. 그런데 중요한 것이 무엇입니까? "주의 이름을 부르는 자."입니다. 간절히 도움을 구하는 자, 빈 배를 고백하는 자, 은혜를 구하는 자에게 주신다는 것입니다.

차범근 감독은 100년 만에 한번 나올까 말까하는 세계적인 축구선수라고 합니다. 이분이 축구를 얼마나 천재적으로 잘했는지 여러분이 더 잘 아실 것입니다. 젊은 시절 국가대표로 한참 잘나가던 때, 무릎에 통증이 찾아왔습니다. 병원에 가봤더니 관절염이라는 것입니다. 그런데 상태가 아주 심각합니다. 축구를 못한다는 것입니다. 얼마나 절망입니까? 이 때, 이영무 선수가 한 목사님과 함께 차범근 선수를 전도했습니다. 그럴 때 오히려 화를 내면서 TV를 켜고 TV만 보더라는 것입니다. 그런데 그 사이에 관절염이 더 심해져서 병원에서 치료할 수 없는 상황이 되었습니다. 마음에 절망이 찾아온 차범근 선수는 '하나님을 찾으면 어떻게 해결 될 수 있는 것 아닌가?' 하는 마음으로 한 기도원을 찾았고, 거기서 설교를 듣고 마음이 뜨거워졌습니다. 눈물로 기도하면서 주의 이름을 불렀습니다. 그는 그 자리에서 자신의 질병이 치유되는 기적을 체험하게 됩니다. 이 후 차범근 선수는 하나님께서 자기에서 새로운 기회를 주셨다고 믿고 그 때부터 열심히 신앙생활을 합니다. 그리고 독일에 가서 세계 최고의 선수가 됩니다. 골을 넣고 나면 그라운드에서 정말 열심히 기도합니다. 기도하는 선수 차범근, 주의 이름을 부르는 선수 차붐이 된 것입니다. 예전에 차범근 감독이 국가대표 감독이 되었을 때 경기에서 이기면 인터뷰하면서 "하나님께 영광을 돌립니다." 이렇게 하고 인터뷰를 했습니다. 그래서 예수 믿지 않는 분들에게 얼마나 큰 고난을 당했습니까? 그래도 끝까지 "하나님께 영광을 돌립니다." 이렇게 시작하고 인터뷰를 하니까, 나중에는 그 부분을 편집해서 방송에 보내는 것입니다.

하나님은 우리가 빈 배를 고백할 때, 주님 밖에는 나의 도움이 없다고 고백할 때, 새로운 기회를 주시는 것입니다. 여러분 인생에서 실패했습니까? 삶에 장애물이 생겼습니까? 주님 앞에 나아와 무릎을 꿇고 빈 배를 고백하십시오. "하나님, 주님 없이 가려다가 빈 배가 되었습니다. 하나님 나를 불쌍히 여겨주옵소서." 이런 고백을 하면서 하나님의 은혜를 구하는 자에게 빈 배가 채움 받는 은혜가 있기를 주님의 이름으로 축원합니다.

3. 헛된 세상의 빈 배에서 뛰어 내려라

예수님께서 '배 오른편에 그물을 내려라'고 하셨을 때 제자들이 순종해서 그물을 배 오른편에 내렸습니다. 그러자 기적이 일어났습니다. 밤새도록 물고기 한 마리도 못 잡았는데, 그물이 찢어질 정도로 많은 물고기를 잡은 것입니다. 그 때, 요한이 가만히 해변을 보니까, 예수님이셨습니다. 그래서 베드로에게 "예수님이시다."라고 소리쳤습니다. 그러자 베드로가 바로 배에서 뛰어 내립니다.

왜 베드로가 배에서 뛰어 내렸을까요? 예수님이 보고 싶어서 그랬을까요? 그런 의미도 분명 있지만 그러나 여기에는 보다 더 깊은 영적인 의미가 있습니다. 3절에 보면 시몬 베드로가 먼저 '나는 물고기 잡으러 간다'고 말합니다. 그래서 다른 제자들도 물고기를 잡으러 가게 된 것입니다. 그런데 베드로는 '예수님이시다'라는 소리를 듣고 배에서 뛰어 내립니다. 왜 그랬을까요? 예수님에게 자신의 마음을 보여 주고 싶은 것입니다. 그것이 무엇입니까? "저는 예수님 없는 빈 배를 다시 타지 않겠습니다. 헛된 인생에서 주님을 향한 삶으로 다시 돌아오겠습니다." 그런 베드로에게 예수님은 다시 '내 양을 치라, 내 양을 먹이라' 하시면서 사도로서 기회를 다시 주시고, 회복하여 주신 것입니다.

미국의 젊은 피아니스트 론 세버린(Ron Severin)은 주류상회 앞을 지나가다가 그 앞에 산적해 있는 헌 맥주 캔을 보고 눈이 번쩍 뜨였습니다. 그는 곧 주인을 만나 그 캔들을 자기가 치워 주겠다고 제의했습니다. 주인은 감사하다고 하며 그렇게 하라고 했습니다. 당시 세버린은 캘리포니아 롱비치 주립대학의 학생으로서 다우니 교회의 오르간을 연주하는 사람이었습니다. 헌 캔들이 줄지어 쌓여 있는 것을 보자 뭐라 표현할 수 없는 음악적 영감이 섬광처럼 그의 영혼을 흔들었던 것입니다. 세버린은 한 아름의 캔을 실어와 손질을 했습니다. 위와 아래의 뚜껑을 모조리 따내고 깨끗이 소독을 한 다음 긴 파이프가 되도록 납땜을 했습니다. 어떤 것은 길게, 어떤 것은 짧게 만들고 파이프의 주둥이 부분을 만들어 달았습니다. 파이프의 길이를 달리하여 플룻과 비올라 소리를 나게 하는 데는 한 시간정도 밖에 걸리지 않았으나 리드 음을 내는 데는 상당한 시간이 걸렸습니다. 드디어 3년 만에 아름다운 파이프 오르간을 만들어 내는데 성공했습니다. 새롭고 웅장하고 아름다운 악기 하나가 탄생한 것입니다.

예수님이 없는 빈 배는 그것이 당장 나에게 기쁨이 되고 만족이 되어도 결국은 빈 깡통이 되는 것입니다. 그러나 내가 빈 깡통 같은 존재일지라도 예수님 손에 잡혀 살고, 그 안에 찬양의 기쁨이 들어 있으면 파이프 오르간 같은 인생이 되는 것입니다.

예수님이 없는 배를 타고 있습니까? 예수님이 없는 가정을 만들고 있습니까? 예수님이 없는 인생의 목적을 가지고 있습니까? 그 배에서 뛰어 내리십시오. 그러면 주님께서 더 큰 축복의 기회를 주실 것입니다. 믿음은 결단입니다. 이 결단 위에 하나님의 은혜가 임하는 것입니다. 예수님이 없는 인생의 배에서 뛰어 내려, 주님께로 달려가 파이프 오르간과 같은 존귀한 인생, 놀라운 변화를 경험한 인생, 새로운 기회를 온 몸으로 누리는 인생이 되시기를 주님의 이름으로 축원합니다.

예전에 큰 딸에게 자전거 타는 법을 가르친 적이 있습니다. 운동장에 나가서 자전거 타는 법을 가르치는데 자꾸 넘어지는 것입니다. 그래서 뒤에서 자전거를 잡고 뛰어 다녔습니다. 자전거가 넘어지려고 하면 다시 잡아주고, 또 넘어지면 다시 잡아줍니다. 온 몸에 땀이 비 오듯이 옵니다. 그래도 자전거를 잡아 주었습니다. 언제까지요? 스스로 잘 탈 수 있을 때까지 잡아준 것입니다.

하나님은 시험 감독관이 아니십니다. 인생의 자전거를 못 타면 '너 왜 못하니? 빵점' 이렇게 하시지 않습니다. 주님은 우리가 넘어지고 실패하면 다시 잡아 주십니다. 또 실패하고 넘어지면 다시 세워주십니다. 또 넘어지면 달려와 다시 힘을 주시고 일으켜 주십니다. 왜 그런가요? 하나님은 감독관이 아니라, 저와 여러분의 아버지가 되시기 때문입니다. 하나님의 목적은 평가가 아닙니다. 하나님은 목적은 '하나님께서 사랑하시는 자녀들이 행복하고, 건강하고, 멋지게 인생의 자전거를 타는 것'입니다. 그 모습을 보기 원하시는 것입니다. 그래서 일어설 때까지 잡아주시는 것입니다.

하나님은 여러분을 사랑하십니다. 끊임없이 기회를 주시는 분이십니다. 작은 실패가 왔다고 낙심하지 마십시오. 그냥 그 모습 그대로 주님께 가십시오. 그러면 반드시 다시 시작할 수 있는 새로운 기회를 주실 것입니다. 이 기회를 누리며 사는 행복한 그리스도인 되시기를 주님의 이름으로 축원합니다. 아멘.

14장

설교가 들리지 않을 때

출 6:1-9

　설교가 들리지 않아서 힘들어 하신 적이 있습니까? 목사님의 설교가 은혜롭지 않은 것도 아닙니다. 말씀의 깊이가 없는 것도 아닙니다. 다른 사람들은 말씀을 듣고 큰 은혜를 누립니다. 그 말씀 때문에 삶이 바뀝니다. 영적인 변화가 일어납니다. 그러나 나는 그 말씀이 들리지 않습니다. 성경을 읽어도 나와 전혀 상관없는 말씀처럼 여겨집니다. 이런 적이 있으신가요? 그러면 왜 설교가 들어오지 않습니까? 많은 이유가 있겠습니다만, 가장 핵심적인 이유는 마음에 상처가 있을 때 말씀이 들어오지 않는 것입니다.

　오늘 본문을 통해 이스라엘 백성을 보세요. 하나님께서 모세를 이스라엘 백성에게 보내어, 그들을 위로하십니다. 그리고 하나님의 말씀을 전합니다. 그러자 어떻게 했다고 합니까? 이스라엘 백성이 그 말씀을 듣지 않고 오히려 반감을 가졌다는 것입니다. 왜 그런가요? 그들의 마음이 상했기 때문입니다. 왜 마음이 상했습니까? 하나님 때문에 오히려 더 큰 손해를 봤다고 생각했기 때문입니다. 모세가 나타났을 때 그들은 하나님께서 자기들을 당장 구원해 주실 것이라고 믿었습니다. 그러나 현실은 그렇지 않았습니다. 하나님의 구원이 나타나기는커녕 모세 때문에 오히려 바로 왕에게 더 심한 학대를 받게 된 것입니다. 그래서 그들은 화가 났습니다. 실망했습니다. 하나님 때문에 자신이 손해 본 것이라고 생각한 것입니다. 낙심했습니다. 마음이 상한 것입니다. 마음이 상하니까, 말씀이 들어오지 않는 것입니다.

여러분, 아무리 탁월한 메시지가 선포되어도, 마음이 상하면 아무것도 들리지 않습니다. 왜 그렇습니까? 사람은 상대방의 말을 귀로 듣는 것이 아니라, 마음으로 듣기 때문입니다.

그래서 잠언 4:23에서 이렇게 말씀했습니다. "모든 지킬 만한 것 중에 더욱 네 마음을 지키라 생명의 근원이 이에서 남이니라."고 한 것입니다. 그러므로 우리는 늘 성령께서 우리의 마음을 지켜 주시기를 간구해야 하는 것입니다.

예수님께서는 '사람이 떡으로만 사는 것이 아니라, 하나님의 입에서 나오는 모든 말씀으로 살 것'이라고 하셨습니다. 그리스도인은 하나님의 말씀으로 삽니다. 말씀을 통해 깊은 진리를 깨달을 때, 삶이 변화됩니다. 은혜를 받을 때 영혼이 치유되고 회복되어 세상을 이기는 그리스도인으로 살 수 있는 것입니다.

그런데 설교가 들리지 않는다면 이것이 얼마나 큰 영적인 재앙입니까? 그러므로 우리는 말씀이 들리지 않을 때, 먼저 상한 마음을 치유해야 합니다. 그리고 하나님과 동행하는 기쁨을 회복해야 하는 것입니다. 그러면 설교가 들리지 않을 때 어떻게 우리의 마음을 관리해야 합니까?

1. 하나님의 사랑에 집중하라

9절을 봅시다. "모세가 이와 같이 이스라엘 자손에게 전하나 그들의 마음의 상함과 가혹한 노역으로 말미암아 모세의 말을 듣지 아니하였더라."

그런데 왜 이스라엘 백성이 마음이 상했습니까? 하나님 때문에 고난이 왔다고 생각한 것입니다. 그러니까, 모든 고난의 원인, 삶의 고통의 원인, 내가 손해 본 이유가 하나님께 왔다고 생각한 것입니다.

오늘날에도 이렇게 하나님을 오해하는 분들이 많이 있습니다. 하나님은 우리가 하고 싶은 것을 못하게 하시는 분이시다. 하나님의 말씀은 우리의 삶에 무거운 부담을 준다. 하나님은 내가 기뻐하고 즐거워하는 것을 못하게 하고, 답답하고 힘든 삶으로 끌고 들어가신다. 하나님은 엄하시고, 우리가 행복하게 사는 것보다 고행의 길을 가길 원하신다. 이렇게 생각하는 것입니다. 그러니까 말씀이 마음에 들어오지 않는 것입니다.

여러분 정말 하나님은 우리 인생을 힘들게 하시는 분이십니까? 절대 그렇지 않습니다. 예레미야 선자는 이것을 확실히 말하고 있습니다(렘 29:11). 지금 하나님께서 모세를 통해 이스라엘 백성에게 하신 말씀이 뭡니까?

5-7절을 보세요. "이제 애굽 사람이 종으로 삼은 이스라엘 자손의 신음 소리를 내가 듣고 나의 언약을 기억하노라. 그러므로 이스라엘 자손에게 말하기를 나는 여호와라 내가 애굽 사람의 무거운 짐 밑에서 너희를 빼내며 그들의 노역에서 너희를 건지며 편 팔과 여러 큰 심판들로써 너희를 속량하여 너희를 내 백성으로 삼고 나는 너희의 하

나님이 되리니 나는 애굽 사람의 무거운 짐 밑에서 너희를 빼낸 너희의 하나님 여호와인 줄 너희가 알지라."

지금 하나님께서 뭐라고 하십니까? 하나님은 이스라엘 백성이 고통스러워하고 신음하는 것을 듣고 가슴 아파하셨다는 것입니다. 그래서 이스라엘 백성을 무거운 짐 밑에서 빼내어, 고통과 눈물에서 건지시기를 원하신다는 것입니다. 그리고 참 자유의 기쁨을 주시겠다는 것입니다. 그래서 나 여호와 하나님이 얼마나 너희를 사랑하는지, 얼마나 너희를 아끼는지, 얼마나 너희를 축복하기 원하는지 보여 주시겠다는 것입니다.

여러분, 왜 설교가 안 들어옵니까? 왜 마음이 상합니까? 나를 향하신 하나님의 사랑을 보지 못하고, 당장 눈앞에 벌어진 고난만 보기 때문입니다.

아담과 하와가 선악과를 따먹었습니다. 왜 따먹었습니까? 마음이 상해서 따먹은 것입니다. 마귀가 와서 어떻게 유혹을 했습니까? '하나님이 이 선악과를 금하신 이유는 너희들이 하나님처럼 될까봐 그런 것이다.' 이 말에 그들이 마음이 상한 것입니다. 그러자 하나님이 주신 수백만 그루의 과실나무는 하나도 눈에 들어오지 않고, 오직 선악과만 눈에 들어오는 것입니다. 그래서 선악과를 따먹은 것입니다. 이와 같이 마귀는 우리의 마음을 상하게 합니다. 만약 아담과 하와가 눈을 들어, 하나님이 자신들에게 주신 것을 보고, 그 풍성함에 집중했다면 마귀의 유혹을 물리치고 승리했을 것입니다. 그러나 그들은 먹지 말라고 금지한 선악과만 본 것입니다.

어느 가정에 심방을 갔더니 초등학교 1학년 아이가 기도 제목을 말했는데, 빨리 어른이 되는 것이라고 합니다. 이유가 무엇인가 물었더니, 어른이 되면 스마트 폰도 가질 수 있고, 게임도 마음대로 할 수 있고, 먹고 싶은 것도 다 먹을 수 있다는 것입니다. 여러분 사람이 철이 들었다는 말을 들을 때가 언제라고 생각하십니까? 그것은 부모의 마음의 깊이를 알 때입니다. 그 때 왜 부모님께서 그렇게 말씀하셨는지, 그 때 왜 부모님께서 그렇게 하실 수밖에 없으셨는지를 아는 것입니다. 그것이 성장하는 것이고, 그것이 성숙되어 가는 것입니다.

신앙이란 무엇입니까? 예수님 열심히 믿고 복 받는 것 정도가 아닙니다. 신앙이란 결국 하나님의 사랑을 알아가는 과정인 것입니다. 어떻게 하나님의 사랑을 알아갑니까? 눈을 들어 하나님께서 나를 얼마나 소중히 여기시고, 나를 얼마나 사랑하시는지를 찾는 것입니다. 그래서 우리는 하나님의 사랑을 찾아가는 순례자이어야 합니다. 그 사랑을 발견하고, 그 사랑을 우리 가슴에 담을 때 우리는 그 때 능력을 경험하고, 치유를 경험하고, 기적을 체험하는 것입니다.

어떤 잡지에 실린 기사 내용입니다. "엘리나"라는 78세 된 네덜란드 출신의 할머니가 있었습니다. 이 할머니의 평생소원은 담배를 끊는 것이었다고 합니다. 그래서 할머니는 50년간 담배를 끊기 위해 클리닉에도 가보고 약도 먹어보았지만 번번이 실패하였습니다. 그러다가 어느새 78세가 되었습니다. 그러던 어느 날 엘리나 할머니가 79세 된 "제이슨"이라는 할아버지를 만나게 되었고, 그 할아버지를 진심으로 사랑하게 되었습니다. 그런데 제이슨 할아버지가 할머니에게 말하기를 "나는 당신과 결혼하고 싶은데 나는 담배 냄새가 정말 싫어요. 당신과 함께 살기 힘들 것 같아요"라고 답했습니다. 그러자 이 할머니는 "그래요? 그러면 제가 담배를 끊으면 되잖아요?" 하면서 그 순간부터 담배를 끊었다고 합니다. 사랑의 힘은 참으로 위대합니다. 50년간 이루지 못한 그녀의 금연을 한 순간에 하도록 하기 때문입니다. 이 기사의 마지막 줄에는 "나는 이 경험을 통해서 사랑의 힘은 의지의 힘보다 위대하다는 것을 깨달았다"라는 할머니의 멋진 고백이 실려 있었습니다.

하나님이 우리에게 주신 사랑이 얼마나 큽니까? 그 은혜가 얼마나 놀랍습니까? 눈앞의 현실에, 인간적인 상처에 끌려가지 마십시오. 그런 마음을 십자가 앞에 내려놓으시고, 하나님의 사랑에만 집중하십시오. 그래서 그 사랑의 힘으로 세상을 이기고, 기적을 만들어내는 여러분의 인생이 되시기를 축원합니다.

2. 비전으로 상처를 뛰어 넘으라

8절을 보세요. "내가 아브라함과 이삭과 야곱에게 주기로 맹세한 땅으로 너희를 인도하고 그 땅을 너희에게 주어 기업을 삼게 하리라 나는 여호와라 하셨다 하라."

하나님이 이스라엘 백성의 아픔을 아십니다. 이스라엘 백성이 마음이 상해서 고통스러워하고, 아파하고 있다는 것을 다 아십니다. 그 때 하나님께서 주신 메시지가 뭡니까? '내가 이제 너희에게 젖과 꿀이 흐르는 땅을 주리니, 그 비전으로 이겨내라'는 것입니다.

여러분 우리 안에 상처가 있고, 열등감이 있고 아픔이 있을 수 있습니다. 그런데 이 모든 것을 이겨낼 수 있는 힘이 어디에서 나옵니까? 바로 비전에서 나오는 것입니다.

제가 어렸을 때, 어머니께서 고생을 많이 하셨습니다. 그 때마다 어머니께서는 '너희들 보고 산다'고 말씀하셨습니다. 그 말의 뜻이 뭡니까? "내가 비록 현실이 힘들고, 남들에게 인정받지 못할 만큼 가난하지만, 그래도 너희들이 앞으로 잘될 것이라는 소망이 있으니 내가 살수 있구나." 이런 의미가 아닙니까? 저희 어머니는 자녀의 미래의 비전을 보고 현실의 어려움을 이겨냈던 것입니다.

미래에 대한 꿈으로 충만한 사람은 지금의 아픔, 지금의 상처를 이겨낼 수 있는 것입니다. 그러므로 우리는 낮은 자를 높이시고 가난한 자를 부요하게 하시고, 절망을 희망으로 바꾸시는 하나님을 바라보며 비전을 품고 살아야 합니다. 그리고 우리 마음이 상처가 아닌, 희망으로 채워지게 해야 하는 것입니다. 그럴 때, 상처에 끌려가는 인생이 아니라, 비전으로 살아가는 인생이 되는 것입니다.

역사상 최고의 수영선수가 마이클 펠프스(Michael Phelps)라고 하는 선수입니다. 그는 2004년 아테네 올림픽에서 금메달 6개와 동메달 2개를 땄습니다. 2008년 베이징 올림픽에서는 금메달 8개를 땄습니다. 2012년 런던 올림픽에서도 메달을 땄는데 펠프스 한 개인이 딴 메달 수가 총 22개나 됩니다. 웬만한 나라가 딴 메달 수보다 더 많이 딴 것입니다. 원래 펠프스는 ADHD라고 하는 과잉성행동장애를 앓고 있는 아이였습니다. 너무 산만해서 학업을 잘 따라가지 못했습니다. 학교 선생님이 이 아이가 문제 있는 아이라고 이야기 할 때마다 엄마의 마음은 찢어졌습니다. 아이들도 은근히 왕따를 시켰습니다. 그 때마다 엄마의 마음은 상처투성이가 되었습니다. 그래서 할 수 없이 아이에게 수영을 가르치기 시작했습니다. 그런데 어느 날 수영 코치가 충격적인 말을 해줍니다. "저, 어머니 펠프스를 보니까, 집중력이 좋습니다. 올림픽 금메달을 딸 수 있을 것 같습니다. 우리 함께 해

보지요." 그 말을 들으니까, 순간 전혀 이해할 수 없었다고 합니다. 아니 미국에서 전체 1등도 아니고, 세계적인 올림픽 경기에서 1등이라니 믿을 수가 없었습니다. 그런데 코치가 자꾸 꿈을 심어 주시면서 할 수 있다고 합니다. 그 때부터 펠프스 어머니가 꿈을 품기 시작합니다. 그러니까, 그 때부터 사람들의 조롱이 귀에 하나도 들어오지 않더라는 것입니다. 그리고 목적 하나만을 위해서 전진할 수 있게 되었다고 합니다.

우리도 마찬가지입니다. 하나님이 단지 예수님의 보혈로 우리를 죄에서, 마귀의 세력에서 구원하시고 그것으로 끝을 내신 것이 아닙니다. 분명 하나님은 예수님의 보혈로 우리의 죄를 청산하셨습니다. 완전히 용서하셨습니다. 그리고 그런 다음에 '이제 너희 갈 길로 가라' 그렇게 하셨습니까? 아닙니다. 죄를 용서하시고, 자유를 주신 후에는 우리를 양자로 삼아 주신 것입니다. 그리고 우리에게 하나님 나라를 물려주시겠다고 약속하신 것입니다. 그러니 아무리 현실이 어렵다고 할지라도 항상 기뻐하고 기도하며 천국의 꿈을 꾸라고 하십니다. 그러므로 우리는 예수 안에서 더 복된 인생이 되겠다고 하는 꿈과 비전을 품어야 합니다. 그럴 때 마음의 상처를 이기고, 세상을 이기고, 하나님의 기적을 체험하게 되는 것입니다.

여러분, 현실의 아픔에 끌려가지 마시고, 하나님께서 나를 통해 행하실 위대한 일을 꿈꾸셔야 합니다. 그래서 우리의 마음이 하나님께서 주신 비전으로 뜨거워지고, 모든 말씀에 아멘으로 화답하고, 기적을 체험하는 인생이 되시기를 축원합니다.

3. 낮은 자를 높이시는 하나님을 바라보라

7절을 보세요. "너희를 내 백성으로 삼고 나는 너희 하나님이 되리니"

이집트 사람들은 자신들을 '선민'이라고 생각했습니다. 그들의 자부심은 대단했습니다. 세상을 지배하는 나라의 백성이고, 신이 선택한 민족이라고 생각한 것입니다. 이스라엘 사람들은 이집트의 노예로서 그런 모습을 옆에서 보고 살았습니다. 이집트 사람들이 얼마나 부러웠겠습니까?

그런데 하나님이 뭐라고 하십니까? "너희를 내 백성으로 삼겠다."는 것입니다. 즉 너희가 나의 백성이고, 너희가 선민이고, 너희가 신의 선택을 받은 사람이라는 것입니다. 그렇게 만들어 주시겠다는 것입니다. 그러니 이 약속 붙잡고 이겨내라는 것입니다. 우리가 어떻게 열등감을 극복할 수 있습니까? 우리가 어떻게 인간적인 상처와 눈물을 이겨낼 수 있습니까? 그것은 낮은 자를 높이시는 하나님을 바라보는 것입니다.

사도행전에 보면 예수님의 제자들이 복음을 전하다가 유대 관원들에게 잡혔습니다. 그 때 사도들이 예수님이 바로 구약 성경이 예언한 유일한 구세주이시며, 다른 이로서는 구원을 얻을 만한 이름을 주신 적이 없다고 담대하게 선포합니다. 그러자 유대 관원들이 뭐라고 반응합니까? '학문이 없는 사람들이 담대하게 말함을 보고 놀랬다.'는 것입니다. 그 당시에 예수님의 제자들은 그런 취급을 받는 사람들이었습니다.

그도 그럴 것이 예수님의 제자들을 보십시오. 대부분 배우지 못한 갈릴리 시골 어부출신들이었습니다. 갈릴리 사투리도 썼습니다. 또한 예수님의 제자 중에는 유대인들이 제일 싫어하는 세리도 있었습니다. 그 시대의 관점에서 보면 한결 같이 흠이 있는 사람들이었습니다. 그러나 하나님이 그들을 어떻게 하셨습니까? 그들은 사도로 세우셨습니다. 그들의 손을 통하여 예수 그리스도의 복음이 증거 되게 하셨습니다. 십자가의 복음, 죄 사함의 복음, 천국 가는 생명길이 제자들의 입술을 통해 증거 되게 하신 것입니다. 시골 촌뜨기였던 그들이 초대교회의 지도자가 되었습니다. 2천년이 지난 지금 그 당시 잘나가던 유대 관원들의 이름을 기억하는 사람이 있습니까? 없습니다. 그러나 시골 촌뜨기, 베드로, 야고보, 요한은 모두가 기억합니다. 그리고 수억 명의 사람들이 그들을 사도라고 부르고, 그들이 기록한 성경을 읽고 있는 것입니다.

하나님은 낮은 자를 높이시는 분이십니다. 그러므로 지금의 열등감에, 지금의 아픔에 사로잡히지 마시고, 하나님과 동행하는 사람이 되십시오. 그러면 설교가 들어옵니다. 그리고 마음과 영혼이 부요해지며, 그 능력으로 세상을 이기는 사람이 되는 것입니다.

여러분, 천안의 명물이 뭡니까? 호두과자입니다. 많은 분들이 원조 호두과자를 잘 찾지 못하시는데요, 원조 천안 호두과자는 '학화 할머니 호두과자'입니다. 이것이 원조입니다. 학화 할머니는 심복순 할머니입니다. 호두과자는 원래 심복순 할머니가 개발한 것이 아니라 그의 남편이었습니다. 일찍이 일본에서 제과 기술을 배워 국내에서도 인정받는 제과업계에 주목을 받는 인물이었습니다. 어떤 과자를 만들까 생각하다가 고안해 낸 것이 호두과자였습니다. 그러나 그의 생각과는 달리 잘 팔리지 않았습니다. 경제적으로 힘들어졌습니다. 이것을 보다 못한 그의 아내 심 권사님이 기도하는 가운데 마음에 팥 앙금 속에 진짜 호도를 넣어야겠다는 생각이 떠올랐습니다. 심 권사님은 그렇게 처음 만들게 된 그 호두과자 한 봉지를 붙들고 이렇게 기도했다고 합니다. "하나님, 이 사업을 통해서 저 같은 사람이 교회를 세우는 사람으로 쓰임받기 원합니다. 제가 사는 날 동안 일곱 교회를 지어 하나님께 드리겠습니다." 그리고 호두과자에 꼭 전도지를 넣어서 팔았습니다. 그 때 사람들이 비웃었다고 합니다. 그까짓 호두과자 구워서 어떻게 그런 일을 하겠느냐고 말입니다. 그리고 그렇게 해서 장사가 되겠느냐고 합니다.

그러나 하나님은 인간의 비웃음을 뛰어 넘으셨습니다. 호두과자가 엄청나게 팔리기 시작하는 것입니다. 그러자 하나님께 서원한대로, 돈이 생길 때마다 가난한 사람들을 돕고, 교회를 세우기 시작했습니다. 천안 성심교회, 오산 성심교회, 여주 성심교회, 연천 성심교회, 화성 성심교회, 논산 성심교회, 서울 순종교회, 삼척 신기중앙교회 등 여러 교회를 세우는 기적을 이루게 됩니다. 그런데 호두과자에 안에 있는 전도지가 궁금하시죠? 그 내용이 이렇습니다.

사랑하는 여러분! 저는 작은 힘이지만 70여년의 세월 동안 "학화 호두과자 - 할머니 호두과자"를 개발하여 여러분께 드려왔습니다. 또 앞으로도 계속하여 성심껏 제공하여 드릴 것입니다. 하지만 그 빵 역시 삶 자체를 풍부하게 하는 "생명의 빵"은 아닙니다. 저는 호두과자보다 더 맛이 있고, 한번 먹으면 배고프지 않는 생명의 빵을 소개하고자 합니다. 바로 하나님께서 우리에게 보내주신 "예수 그리스도"이십니다. 우리 생명의 빵이 되시는 예수 그리스도를 만나보시지 않겠습니까? 가까운 교회에 나가십시오. 이전보다 훨씬 복된 나날이 되실

것입니다. 초실 심복순 권사 올림

　이렇게 전도지를 넣고 호두과자를 판 것입니다. 그런데 여러분, 이 심복순 권사님의 호두과자가 어떻게 된지 아십니까? 지금은 천안을 대표하는 브랜드를 넘어 세계 속에서 대한민국을 대표하는 브랜드가 되었습니다. 사람들은 그까짓 호두과자가 무슨 능력이 있겠느냐고, 호두과자 구워서 무슨 일을 하겠느냐고 했습니다. 그러나 어떻습니까? 하나님이 이분의 기도를 들으시고 높여 주시니까 세계적인 호두과자가 된 것입니다.

　여러분 마음이 상하면 말씀이 들어오지 않습니다. 말씀이 들어오지 않으면 우리는 방향을 잃고, 영적 힘을 잃게 됩니다. 그러므로 마음 관리를 잘해야 합니다. 상처에 끌려가지 마시고, 나를 사랑하시고, 나를 세우시는 하나님을 의지하고 믿음을 붙잡으시기 바랍니다. 그래서 언제나 우리의 삶에 복주시기를 원하고 승리를 주시는 하나님을 경험하고, 말씀의 능력을 체험하는 복된 인생이 되시기를 주님의 이름으로 축원합니다. 아멘.

15장
승리가 예약된 사람들
눅 6:20-23

오늘 본문에 보면 예수님에게 제자들에게 뭐라고 하십니까? 가난한 자에게 하나님 나라의 축복이 있다는 것입니다. 삶이 너무 힘들어서 울고 있는 사람은 하나님의 축복으로 웃는 인생이 된다는 것입니다. 그리고 예수님을 믿는 것 때문에 사람들에게 고난을 당하는 사람에게 복이 있다고 선포하고 있는 것입니다. 그래서 어떻게 하라고 하십니까? 기뻐하고 뛰놀라고 하십니다. "기뻐하고 뛰놀라." 무슨 뜻입니까? 너무 감사하고 신나고 기뻐 어쩔 줄 몰라 방방 뛰면서 기쁨의 함성을 지르라는 것입니다.

가난해서 고통 중에 있고, 삶이 힘들어서 죽을 것 같고, 너무 울어서 더 나올 눈물도 없는 상황임에도 절망하지 않고 기뻐하며 춤을 춥니다. 너무 행복해서 방방 뛰며 기뻐합니다. 어떻게 그럴 수 있을까요? 우리 생각에는 도무지 못할 것 같습니다. 그러나 오늘 하나님의 말씀에는 이러한 상황에서도 기뻐하라고 하십니다. 그렇게 할 수 있다고 하십니다. 그렇다면 우리가 고난 중에서도 기뻐하고 뛰놀 수 있는 이유가 무엇입니까?

1. 예수님은 보고 계시기 때문입니다.

20절을 보세요. "예수께서 눈을 들어 제자들을 보시고 이르시되 너희 가난한 자는 복이 있나니 하나님의 나라가 너희 것임이요."

예수님의 제자들은 물질적으로 매우 가난한 사람들이었습니다. 예수님의 제자들은 대부분 어부들이었습니다. 그런데 예수님을 만나고 나서 모든 것을 버려두고 예수님만 따라다녔습니다. 가난한 사람들이었는데, 예수님 때문에 더 가난하게 된 것입니다. 그러다 보니 먹지 못하고 배를 곯어야 했습니다. 오죽했으면 안식일에 밀밭 사이를 지나가다가 이삭을 잘라 손으로 비벼 먹어야 했겠습니까? 얼마나 힘이 듭니까? 누가 이 고난을 알아나 주겠습니까?

그런데 오늘 본문에 보니까, 예수님이 눈을 들어 제자들을 보셨다고 합니다. '눈을 들어 보시고'라는 뜻은 의미 있게 보셨다는 것입니다.

기독교 신앙의 능력이 어디에서 나옵니까? 바로 신전의식에서 나오는 것입니다. 신전의식이 뭡니까? "하나님 앞에서"라는 뜻입니다. 다른 말로 하면 하나님이 나를 보고 계시다는 것입니다. 하나님께서 내 죄를 보시기 위해서 보시는 것이 아니라, 주를 위해서 사는 나의 아름다운 모습에 기뻐하시기 위해서 보신다는 것입니다. 그러므로 믿음의 사람은 항상 주님의 시선을 의식하면서 살 때 하나님의 능력을 체험하게 된다는 것입니다.

어제 SBS에서 우리교회를 촬영했습니다. 굿네이버스 용인지부가 SBS 희망 TV 프로그램에 선정이 되었습니다. 그래서 SBS가 용인지부를 리모델링해주기로 한 것입니다. 그런데 그 사이에 용인지부에서 공부하는 어린이들이 갈 때가 없는 것입니다. 아무리 찾아도 방법이 없다는 것입니다. 그래서 제가 우리교회를 사용하게 했습니다. 그래서 지난 일주일간 용인지부 굿네이버스가 돕고 있는 어린이들이 우리교회에서 방과 후 교실을 했습니다. 이 모습을 SBS에서 담겠다고 우리교회에 오겠다는 것입니다. 저는 속으로 얼마나 감사했는지 모릅니다. 이번 기회에 우리교회도 알려지면 좋겠다는 인간적인 생각이 들었습니다. 그런데 그 순간, 이런 생각이 들었습니다. "사람이 알아주어도 이렇게 좋은데, 나는 왜 하나님이 알아주는 것에는 관심이 없었는가?"

참된 믿음의 능력은 사람이 알아주는 것이 아니라, 하나님이 알아주는 인생을 살 때 나타나는 것입니다. 예수님 때문에 물질로 헌신을 하고, 예수님 때문에 믿음을 지키고, 천국을 사모하면서 거룩한 인생을 살고, 또 복음을 위해서 고난을 받는 모든 삶에 하나님께서 보고 계시고 알아주신다는 것입니다. 얼마나 감사합니까? 그래서 하나님을 의식하는 사람은 고난 중에 기뻐할 수 있고, 그 결과 능력을 경험하게 되는 것입니다.

얼마 전에 아프리카에서 선교하시는 이영권 선교사님이 우리교회에 오셔서 설교를 하셨습니다. 이영권 선교사님은 탄자니아에서 선교를 하고 계시는데 정말 선교를 열정적으로 잘하십니다. 그런데 환경도 열악하고 또 온 몸을 다해 선교를 하니까, 건강이 많이 나빠졌습니다. 특히 치아가 모두 망가져서 임플란트를 해야 할 처지가 되었습니다. 그리고 말라리아에 자주 걸려 앓으셔서 콩팥이 심각하게 망가졌습니다. 그 외 온 몸이 다 질병 투성이가 되었습니다. 매일 새벽마다 온 몸이 무너지는 것을 경험합니다. 고난이 보통 아닙니다. 그런데 선교사님은 늘 '행복하다'고 말씀하십니다. 치아가 다 무너졌는데 감사하다는 것입니다. 콩팥이 다 고장 나서 생명의 위협이 느껴져도 기쁘다는 것입니다. 그러니까 어떤 일이 벌어진 줄 아십니까? 선교사님이 세운 고등학교가 그 나라 교육부 장관이 와서 축사를 하는 학교가 되고, 선교사님이 키운 제자들이 이슬람 지역에 들어가 교회를 세우는 역사가 일어나고, 선교사님이 가는 곳곳마다 하나님 나라 역사가 강력히 일어난다는 것입니다. 고난 중에 기뻐하고 즐거워하니까, 하나님께서 일하시는 능력이 나타나는 것입니다.

여러분, 예수님 때문에 어려움을 당했습니까? 기뻐하고 즐거워하십시오. 하나님이 우리의 삶을 모두 보고 계십니다. 하나님이 보고 계시는 곳에는 하나님의 능력이 나타납니다. 가난하고 힘든 삶을 살고 있으면서도 믿음을 지키고 주일 예배를 지키고 있습니까? 기뻐하고 즐거워하십시오. 여러분을 보고 계시는 하나님께서 반드시 능력으로 함께 하실 것입니다. 또 오늘과 같이 비가 오는 날에도 기쁨으로 주의 전을 사모해서 이 예배에 나오신 여러분을 하나님이 보고 계십니다. 얼마나 감사합니까? 그러므로 기뻐하고 즐거워하십시오. 그래서 주님의 능력을 체험하시기를 축원합니다.

어느 시골 교회에서 있었던 일입니다. 교회를 건축하는 문제가 아주 시급해졌습니다. 그래서 어느 주일 예배시간에 교회 건축을 위해서 특별헌금 시간을 가졌습니다. 성도들도 교회 건축을 위해 기도하며 정성껏 헌금했습니다. 그런데 그 교회에 다니는 아주 가난한 할머니가 있었습니다. 이 할머니는 형편이 좋지 않아서 헌금으로 바칠 것이 없었습니다. 그럼에도 교회 건축을 위해 할머니는 자신이 평생 소중하게 간직한 부모에게 물려받은 금반지를 빼서 기쁘게 헌금함에 넣었습니다.

할머니의 사정을 잘 알고 또 그 반지의 사연을 아시는 목사님이 그 모습을 보았습니다. 한편으로는 감사했지만 한편으로는 안타까운 마음을 금할 길이 없었습니다. 예배가 다 끝나고 성도들이 돌아간 후 목사님과 장로님들이 그 할머니를 불렀습니다. 그러고는 할머니가 빼서 헌금한 반지를 돌려주면서 말했습니다. "할머니, 반지를 돌려드립니다. 교회가 아무리 어려워도 이렇게 까지는 아니라고 생각합니다. 이 소중한 반지는 그냥 간직하세요." 그러자 그 할머니가 이렇게 말씀하셨다고 합니다. "목사님, 이상하세요. 저는 목사님께 헌금을 한 것이 아닙니다. 저는 하나님께 바친 것입니다. 그런데 어떻게 목사님이 이것을 돌려주신다고 말씀을 하십니까?"

온 교회가 큰 은혜를 받았습니다. 이 소식을 들은 교인들이 움직이기 시작한 것입니다. 한 마음으로 정성을 다했습니다. 그래서 그 가난한 시골 마을에 가장 아름다운 성전이 세워지게 되었다고 합니다.

고난 중에도 헌신하고 있습니까? 예수님 때문에 손해 보고 예수님 때문에 시간을 드리고 있습니까? 남들이 전혀 모르는 곳에서 예배당을 청소하셨습니까? 남들이 전혀 모르는 곳에서 구제하셨습니까? 기뻐하십시오. 하나님이 보고 계십니다. 이 믿음으로 승리하시기를 축원합니다.

2. 승리가 예약되어 있기 때문입니다.

23절을 보세요. "그 날에 기뻐하고 뛰놀라. 하늘에서 너희 상이 큼이라. 그들의 조상들이 선지자들에게 이와 같이 하였느니라."

무슨 말입니까? "너희들이 고난으로 힘든 인생을 살고, 때로는 울어야 하고 배고픔을 경험한다고 하더라도 너희들은 절대로 패배하지 않는다. 믿음으로 사는 너희는 이미 '그 날'의 승리가 예약되어 있기 때문이다." 이렇게 말씀하시는 것입니다. 우리가 고난 중에 기뻐할 수 있는 힘이 어디에서 나옵니까? 바로 이 약속의 말씀을 붙잡는 것입니다. 여기에 기독교의 능력이 있는 것입니다. 왜 능력인 줄 아세요? 하나님의 위로와 약속의 말씀이 있기 때문입니다.

여호수아 1:1-4을 봅시다. "여호와의 종 모세가 죽은 후에 여호와께서 모세의 수종자 눈의 아들 여호수아에게 말씀하여 이르시되, 내 종 모세가 죽었으니 이제 너는 이 모든 백성과 더불어 일어나 이 요단을 건너 내가 그들 곧 이스라엘 자손에게 주는 그 땅으로 가라. 내가 모세에게 말한 바와 같이 너희 발바닥으로 밟는 곳은 모두 내가 너희에게 주었노니, 곧 광야와 이 레바논에서부터 큰 강 곧 유브라데 강까지 헷 족속의 온 땅과 또 해지는 쪽 대해까지 너희의 영토가 되리라."

여호수아가 가나안 땅을 정복하게 되었습니다. 그런데 지금 여호수아는 매우 두렵습니다. 왜 그런가요? 이전에는 모세가 이스라엘 백성을 이끌었습니다. 모세는 어떤 사람입니까? 당시 세계 최고의 권력과 힘을 가지고 있었던 이집트 왕 바로와 싸워서 이긴 지도자였습니다. 쉽게 말하면 오늘날의 중국과 러시아의 모든 군사력에 지팡이 하나 가지고 싸운 것입니다. 대단한 것입니다. 그 때 여호수아가 무엇을 했습니까? 모세의 시종으로 그를 섬겼습니다. 그런 여호수아가 이제 이스라엘을 인도하는 지도자가 된 것입니다. 그리고 이제 강력한 가나안 족속과 싸워야 합니다. 그래서 여호수아는 두려워 잠을 자지 못하고 있었습니다. 이제 앞으로 정복해야 할 가나안 땅이 만만한 땅이 아니기 때문입니다. 그런데 그 때 하나님께서 여호수아에게 무슨 말씀을 주십니까? 3절을 끝을 보세요. "너희 발바닥으로 밟는 곳은 모두 내가 너희에게 주었노니." 뭐라고 하십니까? "너희가 열심히 싸워라. 그래서 그 땅을 차지해라."고 하신 것이 아니라, '내가 이미 너희에게 주었다.'는 것입니다. 그러므로 하나님의 약속을 믿고 가서 그 땅을 차지하면 되는 것입니다.

온 우주를 창조하시고 온 세상의 주인이 되신 하나님께서 가나안 땅을 이스라엘 백성에게 주시기로 결정하셨습니다. 이미 주셨습니다. 가나안 땅은 이스라엘 백성에게 예약되어 있는 것입니다. 그래서 이스라엘 백성이 가나안 땅에 들어가 싸우는 시늉만 해도 이기는 것입니다. 그런데 문제가 있습니다. 기쁨으로 나가 싸우면 이기는데, 이스라엘 백성이 믿지 못하는 것입니다. 그래서 전쟁 중에 조금만 위기가 보이면 불평합니다. 그리고 도망갑니다. 믿음으로 전진하지 못합니다. 그래서 어떻게 되었습니까? 하나님의 영광이 떠나고 이스라엘이 패배하는 것입니다.

그러나 갈렙과 여호수아는 달랐습니다. 그들은 예약된 승리를 믿고, 기쁨으로 싸웁니다. 갈렙은 나이가 85세가 되어도 체력을 잘 관리하여 40대 중년의 힘을 가지고 전쟁을 수행합니다. 가장 힘든 전쟁인 해발고지 1000m 높이에 거주하고 있는 거인 아낙 자손들과 전쟁에서 승리하게 됩니다. 하나님의 약속을 믿고 전쟁에 나가니까 어떤 일이 벌어집니까? 하나님께서 직접 싸우시고 도우시는 것을 경험하더라는 것입니다. 그래서 최후의 승리자가 된 것입니다.

오늘 말씀에 따르면 성도의 삶이 그렇다는 것입니다. 우리는 승리가 예고된 전쟁을 하고 있습니다. 비록 우리는 현실적인 어려움 때문에 싸워야 할 일이 많고, 고난이 있고, 배고픔이 있고, 믿음 때문에 세상적인 것들을 다 포기할 때가 있지만 우리에게는 '그 날'의 승리가 예비되어 있다는 것입니다. 그래서 기뻐하고 즐거워하라는 것입니다. 우리가 힘들고 어렵고 손해 보는 것 같지만, 때로는 성전 건축이라고 하는 거룩한 부담감이 있지만 기뻐하고 즐거워하면 하나님께서 일하시는 것을 보게 된다는 것입니다.

하나님은 우리 인생에 승리를 예약해 놓으셨습니다. 우리가 할 일을 고난 중에도 기뻐하고 즐거워하는 것입니다. 그러면 승리의 그 날을 예비하신 하나님께서 도우시고 일하시는 것을 경험하게 될 것입니다. 고난 중에, 힘들 때, 낙심될 때, 화가 날 때, 헌신해야 할 때, 두려울 때, 기뻐하고 즐거워하십시오. 그래서 하나님께서 나를 위해서 예약하신 그 날의 승리를 누리시기를 축원합니다.

3. 내 인생은 이제 주님의 인생이기 때문입니다.

예전에 히딩크 축구 감독이 '한국은 폴란드전에서 승리할 것입니다.'라고 말한 적이 있습니다. 이 의미가 무엇입니까? 월드컵 16강도 못한 한국을 위로하기 위해서 한 말입니까? 아닙니다. 이 말의 의미는 '나는 축구 감독으로서 한국의 승리를 위해서 선수와 함께 최선을 다할 것이고, 결국 우리 선수가 승리하게 만들 것입니다.' 이렇게 자신의 각오와 약속을 선포하는 것입니다.

오늘 주님은 고난 중에 있는 제자들에게 '기뻐하고 뛰놀라'고 하십니다. 무슨 의미입니까? "내가 너희들이 승리의 인생이 되도록 너희 인생과 함께 하고 동행하리라."는 의미가 있는 것입니다. 곧 하나님은 우리의 인생이 축복의 인생이 되도록 함께 하시겠다는 것입니다. 그렇기 때문에 기뻐하고 즐거워하는 것입니다.

1994년 나온 "포레스트 검프"(Forrest Gump)라는 영화가 있습니다. 이 영화는 오늘 본문에서 말씀해 주는 교훈과 관련하여 많은 시사점을 주고 있습니다. 주인공 포레스트 검프는 IQ가 75밖에 되지 않았습니다. 그래서 몸도 보조기구를 착용해야 하는 장애를 가지고 있었습니다. 그러다 보니 어렸을 때부터 주위 사람들로 인해 많은 괴로움을 겪었습니다. 그런데 어느 날, 불량배가 포레스트 검프를 공격합니다. 공격으로부터 피하기 위해 도망하다 보조 기구의 나사가 풀리고 보조 기구가 다 떨어져 나가게 되었습니다. 그런데 놀랍게도 그러한 과정에서 그는 보조 기구가 없이도 걷고 뛸 수 있게 되었습니다. 사도행전에 나오는 성전 미문의 앉은뱅이가 일어나는 기적과 같은 일이 일어났던 것입니다.

하나님도 이같이 우리에게도 우리가 얽매이고 있는 장애를 벗어나도록 하기 위해 포레스트 검프에게 일어난 유사한 시험을 주실 수 있습니다. 영화의 스토리는 계속하여 불량배가 자동차를 타고 포레스트를 공격하는 장면이 전개됩니다. 포레스트 검프는 이를 피하기 위해 죽을 힘을 다해 뛰었습니다. 그런데 놀랍게도 너무나 잘 뛴 나머지 미식축구부로부터 스카우트됩니다. 나중에 스카우트 된 알라바마 대학

미식축구부에서도 맹활약하여 전미 슈퍼볼 대회에 우승하였습니다. 나중에는 케네디 대통령과 악수까지 하는 영광을 얻게 됩니다. 그리고는 베트남 전쟁에 참전하여 크게 공을 세워 전쟁영웅이 되었습니다.

영화에는 딘 중위가 등장합니다. 그는 명문 군인 가문입니다. 그러나 그가 전쟁에서 두 다리를 잃자 좌절하고 낙심하였습니다. 장애인이었던 포레스트 검프가 도리어 그의 영적 스승이 됩니다. 도망가는 인생인데, 그것이 축복이 됩니다. 넘어지는 인생인데 그것이 승리가 됩니다. 포레스트 검프의 삶이 너무 부럽지 않습니까? 그렇다면 오늘 본문 말씀이 우리에게 주는 교훈이 무엇입니까? 예수 그리스도 안에 있는 우리의 인생이 그렇다는 것입니다. 그러면 우리가 할 일은 무엇입니까? 그것은 아주 단순합니다. 기쁨으로 믿음의 경주를 하면 되는 것입니다.

우리가 고난 중에 낙심하고 절망하고 분노하는 것은 우리가 누구인지 모르기 때문에, 어떤 존재로 부름을 받았는지 모르기 때문입니다. 예수님께서 십자가를 지셨다는 것은 우리 생각 그 이상으로 놀랍고 대단한 사건입니다. 그 은혜는 우리 생각으로 감히 측량할 수가 없는 것입니다. 우리는 넘어져도 승리자로 예약된 인생이며, 부족해도 승리자로 예약된 인생입니다. 하나님은 지금 우리의 헌신과 믿음과 선한 순종을 다 보시고 계십니다. 그러므로 우리의 헌신에 보상하시고, 축복하실 것입니다. 지금 예수님 때문에 부담이 되시고, 힘들고 어렵고 낙심되고 고난 중에 있습니까? 기뻐하십시오. 하나님은 그 이상으로 여러분을 승리자로 세우실 것입니다. 이 믿음으로 고난 중에서도 기뻐하고 주님이 주시는 능력으로 세상을 이기시기를 주님의 이름으로 축원합니다. 아멘.

16장

실패했다고 느꼈을 때

눅 9:37-43

경제가 더 좋아질 것이라고 언론에서는 호언장담을 했습니다. 그러나 지금 한국 경제는 더 어려워지고 있습니다. 경제학자들의 이야기는 한 달만 되면 다 거짓이 되고 있습니다. 이것이 무엇을 말해 줍니까? 이 세상에서 미래를 확실하게 장담할 수 있는 사람은 아무도 없다는 것입니다. 미래의 성공을 예약해 놓고 사는 사람이 있습니까? 없다는 것입니다. 한 나라의 권력을 다 가지고 있어도 미래를 장담할 수 없는 것입니다. 미래를 보장할 수 있는 분은 오직 여호와 하나님 한 분 뿐입니다.

제가 미국에 갔을 때, 한 집사님 집에 초대를 받아 식사를 한 적이 있습니다. 이 집사님은 미국에서 크게 성공하신 분입니다. 무엇을 해서 성공했느냐 하면 '태권도'를 해서 성공한 분입니다. 이분이 저를 불러다 놓고 자기 자랑을 얼마나 하는지 모릅니다. 자기 주먹을 보여 주면서 이 주먹으로 성공했다고 하면서 자기 주먹이 능력의 주먹이라는 것입니다. 정말 그 주먹과 팔뚝을 보니까, 얼마나 단단하고 또 강한지 제가 주눅이 들었습니다. 그 굵은 팔뚝에 굵은 혈관이 근육과 함께 있는데, 정말 강하다는 생각이 들었습니다. 그런데 이 집사님이 양주 한 병을 가져오더니, 술잔에 따라 제 앞에서 마시는 것입니다. 집사라는 직분을 가지고 있는데, 한국에서 온 목회자 앞에서 술을 마시는 것입니다. 그러면서 저보고 운동을 하라는 것입니다. 그래야 목회에 성공할 수 있다는 것입니다. 저는 상당히 기분이 불쾌했습니다. 저를 무시하는 듯한 느낌이 들었습니다. 그래서 그분하고 몇 마디 이야기를 하고 그냥 집에서 나와 버렸습니다. 그리고 나서 한국에 왔는데, 약 3개월 후에 미국에서 전화가 왔습니다. 그 때 충격적인 소식을 들었습니다. 태권도로 성공하신 그분이 급성암으로 죽었다는 것입니다. 건강만큼은 자신 있는 분이었습니다. 저는 그 전화를 받고 그분의 주먹과 건강한 팔뚝이 생각이 났습니다. 저보고 운동하라고 그래야 오래살고, 목회에 성공할 수 있다고 하더니, 자기가 먼저 죽어 버린 것입니다. 여러분 내일 일을 알 수 있는 사람이 있습니까? 미래의 성공을 예약해 놓은 분이 있습니까? 사업으로 성공한 사람이 사업 때문에 눈물을 흘립니다. 운동해서 성공한 사람이 건강관리에 실패하더라는 것입니다.

연세대학교 세브란스 병원에 근무하시는 이희대 교수님은 대한민국 최고의 암 전문의입니다. 암에 대해서는 이분보다 많이 아는 분이 없습니다. 어떻게 해야 암을 예방하고, 어떻게 해야 암을 치유할 수 있는지 가장 잘 알고 있는 최고의 권위자입니다. TV에 나와서 암에 걸리지 않는 건강한 생활에 대하여 강의하는 탁월한 분입니다. 그런데 이분이 암에 걸렸습니다. 그것도 말기 암입니다.

여러분, 우리는 누구라도 실패할 수 있는 사람입니다. 자녀 교육에 자신이 있는 분이 자녀 교육에 실패하더라는 것입니다. 공부에 자신 있는 사람이 공부 때문에 인생에 실패를 경험할 때가 있다는 것입니다. 운전 잘하는 분이 교통사고 날 수가 있다는 것입니다. 하나님은 절대로 실수하지 않으시고, 실패도 없으시지만 인생은 실패할 때가 있다는 것입니다.

오늘날 한국 사회에 아주 못된 고질병이 하나 있습니다. 그것이 뭡니까? 실패만 하면 뛰어 내리는 것입니다. 판사, 검사도 자신이 실패했다는 생각이 들면 그냥 뛰어 내리는 것입니다. 영화배우도, 대기업의 기업인들도 실패만 했다고 생각이 들면 그냥 뛰어 내립니다. 이것은 아주 못된 질병입니다. 이것은 마귀가 주는 질병입니다.

예수님을 믿는 우리 그리스도인들은 절대로 그렇게 하지 말아야 합니다. 아무리 큰 실패를 경험해도 우리는 뛰어 내리지 말아야 하는 것입니다. 왜 그런가요? 모든 것을 바꿀 수 있는 하나님께서 우리를 사랑하시고 우리와 함께 하시기 때문입니다. 그래서 믿음의 사람들에게는 실패가 중요한 것이 아니라, 실패를 어떻게 극복하느냐가 중요한 것입니다. 이 지혜를 얻으시기를 축원합니다. 그러면 삶에서, 사업에서, 인생에서 실패했다고 느꼈을 때 우리는 어떻게 해야 합니까?

1. 하나님께 돌아가라

오늘 누가복음 말씀에 보면 제자들도 실패했습니다. 예수님이 베드로, 요한, 야고보 이렇게 세 명의 제자만 데리시고 변화 산에 올라

가셨을 때, 산 밑에서 기다리던 9명의 제자들은 아주 비참한 실패를 경험합니다. 어떤 외아들에게 귀신이 들어갔습니다. 이 귀신이 이 아이에게 질병을 주고, 자살하도록 충동질을 하는 것입니다. 그래서 그 아버지가 아이를 데리고 예수님의 제자들에게 온 것입니다. 그래서 제자들이 귀신을 쫓아냈습니다. "더러운 귀신아 나가라." 그런데 귀신이 나가지 않습니다. 오히려 더 귀신이 힘을 내서 아이를 괴롭히고 제자들을 대항하는 것입니다. 제자들은 사람들 앞에서 놀림거리가 된 것입니다. 전에 제자들은 분명히 귀신을 쫓아내는데 성공했습니다. 또 병자를 치유할 수 있었습니다. 그런데 지금은 완전히 실패하고 놀림거리가 된 것입니다. 왜 실패했을까요? 예수님 없이 자신들의 힘과 능력만으로 할 수 있다고 생각했기 때문입니다.

37절을 보세요. "이튿날 산에서 내려오시니 큰 무리가 맞을새."

원래 귀신들린 외아들을 데리고 온 아버지는 예수님을 만나고 싶었습니다. 그런데 예수님이 변화 산에 올라가신 것입니다. 예수님이 계시지 않았습니다. 제자들은 예수님을 기다려야 했습니다. 주님의 뜻을 물어야 했습니다. 그런데 제자들이 어떻게 했습니까? 예수님 없이 자신들의 힘과 능력만으로 귀신과 싸워 본 것입니다. 결과가 무엇입니까? 완전히 실패해서 조롱거리가 된 것입니다.

우리 그리스도인들은 자신의 의지를 믿는 사람이 아닙니다. 아무리 자수성가하고, 아무리 똑똑하고, 아무리 인생 경험이 많고, 아무리 의지력이 강해도 하나님 없으면 그냥 무너지는 것입니다. 아담과 하와가 왜 죽음과 절망과 질병 속에 살아야 했습니까? 하나님을 떠났기 때문입니다. 이스라엘의 초대 왕 사울 왕이 왜 실패자가 되었습니까? 하나님 없이 살려고 했기 때문입니다. 하나님 없는 인생은 미래의 성공을 결코 장담할 수가 없습니다.

그래서 우리는 공부를 할 때도 하나님을 의지해야 합니다. 사업을 할 때도 하나님 의지해야 합니다. 자녀들을 키울 때에도 하나님을 의지해야 합니다. 하나님 없이 행할 때, 처음에는 잘 되는 것 같은데, 결론이 안 좋아진다는 것을 알아야 하는 것입니다. 그러면 하나님 없이 실패했을 때, 우리는 어떻게 해야 합니까? 하나님께로 돌아가는 것입니다.

삼호교회에 김철호 집사님이 있습니다. 이분이 인삼을 제조해서 파는 우신이라는 회사의 사장님이었습니다. 그런데 IMF로 부도를 맞아서 완전히 회사가 망했습니다. 빚을 다 청산하고 나니까, 집도 없는 노숙자 신세가 되어 버린 것입니다. 그러니까, 완전히 망한 것입니다. 좋은 차, 좋은 집, 좋은 환경을 누리다가 느닷없이 거지가 된 것입니다. 얼마나 절망적입니까? 보통 사람 같으면 이기지 못하고 뛰어 내렸을 것입니다. 그런데 이분은 달랐습니다. 회사가 망해서 거지가 되자, 하나님 없이 사업을 이끌었던 지난날을 철저히 회개하고 하나님께 달려갔습니다. 그리고 리어카를 사서 호떡 장사를 했습니다. 그리고 밤늦게 집에 갈 때면, '나의 등 뒤에서 나를 도우시는 주'를 찬양하면서 갔다고 합니다. 그렇게 하다가 친구가 요리학원을 하는데 함께 하자고 해서, 요리학원을 같이 경영했는데 학원이 잘 되더랍니다. 그런데 친구가 마음을 싹 바꾸어서 나 혼자 하겠다고 하더랍니다. 그래서 또 거지가 되었습니다. 그러자 이분이 더 하나님께 달려가서 기도하고 믿음으로 살기로 작정했다고 합니다. 참 독특한 분입니다. 그러다가, 어느 날 아내와 함께 죽 장사를 하기로 합니다. 그래서 죽 장사를 하려고 하니까, 주변에서 그거 망한다고 난리였다고 합니다. 죽 장사하면 정말 죽 쓰는 인생이 된다는 것입니다. 그래도 하나님이 주신 지혜라고 믿고 죽 장사를 열심히 했습니다. 그런데 이 죽 장사가 잘 되는 것입니다. 얼마나 잘되는지 KBS VJ 특공대에서 취재를 나왔습니다. 그러자 전국에서 나도 죽 장사 가르쳐달라고 사람들이 모여들었습니다. 그래서 시작된 것이 본죽입니다. 사람들이 와서 성공비결이 뭐냐고 물으니까, 이분이 이렇게 말합니다. "720여 개의 가맹점이 있지만 폐업률이 1%도 안 돼요. 거의 불가능한 일이죠. 본죽은 하나님이 복을 준비하셨다가 왕창 부어주신 것으로 밖에 설명할 방법이 없어요. 본죽의 성공사례가 각 방송사를 통해 방송되기도 하고 논문 자료도 많이 나와 있지만 가장 중요한 것은 정작 빠져있더라구요. 그건 하나님이 하셨다는 거예요." 이분은 수익금의 상당부분을 장학금으로 선교헌금으로 드립니다. 그 금액이 엄청납니다. 그런데 놀라운 것은 장학금을 주고, 선교헌금을 하고, 구제를 할 때 절대로 자기 이름으로 하지 않습니다. 그냥 교회이름으로 합니다. 그래서 사람들이 이분이 수억 원의 장학금을 하는 사람인지도 모릅니다. "하나님의 일을 하는데, 어떻게 자신의 이름을 낼 수 있느냐"며 교회이름으로 합니다. 이분은 진짜 믿음의 사람입니다. 하나님 없이 살지 않겠다는 것입니다. 여러분도 그래야 합니다. 가짜 믿음은 자기 이름 드러내려고 하지만, 진짜 믿음은 하나님만을 드러냅니다. 왜 그렇습니까? 하나님 없이 어떤 일도 하지 않겠다는 것입니다.

우리가 왜 믿음에서 실패합니까? 왜 마귀의 유혹에 넘어갑니까? 하나님 없이 하니까 실패하는 것입니다. 그러므로 하나님께 돌아와야 합니다. 하나님 없이 행한 모든 일을 회개하고 주님께 와야 합니다. 그러면 다시 시작할 힘을 주시는 것입니다. 우리는 미래를 보장하지 못합니다. 건강을 장담하지 못하고, 자녀의 미래를 장담하지 못합니다. 하나님만이 하실 수가 있는 것입니다. 하나님께로 오십시오. 그래서 다시 회복하시는 주님의 사랑으로 일어나시기를 주님의 이름으로 축원합니다.

2. 믿음으로 승부하라

제자들이 귀신을 쫓아내지 못하자, 주변에 있던 유대인들이 제자들을 조롱했습니다. 어떤 사람들은 막 소리를 지르면서 '너희 예수 작당들아! 떠나라!' 하면서 막 공격을 합니다. 그 때 예수님이 산에서 내려오셨습니다. 예수님은 제자들이 조롱을 당하고 위기에 빠져있는 것을 보았습니다. 그 때 귀신들린 외아들을 둔 아버지가 예수님에게 급하게 달려 와서는 상황을 이야기합니다. "제가 귀신들린 아들을 당신의 제자들에게 데리고 왔는데, 당신의 제자가 치유하지 못했습니다." 그러자 예수님께서 뭐라고 하십니까?

41절을 보세요. "예수께서 대답하여 이르시되 믿음이 없고 패역한 세대여 내가 얼마나 너희와 함께 있으며 너희에게 참으리요. 네 아들을 이리로 데리고 오라 하시니."

무슨 말입니까? 제자들이 왜 실패를 했다는 것입니까? 믿음이 없기 때문이라는 것입니다.

여러분, 우리가 어떻게 천국에 들어갑니까? 인간적인 노력으로 얻어지는 것이 아니라, 믿음으로 가는 것입니다. 하나님께서 예수님을 보내주셨는데, 그 하나님의 사랑을 진실하게 믿는 믿음으로 천국 가는 것입니다. 우리는 예수님의 십자가의 죽으심과 부활을 믿습니다. 우리는 믿음으로 하나님의 자녀가 됩니다. 또 하나님께서 나와 함께 하심을 믿는 믿음으로 우리는 이 땅에서 승리자가 되는 것입니다. 신앙의 핵심은 하나님을 믿는 것입니다. 하나님의 자녀들은 돈으로 사는 것이 아니라, 믿음으로 사는 것입니다. 거기에 능력이 있는 것입니다.

제가 중학교 1학년 때였습니다. 담임선생님이 들어오시더니, 등록금 못낸 사람의 이름을 부르는 것입니다. "김철수, 이철수, 박철수, 최철수, 조철수, 윤철수, 장철수, 그리고 정기영 일어나! 너희들 등록금 아직 못냈더라. 부모님께 말씀드려 다음 주까지 내라." 그리고 그 다음 주가 되었습니다. "이철수, 최철수, 장철수, 그리고 정기영, 등록금 빨리 내라." 그리고 그 다음 주가 되었습니다. "장철수, 정기영 등록금 내라." 그리고 그 다음 주가 되었습니다. "정기영 등록금 내라." 그리고 그 다음 주가 되었습니다. "정기영 등록금 내라." 또 그 다음 주가 되었습니다. "정기영 교무실로 와라." 제 중학교 때 꿈은 '등록금 걱정 없이 학교 다니고 싶다.'였습니다. 그 때 제 친구들은 어느 대학을 갈 수 있는지, 어떤 직업을 선택할 것인지 고민했습니다. 그런데 제 고민은 중학교만 졸업하자였습니다.

재작년에 중학교 친구와 연락이 되었습니다. 그 친구는 공부도 잘하는 친구였습니다. 그 친구를 통해서 다른 친구 소식을 들었습니다. 그런데 제가 참 큰 은혜를 받았습니다. 그 많은 친구들 중에서 등록금 고민하던 제가 가장 공부를 많이 한 사람이 되었더라는 것입니다.

어머니께서는 늘 '고등학교 졸업하고 돈 벌어라'고 하셨습니다. 저는 그 때마다 "하나님께서 공부시켜 주실꺼에요." 하면서 제 비전을 말씀드리곤 했습니다. 저는 하나님께서 정말 제가 그런 길을 열어 주실 것이라고 믿었습니다. 저는 하나님 외에는 다른 길이 없었기 때문입니다. 그런데 정말 하나님이 그 믿음대로 역사하여 주셨습니다. 할렐루야!

하나님은 우리의 믿음을 통해서 일하시는 것입니다. 좋으신 하나님, 우리에게 힘이 되시고 구원이 되시는 하나님, 낮은 자를 높이시고 가난한 자를 부하게 하시며 비천한 자를 존귀하게 하시는 하나님을 믿을 때 능력이 나타나는 것입니다.

실패했다는 느낌이 들 때 어떻게 해야 합니까? 과연 믿음으로 행했는지를 먼저 살펴보고, 진리의 말씀, 생명의 말씀을 통해서 믿음을 다시 세우시기를 바랍니다. 겸손하게 믿음으로 돌아오시기를 바랍니다. 그래서 다시 시작할 수 있는 힘을 얻기를 주님의 이름으로 축원합니다.

3. 기도의 농부가 되라

아이의 아버지가 아들을 예수님께 데리고 왔습니다. 그러자 예수님이 그 귀신을 꾸짖으셨습니다. "더러운 귀신아! 내가 명령하노니 그 아이에게서 나오고 다시 들어가지 말라. 당장 나와라." 그러자 귀신이 아이에게 경련을 일으키고 아이에게서 나와 도망가 버렸습니다. 여러분, 예수님은 우주만물을 창조하신 하나님이십니다. 그래서 예수님의 권세 앞에서는 어떤 영적 세력도 두려워 도망가는 것입니다. 믿으시기를 바랍니다.

그날 밤, 제자들이 예수님에게 나왔습니다. "주님, 오늘 낮에 왜 우리들은 귀신을 쫓아내지 못했습니까? 왜 우리는 실패했습니까?" 그러자 마가복음 9:29절에 보면 "기도 외에 다른 것으로는 이런 종류가 나갈 수 없느니라."고 합니다. 무슨 말입니까? 기도가 없었다는 것입니다. 왜 믿음의 사람이 실패합니까? 기도가 없기 때문입니다.

경기도 가평에 대성리가 있습니다. 여기에는 수많은 청년들이 MT를 옵니다. 그런데 MT 온 청년들이 가장 좋아하는 놀이가 뭔지 아십니까? 번지점프입니다. 몸에 줄을 묶고 높은 곳에 뛰어 내립니다. 그러면 "악~~"하는 비명을 지르며 뛰어 내립니다. 어떻게 그럴 수 있을까? 어떻게 저 젊은이들에게 저런 용기가 있을까? 이유는 간단합니다. 몸에 끈이 있기 때문입니다. 그 끈이 잡아 주니까, 뛰어도 죽지 않을 줄 아는 것입니다.

기도란 무엇입니까? 하나님과 우리를 묶어주는 끈입니다. 그래서 기도하는 사람은 담대히 세상으로 번지점프할 수 있습니다. 그래서 예수님은 십자가의 죽음을 앞에 놓고, 겟세마네 동산에서 간절히 기도하신 것입니다. 또 예수님은 십자가 위에서도 기도하셨습니다. 그래서 예수님은 승리자가 되신 것입니다.

우리는 날마다 세상으로 번지점프를 해야 합니다. 그런데 기도의 끈이 약하거나 끊어져 있으면 어떻게 되겠습니까? 그냥 죽는 것입니다. 마귀의 손에 그냥 떨어지는 것입니다. 그래서 실패하는 것입니다. 그러므로 우리는 실패할 때 기도의 손을 들어야 합니다. 태권도로 성공했다는 그 집사님, 그 건강한 손으로 왜 술잔을 잡습니까? 그 손이 기도의 손이 되어야 하지 않습니까? 아무리 태권도로 다져진 손이라도 기도의 손이 되지 못하면 내일을 보장하지 못하는 것입니다. 성공적인 인생을 살려면 우리는 기도해야 합니다.

20세기 프랑스의 3대 작가 중 한 사람으로 장지아노(Jean Giono)

라는 작가가 있습니다. 그가 쓴 "나무를 심는 사람들"이라는 책이 있는데 그 책의 줄거리는 다음과 같습니다. 주인공 엘지아르는 프로방스 지방의 양치기입니다. 그런데 사람들이 그 지역의 나무를 벌목하고 자연을 함부로 다루어서 그 지역이 황폐화되어 버렸습니다. 사람들도 다 떠나고 나무도 하나 없는 황무지가 되었습니다. 모두가 떠났을 때, 양치기 엘지아르는 1913년부터 3년간 도토리 10만개를 심었습니다. 그러자 그 중 2만개가 나무로 살아났습니다. 그 후 그는 계속해서 도토리를 심었습니다. 33년이 지난 1946년 그 지역에 갔을 때 거기는 울창한 수풀로 가득 차 있었습니다. 그리고 생동감과 활력이 넘치고 만 명의 인구가 그 지역에 살고 있었습니다. 황폐화 되어 죽은 마을이 활력이 넘치는 도시로 변해 있었다는 것입니다.

이렇게 심어서 열매 맺는 것이 비단 나무뿐이겠습니까? 복음과 기도와 사랑일 수도 있습니다. 우리도 짧은 인생을 살면서 가치 있는 일 하나에 무언가를 투자할 필요가 있습니다. 그 무엇이라도 좋습니다. 하나에 10년간만 투자해 보십시오. 지금 우리가 뭘 심는가에 따라 미래가 결정됩니다. 나무를 심으면 나무가 열매 맺고 기도를 심으면 기도의 열매가 맺혀지는 것입니다. 실패했다고 느꼈을 때부터 기도를 심어가는 사람이 되십시오.

실패했다고 느꼈을 때, 하나님께 돌아가십시오. 다시는 하나님 없이 행하지 않겠다고 결단하십시오. 그리고 다시 회복시키실 능력의 주님을 믿으십시오. 그리고 기도를 심으십시오. 그러면 하나님께서 지금의 실패가 변하여 오히려 전화위복이 되는 은혜를 부어 주실 것입니다. 그런 간증이 있는 인생이 되시기를 주님의 이름으로 축원합니다. 아멘.

17장

우리와 함께 하시는 하나님

에스겔 48:35

　이제 막 어휘력이 늘어가는 5살 아들이 아빠에게 물었습니다. "아빠, '기억'이 뭐에요?" 아빠는 어린 아들이 기억과 같은 어려운 어휘력이 늘고, 점차 차원 높은 질문을 하는데 뿌듯함을 느끼며 말했습니다. "예전에 아빠랑 강가에서 놀러가서 놀이하다가 공 빠뜨렸던 것 생각나니?", "예, 생각나요. 그 때 초록색 공이 빠졌어요.", "그래, 그렇게 예전에 있었던 일을 생각해 내는 것을 기억이라고 하는 거야. 공 빠뜨리는 것을 기억하지?", "예, 기억나요." 아들이 또 질문했습니다. "아빠, 그러면 니은은 뭐에요?" 아이는 "기역 니은 디귿"을 물었는데, 아빠는 기억력으로 알아들은 것입니다.
　현대사회를 성공적으로 사는 비결은 커뮤니케이션을 잘하는 것이라고 합니다. 그러나 이것은 비단 육적인 삶에만 적용되는 것이 아닙니다. 영적으로 천국을 경험하며 사는 그리스도인들은 하나님과 커뮤니케이션 즉 의사소통을 잘하는 사람이어야 하는 것입니다. 이것을 하나님과 동행하는 사람, 또는 하나님이 함께 하는 사람이라고 하는 것입니다.

어떤 권사님에게 "신앙생활하면서 가장 힘들었던 적이 언제입니까?"하고 물었더니 뜻밖에 답을 들었습니다. 신앙 때문에 세상에서 손해 볼 때, 믿음 때문에 시어머니에게 고난을 받았을 때, 믿음으로 어려움 당했을 때라고 답할 줄 알았습니다. 그러나 그 권사님은 "하나님께서 내게 침묵하실 때, 하나님이 보이지 않을 때가 가장 힘들었습니다."라고 했습니다. 그 권사님은 진정한 그리스도인이었습니다. 신앙이 무엇인지 아는 분이셨습니다.

하나님이 함께 하시는 사람은 고난을 받아도, 시대적으로 암흑기에 있어도 그는 진리를 향해서 흔들림 없이 달려갈 수 있습니다. 그러나 하나님을 경험하지 못한 사람은 그 시대적 상황에 매몰되어 방향성을 잃고 자기 쾌락과 자기 방법만 찾다가 허무하게 사라져 버리게 됩니다. 그래서 영적인 사람은 돈을 구하지 않고 하나님을 구하는 것입니다. 진정한 진리를 추구하는 사람은 자기만족을 찾지 않고 하나님을 찾습니다. "하나님이 우리와 함께 하신다."는 것을 아는 사람은 어떤 고난과 아픔과 절망 속에서도 낙심하지 않습니다. 그는 하늘을 보며 기뻐합니다. 그래서 세상이 그리스도인들을 이기지 못합니다.

이스라엘 백성은 예루살렘 성전을 보면서 "하나님이 우리와 함께 하신다."고 확신했습니다. 하나님의 성전인 예루살렘 성전은 하나님의 임재의 상징이었기 때문입니다. 그러나 어떤 일이 벌어졌습니까? 북방의 앗수르가 쳐들어 와서 이스라엘을 멸망시키고, 바벨론은 하나님의 임재의 상징인 예루살렘 성전을 완전히 파괴해 버렸습니다. 그리고 이스라엘 백성을 다 포로로 잡아 가버렸습니다. 바벨론에 포로로 끌려간 이스라엘 백성은 큰 충격을 받았습니다. "어떻게 하나님의 성전이 파괴될 수 있는가? 하나님은 우리를 떠나셨고 우리는 버려진 존재가 된 것인가?" 이런 고민과 함께 희망을 잃어가고 있었습니다. 그런데 그렇게 절망하고 있을 그 때에 주신 말씀이 바로 오늘 본문입니다. 오늘 본문 말씀을 읽어 봅시다.

에스겔 48:35절입니다.
"그 사방의 합계는 만 팔천 척이라 그 날 후로는 그 성읍의 이름을 여호와 삼마라 하리라."

이스라엘 백성은 하나님이 예루살렘 성전에만 계신다고 생각했습니다. 그런데 하나님은 뭐라고 하십니까? 하나님은 사람의 손으로 지은 건물에 계시는 것이 아니라, 하늘 성전에 계시며, 이 성전은 어디에나 있는데, 지금은 너희가 고통 받고 있는 그 땅 거기에 계신다는 것입니다. 여호와 삼마는 "하나님은 거기에 계시다." 란 뜻입니다. 하나님은 바벨론으로 끌려간 이스라엘 백성과 함께 하셨습니다. 그러나 문제는 무엇입니까? 하나님이 함께 하셨고 끊임없이 말씀하셨지만 이스라엘 백성은 그것을 보지 못했다는 것입니다.

오늘날도 교회를 다니지만 하나님을 경험하지 못하는 사람이 얼마나 많이 있습니까? 예배를 드리지만 하나님이 우리와 함께 하심을 보지 못하고 이 타락한 시대 속에 끌려다니는 사람이 얼마나 많이 있습니까? 요셉은 노예로 팔려가서 죽을 고생을 했지만 고난 중에 사람들로부터 인정받는 인생을 살 수 있었습니다. 그 이유가 무엇입니까? 창세기 39:3절에 보면 "그의 주인이 여호와께서 요셉과 함께 하심을 보며 또 여호와께서 그의 범사에 형통하게 하심을 보았더라."라고 합니다. 하나님께서 요셉과 함께 하셨기 때문입니다. 하나님께서 함께 하시는 인생이 최고의 인생이며, 최고의 기쁨인 것입니다. 여러분 모두에게 하나님이 함께 하시는 은혜가 있기를 주님의 이름으로 축원합니다. 그러면 우리는 어디서 하나님이 함께 하시는 것을 경험할 수 있습니까?

1. 복음을 전하는 곳에서

예수님께서 언제 우리와 함께 하신다고 하셨습니까? 마태복음 28:19-20절에 보면 "그러므로 너희는 가서 모든 민족으로 제자로 삼아 아버지와 아들과 성령의 이름으로 세례를 베풀고 내가 너희에게 분부한 모든 것을 가르쳐 지키게 하라 볼지어다 내가 세상 끝날까지 너희와 항상 함께 있으리라 하시니라." 무슨 말입니까? 복음을 전하는 자들에게 우리 주님께서 세상 끝날까지, 여호와 삼마 하시겠다는 것입니다.

오늘날 많은 그리스도인들이 하나님을 경험하지 못합니다. 왜 그런가요? 복음의 능력을 상실했기 때문입니다. 예수 믿는 것에 대한 영적인 자부심이 없습니다. 확신이 없습니다. 그러니까, 하나님이 함께 하시는 능력이 나타나지 않는 것입니다. 그러나 우리 청년들이 선교지에 가서 복음을 전하면 어떻습니까? 귀신이 쫓겨나갑니다. 가난한 마을이 축복의 마을로 변화됩니다. 하나님의 능력이 나타납니다. 왜 그런가요? 복음을 전하기 때문입니다.

저는 찬송가 중에 파니 크로스비(Fanny Crosby, 1820-1915) 여사가 지은 찬송가를 좋아합니다. 이분은 시각장애를 가지신 분이셨습니다. 그런데도 무려 9,000여 편이나 되는 찬송가를 작사하신 분이십니다. 파니 여사는 아주 신앙이 좋은 기독교 가정에서 태어나 철저하게 신앙교육을 받은 분이십니다. 그런데 파니 여사가 태어난 지 6주 때 눈병이 생겼는데, 동네 돌팔이 의사가 와서 눈병을 치료한다고 눈에 찜질을 했습니다. 아기의 눈이 아주 약하지 않습니까? 그런데 아기의 눈에 찜질을 함으로 아기의 각막이 화상으로 녹아 내려 버린 것입니다. 그래서 별것도 아닌 눈병을 시각장애로 만들어 버린 것입니다. 그러나 파니는 평생 동안 그 의사를 비난하는 말을 단 한 마디도 하지 않았고, 오히려 "그 의사를 비난하지 마세요. 그는 아마도 그 당시에 죽은 거나 마찬가지 일 것입니다. 제가 그 의사를 다시 만난다면, 그가 이 세상에서 가장 놀랍고 귀한 일을 제게 해 주었다고 감사하겠어요."라고 자주 말했다고 합니다. 파니 여사는 자신이 눈을 잃었기 때문에 하나님을 더 잘 볼 수 있었다며 자신이 시력을 잃은 것은 창조주가 주신 축복이요 섭리라고 생각했습니다. 그런데 이분의 신앙에서 가장 놀라운 것은 파니 크로스비가 지은 찬송을 듣거나 부르면 그 사람이 회개하고 예수님을 영접하게 된다는 것입니다.

미국에 영적 위기가 있었습니다. 사람들이 교회를 떠나고, 언론에서는 교회를 비판하고 비아냥 거렸습니다. 그리고 수많은 목회자들이 타락해서 교회에서 쫓겨났습니다. 이렇게 미국에 영적 위기가 왔을 때, 위대한 설교자 무디가 등장했습니다. 이분은 초등학교도 제대로 나오지 못한 분인데, 이분이 설교를 하면 그 자리에서 수천 명이 회개하고 주님께 돌아옵니다. 그런데 무디가 설교하기 전에 꼭 생키라는 찬양 가수에게 찬양을 하게 합니다. 그러면 사람들이 마음을 열고 설교를 듣습니다. 그러면 성령의 역사가 일어났습니다. 당시 생키가 불렀던 노래가 거의 다 파니 크로스비 여사가 지은 찬양이었습니다. 찬양이 복음을 전하는 도구로 쓰여지니까, 하나님이 함께 하시는 역사가 일어났던 것입니다.

그 중에서 사람들에게 가장 큰 은혜를 준 찬송이 바로 288장, "예수로 나의 구주 삼고"입니다.

> "예수로 나의 구주 삼고 성령과 피로써 거듭나니, 이 세상에서 내 영혼이 하늘의 영광 누리도다. 이것이 나의 간증이요, 이것이 나의 찬송일세, 나사는 동안 끊임없이 구주를 찬송하리로다."

찬송도 복음전도로 쓰일 때 주님이 함께 하시고 기적이 일어나며 성령의 역사가 일어납니다. 복음을 자랑하십시오. 나를 변화시키시고 나를 회복하시고 축복하신 하나님을 간증하십시오. 그러면 "세상 끝날까지 함께 하시는 주님"을 경험하게 될 것입니다. 이런 은혜가 있기를 축원합니다.

2. 기도하는 곳에서

마태복음 18:19-20절에 보면 "진실로 다시 너희에게 이르노니 너희 중의 두 사람이 땅에서 합심하여 무엇이든지 구하면 하늘에 계신 내 아버지께서 그들을 위하여 이루게 하시리라 두세 사람이 내 이름으로 모인 곳에는 나도 그들 중에 있느니라."고 하셨습니다.

무슨 말입니까? 합심 기도할 때, 함께 기도할 때 주님이 여호와 삼마 해주신다는 것입니다. 이것은 대단히 중요한 말씀입니다. 그리고 아주 실제적인 말씀입니다. 그래서 함께 기도해야 합니다.

새벽기도로 승리한 신앙의 명문 가문이 있습니다. 5대째 신앙의 가문을 이어오는 김승규 장로님 가족입니다. 연말연초에 백여 명의 가족이 함께 모여서 가족예배를 드립니다. 그가 이렇게 하는 이유가 있습니다. 그의 부모님이 자녀를 키우면서 늘 '모든 일의 시작과 끝은 기도로 시작하고 기도로 끝마치라.'고 교훈하고 또 교훈했기 때문입니다. 그래서 부모님은 언제나 새벽에 자녀를 깨우고 가정예배를 드리고 새벽기도를 가십니다. 그리고 모든 기도 끝에 '하나님께 다 맡깁니다.'라고 고백합니다. 그러자 정말 하나님께서 그 가정을 맡아 주시는 것을 보게 된 것입니다. 자녀들이 복을 받는데 그 안에서 장관도 나오고, 국회의원도 나오고, 또 교장선생님도 나오고, 기업체 회장도 나오고, 아주 많은 지도자들이 나왔습니다. 현 대법원장이신 양승태 대법관이 또 김승규 장로님의 사돈이기도 합니다. 이 모습을 옆에서 직접 목격한 김웅선 장로님도 그와 같은 신앙으로 자녀를 양육하는데, 특별히 7가지를 강조한다고 합니다. 첫 번째, 하루를 기도로 시작하라. 두 번째, 선명한 비전과 분명한 목적을 가져라. 세 번째, 겸손한 신앙인이 되어라. 네 번째, 꿀벌처럼 남에게 유익을 주는 신앙인이 되어라. 다섯 번째, 나라와 민족을 위해 기도하는 신앙인이 되어라. 여섯 번째, 신앙의 기업을 이어라. 일곱 번째, 이웃을 위해 봉사하는 사람이 되어라. 7계명 중 첫 번째가 새벽을 깨우며 하루를 기도로 시작하라고 하는 것입니다. 기도로 시작하라, 기도로 시작하라. 그것이 바로 하나님이 우리와 함께 하시는 인생을 누리는 비결이었던 것입니다.

어떤 사람에게 하나님이 함께 하십니까? 어떤 사람이 요셉이 누렸던 은혜를 누릴 수 있습니까? 기도하는 사람입니다. 많은 사람들이 하나님의 능력과 은혜를 바라면서도 기도하는 데는 인색합니다. 돈이 드는 것도 아닌데도 기도를 힘들어 합니다. 하나님과 대화를 힘들어 하는데, 어떻게 하나님이 함께 하심을 경험할 수 있습니까? 기도할 때 하나님이 함께 하심을 분명하게 경험할 수 있을 것입니다.

요즘 현대인들은 가족 간에 대화가 없는데, 믿음의 가정은 가족이 모여 함께 기도해야 합니다. 그러면 그 가정에 하나님이 함께 하십니다. 교회는 함께 모여 기도하기를 즐거워해야 합니다. 그러면 그 교회에 여호와 삼마 하시는 경험을 것입니다.

이번에 특새가 내일부터 시작됩니다. 여호와 삼마. 하나님이 기도하는 그 자리에 계실 것입니다. 얼마나 놀라운 영적 특권입니까? 새벽을 깨우시고, 기도로 은혜를 구하십시오. 하나님이 함께 하시는 은혜를 입고 사는 복된 인생 되시기를 주님의 이름으로 축원합니다.

3. 은혜를 구하는 곳에서

예수님은 삼위일체 하나님이십니다. 그런데 신약 성경에 보면 예수님께서 항상 함께 하신 사람들이 있습니다. 누구입니까? 많이 배우고, 잘 사는 사람이 아니라, 죄인, 세리, 창녀, 가난한 사람, 병자들이었습니다.

마태복음 9:9-13절에 보면 죄인들과 함께 하시는 예수님이 등장합니다. 예수님께서 하루는 마태라고 하는 세리의 집에 들어가 식사를 하셨습니다. 거기에는 바리새인들이 보기에 죄인인 사람들이 많이 있었습니다. 그런데 예수님이 그들과 식사를 하시는 것입니다. 유대인들에게 식사는 '한 가족' 혹은 '한 공동체'라는 의미를 가지고 있습니다. 그러자 바리새인들이 "왜 죄인들과 함께 식사를 하는가?"라고 따져 묻습니다. 왜 예수님이 죄인들과 함께 하느냐는 것입니다. 그러자 예수님께서 뭐라고 하십니까? "건강한 자에게는 의사가 필요 없고 병든 자에게 의사가 필요하기 때문이다."라고 하십니다.

무슨 말입니까? 은혜를 구하는 자, 자비를 구하는 자, 자신의 죄를 아파하고 신음하는 자들을 용서하시고, 치료하시고 회복하시기 위해서 예수님이 오셨다는 것입니다.

예수님이 함께 하시는 사람이 누구입니까? 은혜를 구하는 자입니다. 은혜를 구할 때 하나님께서 여호와 삼마 즉 여호와께서 거기에 계시는 것입니다. 은혜를 구하는 자에게 회복을 주시고, 자비를 주시고, 용서를 주시는 것입니다.

신앙이란 무엇입니까? 단지 예수님을 믿는 것이 아닙니다. 자신의 죄와 자신의 부족을 아파하고 하나님의 은혜가 없이는 살 수 없다고 고백하는 것이 바로 신앙입니다. 나는 목사이기 때문에 완벽하다. 이렇게 생각하는 사람에게는 하나님의 은혜가 없습니다. 나는 신앙생활 50년 했기 때문에 어느 정도 인정받을 만하다. 이런 사람에게는 하나님이 함께 하시지 않습니다. 이런 분들은 예수를 잘못 믿고 있는 것입니다. 정말 예수를 믿는 사람은 '날마다 우는 사람들'입니다. 왜 웁니까? 예수를 50년 믿었는데 욱하는 성격을 버리지 못해서 우는 것입니다. 예수를 믿고 권사가 되고 집사가 되었는데, 여전히 하나님 앞에 부족함을 보며 우는 자들입니다. 이런 자들에게 하나님이 함께 하시는 것입니다. 이런 자들에게 회복이 있고, 성령의 은혜가 있는 것입니다.

이전에 우리교회 다니셨던 한 집사님이 슈퍼마켓을 운영하셨는데, 그분이 냉장고를 알코올로 청소하다가 그만 화상을 입었습니다. 냉장고 뒷면 엔진부분에 뜨거운 기운이 있었는데, 알코올이 그쪽으로 흘러들어 가면서 펑하고 화재가 발생한 것입니다. 그래서 온 몸에 불이 붙었습니다. 불이 붙은 채로 길거리로 뛰쳐나왔습니다. 다행히 주변 사람들이 와서 몸에 붙은 불을 꺼주었지만 온 몸이 큰 화상을 입어 병원에 입원해 있었습니다. 제가 위로를 하려고 병원에 갔는데, 정신이 아직 온전하지 않을 때였습니다. 저를 보더니 그래요 "목사님, 제가 하나님의 심판을 받은 것이에요. 하나님께서 저를 치셨어요. 제가 벌 받았어요. 하나님이 저를 버리셨어요." 그래서 제가 "화상이 이정도로 끝난 것은 그래도 하나님께서 도우셨기 때문이라."고 위로했습니다. 그래도 그 집사님은 계속 "하나님께서 나를 치셨다. 하나님께서 벌주신 것이다." 그러면서 자책하며 눈물을 흘리는 것이었습니다. 이 집사님이 슈퍼를 운영하시면서 주일을 온전히 지키지 못했는데, 그것이 늘 마음에 걸렸던 모양입니다. 그러다가 큰 사고를 당하자 하나님께서 결국 자신을 이렇게 징계하신 것이라고 생각한 것입니다. 저는 그 때 그분을 보면서 "이 집사님에게 하나님의 은혜가 임하겠구나." 이런 생각을 했습니다. 뜨거운 신앙으로 변화될 것 같은 생각이 들었습니다. 참된 참회, 참된 눈물은 하나님의 마음을 감동케 하며, 하나님은 그런 사람에게 '여호와 삼마' 하나님이 함께 하사 회복시켜 주시며 더 큰 복으로 채워주시기 때문입니다.

1903년 조선에서 선교하시던 선교사님들이 모여서 기도회를 했습니다. 그런데 거기서 은혜를 구하는 눈물이 있었습니다. 하디 목사님은 의료선교사였는데, 자신이 늘 마음속으로 조선 사람들을 무식하다고 무시하고, 인종적으로 내려다보면서 선교했다는 사실을 깨달았습니다. 그리고 그 사실을 다른 선교사님들에게 눈물로 고백합니다. 그러자 그 선교사님들 모임에 엄청난 성령의 역사가 일어나고, 부흥이 일어나게 된 것입니다. 그런 후 선교사님들이 목회하던 교회들이 뜨거워지기 시작했는데 그 대표적인 사건이 1907년 평양 대부흥운동입니다. 1907년 평양 장대현교회에서 부흥회가 있었습니다. 1500명의 성도들이 함께 모여 열흘간 성회를 여는 동안 그 교회 대표되는 길선주 장로님이 많은 사람 앞에 이런 고백을 합니다. 역사 기록에 보면 이렇게 되어 있습니다.

"길선주 장로는 기도회 도중에 갑자기 일어나 큰 소리로 외치기를 '나는 아간과 같은 죄인이올시다.'라고 하면서 자신의 죄를 회개했다. 그 내용은 친구가 죽으면서 재산을 잘 처리해 달라고 부탁했는데, 그 중 1백 원을 수고비조로 자기가 가졌던 것이다. 길 장로는 '나는 하나님을 속였고 그 친구와 그의 부인을 속인 도둑놈입니다. 내일 아침 일찍이 돈을 돌려주겠습니다. 나 때문에 온 회중이 은혜를 받지 못하고 있으니 나는 죄인 중의 죄인이올시다.'라고 눈물로 회개했다. 그러자 회중도 모두 마루 바닥을 치면서 자신의 죄를 회개하기 시작했다."

대성통곡이 일어난 것입니다. 성령의 은혜가 임하자 더 크게 죄를 회개하면서 밤새도록 기도했습니다. 밤 12시가 지나도록 기도가 그치지 않았습니다. 그래서 해산시켜서 내일 다시 모이자고 집으로 돌아가시도록 했는데 너무나 성령의 은혜가 감동이 돼서 집에 가서도 잠이 오지 않는 것입니다. 그래서 기록에 따르면 아침 동트기도 전에 사람들이 교회로 모여들었습니다. 기도하려고 말입니다. 그래서 보니까 마당에 벌써 새벽에 동트기도 전에 60-70명이 모여서 서성이고 있었습니다. 누가 모이라고 한 적도 없고 누가 예배를 인도한다고 한 적도 없었는데 성도들이 너무나 하나님 은혜 가운데 흥분되어서 잠을 못자고 교회로 온 것입니다. 그래서 문을 열어서 들어와서 기도하라고 했습니다. 이것이 동기가 되어 우리 한국 교회의 새벽기도 운동이 시작된 것입니다. 성령의 감동으로 새벽기도가 시작된 것입니다.

이러한 한국 교회의 부흥을 지켜봤던 한 선교사님이 이런 고백을 했습니다. "수천 명이 글을 배우기 시작했고, 술주정꾼, 도박꾼, 잡신 숭배자들이 새 사람으로 바뀌었다. 학교가 설립되고, 문맹 퇴치 운동이 일어나고, 병원이 설립되고, 금주 금연 운동이 전개되었으며, 여성의 지위가 향상되고, 무속과 우상 숭배에서 해방되고, 일제 식민지 정책에 대항할 민족의식을 고취시켰다. '한국의 소돔'이라고 불렸던 평양은 거룩함으로 불타는 '동방의 예루살렘'으로 변화되었다."

은혜를 구하니까, 하나님께서 함께 하셨고, 기적과 은혜가 나타난 것입니다. 그래서 어떻게 되었습니까? 교회가 부흥되고, 세계에서 가장 가난한 나라가 세계에서 가장 잘사는 나라 가운데 하나가 되고, 우리의 자녀들이 세계를 누비는 나라가 된 것입니다. 하나님이 함께 하시면 되는 것입니다.

하나님은 지금도 여러분과 함께 하시며 끊임없이 말씀하고 계십니다. 영적인 눈과 귀를 열어 여러분과 함께 하시는 주님을 바라보시기 바랍니다. 하나님 앞에 은혜를 구하십시오. 하나님 앞에 완벽한 사람이 되려고 하지 말고, 하나님의 은혜, 하나님의 사랑, 하나님의 긍휼을 구하십시오. 그러면 하나님께서 그 상한 마음에 '여호와 삼마' 하실 것입니다. 하나님이 바로 거기에 계실 것입니다. 그러면 치유되고 회복되어 형통함을 누리게 될 것입니다. 영적 승리를 누리게 될 것입니다.

제가 아프리카 선교에서 가장 행복했던 것은 쏟아질 것 같은 별을 볼 수 있었다는 것입니다. 가로등도 없고 주변 건물에서 나오는 빛이 없었기에 별이 더 선명하게 보였습니다. 별은 어두울수록 더 밝게 빛이 납니다. 하나님이 함께 하는 사람, 여호와 삼마의 인생은 어두운 세상일수록 더 빛을 내는 것입니다. 지금 어두운 밤을 지나고 있습니까? 하나님께서 더 선명하게 역사하실 것입니다. 여러분 모두에게 "우리와 함께 하시는 하나님"을 경험하시는 은혜가 있기를 축원합니다. 그래서 세상을 이기고, 하나님과 동행하는 행복과 기쁨을 누리시기를 주님의 이름으로 축원합니다.

18장
이해 할 수 없는 고난을 당할 때
시 23:1-6

　저는 어떤 목사님의 설교를 들으면서 그 목사님이 읽어준 한 아버지의 고백을 듣고 깊은 고민과 생각에 잠기게 되었습니다. 홍 목사님이란 분이 사랑하는 아들을 잃고 쓴 신앙의 고백입니다. 사랑하는 아들은 운동도 잘하고 공부도 잘하고 교회 봉사도 잘하는 자랑스러운 아들이었습니다. 그런데 어느 날 운동을 하면서 몸이 쑤시고 아프다는 것입니다. 처음에는 운동을 너무 과격하게 해서 그런가 보다 했는데, 자꾸 아프다는 것입니다. 그래서 병원에서 진찰을 받았는데 충격적인 소식을 듭습니다. 정밀검사를 한 결과 온몸 뼈에 암이 퍼져 있어 길어야 한 달 밖에는 살지 못한다는 것입니다. 도저히 이해할 수 없는 상황이었습니다. 그리고 필사적으로 투병생활을 했지만 아들은 결국 죽음을 기다려야 했습니다. 너무나 사랑하는 아들이었기에 받아들이기 어려운 상황이었습니다. 아들은 죽어가면서도 자기는 천국 간다며 오히려 부모를 위로했습니다. 그러나 때론 사랑하는 동생들과 함께 있고 싶다고 아쉬워하기도 한 너무나도 착한 아들이었습니다. 결국 사랑하는 아들은 16년 10개월의 삶을 살고 하늘나라로 갔습니다.

왜 내게 이런 고난이 왔는가? 이해할 수 없는 고난 앞에서 아버지는 이렇게 글을 썼습니다. 제가 읽어 드리겠습니다.

"사랑하는 아들이 하나님께로 갔습니다. 갓난아이처럼 새근거리며 하나님이 주셨던 그 숨을 평안히 거두었습니다. 숨은 아들이 거두었는데 제 숨이 콱 막혀왔습니다. 그동안 숨죽이며 지켜보던 아들의 숨, 이제 거두었으니 저는 더 이상 참을 수 없었습니다. 가슴을 뚫고 터져 나오는 아픔과 슬픔 때문에 전신이 마비되고 손가락 하나 움직일 힘조차 없었습니다.

아들이 떠나는 그 순간 하늘이 내려앉고 땅이 꺼지고 말았습니다. 하나님이 원망스러웠습니다. 아들이 죽었다는 것과 아들을 어이없이 죽도록 손을 놓을 수밖에 없었던 저 자신이 미웠습니다. 내가 좀 더 잘했으면 살릴 수도 있었을 것 같은데, 그래서 아들에게 미안하고 아내에게 미안했습니다.

세상에서 태어나서 그렇게 울어 보기는 처음이었습니다. 울음 아닌 짐승 소리가 터져 나왔습니다. 애가 타다 못해 끊기는 듯하고 가슴이 터져 나가는 듯했습니다. 막혔던 봇물이 터져 버린 듯, 내 안의 온갖 분노와 슬픔과 아픔이 한꺼번에 터져 나왔습니다. 장의사가 현택이를 데려가는 것을 보고 나는 실신하고 말았습니다. 깨어나 보니 아들은 없었습니다. 나는 목 놓아 우는데 아내는 울지도 못했습니다. 울고 싶어도 울지 못하는 그 어미의 마음을 누가 알겠습니까?

장례식 날, 16년 10개월 동안 사랑하는 아들을 저희에게 맡겨주신 하나님께, 함께 살며 사랑하는 것이 무엇이고 사랑받는 것이 무엇인지 알게 해 주신 하나님께 감사를 올렸습니다. 그래서 장례 예배 때 더 이상 울지 않았습니다. 아들을 통해 주신 축복을 헤아려 보는 축제의 시간이 되었으면 하고 바랐기 때문입니다. 아들의 귀한 삶을 축하해 주고 싶었습니다.

귀한 아들을 보내 주시고 데려가신 하나님의 마음을 느껴보고 싶었습니다. 하지만, 아들이 그리워지는 마음만큼은 어떻게 견뎌야 할지 힘들었습니다. 내 마음에서 감사와 더불어 창자 속에서부터 올라오는 아픔 두 가지가 고개를 들었습니다.

욥기 14장 1-2절의 말씀입니다.

사람이란 결국 여인에게서 태어나는 것, 그의 수명은 하루살이와 같은데도 괴로움으로만 가득 차 있습니다. 꽃처럼 피어났다가는 스러지고 그림자처럼 덧없이 지나갑니다.

...

언젠가 뉴잉글랜드연회 화이트 감독님의 스물아홉 살 난 아들이 콜로라도 설산을 등반하다 추락하여 죽었습니다. 그래서 위로해 드렸습니다.

"아드님 소식 들었습니다. 상심이 크시겠습니다. 하나님의 위로가 함께하시길."

그러자 사모님은 정색을 하시고 이런 말씀을 해 주셨습니다.

"저는 아들의 죽음을 슬퍼하지 않기로 했습니다. 대신 하나님이 제게 허락하셨던 29년의 세월을 회상하며 감사하기로 작정했습니다. 아들 생각이 나면 아들이 죽었다는 생각보다 29년 동안 하나님이 제게 주신 그 아름다운 순간을 기억하면서 하나씩 감사를 드리고 있습니다."

생각해 보면 저도 복이 많은 사람입니다. 이처럼 아름답고 소중한 보물을 16년이 훨씬 넘는 시간 동안이나 간직할 수 있었으니 말입니다. 이삭을 바치라는 하나님의 요구에 순종했던 아브라함처럼 아들을 보냈습니다. 그리고 이제는 세상의 모든 이를 아들 삼아 사랑하며 남은 생애를 넓혀 가기로 마음먹었습니다."

저는 이 글을 읽으면서 어떻게 이럴 수가 있을까 하고 생각했습니다. 여러분, 왜 이 목사님에게 이와 같은 고난이 찾아 왔을까요? 죄를 지어서일까요? 아니면 하나님께서 훈련시키시기 위해서 일까요? 우리는 그렇게 쉽게 말할 수 없습니다. 왜 그런가요? 때론 우리 인간의 생각을 뛰어 넘는 고난이 존재하기 때문입니다. 우리는 그 이유를 모르는 것입니다. 우리 인간의 안타까움, 우리 인간의 한계가 여기에 있으며, 그래서 주님을 의지할 수밖에 없는 것입니다.

그런데 많은 사람들이 고난이 오면 그 이유를 알고자 합니다. 어떤 사람은 고난이 죄 때문에 왔다고 생각합니다. 그래서 모든 절망의 이유가 자기 죄 때문이라고 생각하고 평생 죄책감에서 벗어나지 못하는 사람도 있습니다. 또 어떤 사람은 왜 자기가 이런 고난을 당해야 하는지 몰라 그 이유를 찾다가 결국 하나님을 원망하면서 신앙을 버리는 사람도 있습니다.

물론 죄 때문에 고난이 올 수도 있습니다. 또한 우리를 더 크게 성장시키시려고 고난을 주실 때도 있습니다. 그러나 때로는 우리 인간이 전혀 이해할 수 없는 고난도 있는 것입니다.

중요한 것은 이것입니다. "왜 이런 고난이 왔을까?"가 아니라, 나의 고난을 하나님은 지금 어떻게 다루시는가가 중요한 것입니다. 우리를 향한 하나님의 마음이 무엇이냐가 중요하다는 말입니다. 오늘 시편은 우리에게 놀라운 영적 지혜를 줍니다. 그것이 무엇입니까?

1. 하나님의 동참

오늘 시편 말씀은 우리가 가장 사랑하는 말씀 중에 하나일 것입니다. 다윗의 시입니다. 다윗은 목자였습니다. 그런데 이제 하나님께서 자신의 목자가 되시고, 자신은 그분의 인도함을 받는 양이라고 합니다. 하나님은 푸른 초장으로 인도하십니다. 쉴만한 물가로 인도하십니다. 너무나도 평화롭고 목가적입니다. 얼마나 아름답습니까? 그런데 시편 23편에는 푸른 초장의 삶도 있지만 4절에 사망의 음침한 골짜기의 인생도 있다고 말씀하고 있습니다.

그런데 왜 사망의 음침한 골짜기로 가야하는지 오늘 시편에서는 그 이유가 나오지 않습니다. 죄 때문에 그 길을 가는 것이 아닙니다. 양들을 훈련시키기 위해서 가는 것도 아닙니다. 이유도 없고 원인도 없이 '사망의 음침한 골짜기'가 4절에 등장합니다.

다윗이 사망의 음침한 골짜기로 다닐 때 발견한 하나님은 어떤 하나님이었습니까? "나와 함께 하시는 하나님"이었습니다. 하나님은 내가 힘들 때, 함께 힘들어 하시고, 하나님은 내가 울 때 함께 우시며, 하나님은 내가 절망으로 쓰러질 때 내 옆에서 나를 붙드신다는 것입니다.

진도 9.0이라고 하는 대재앙을 만난 일본을 향한 하나님의 손길은 무엇입니까? 사랑하는 아들을 잃고, 아내를 잃고 집과 직장을 잃어버린 저 고통 받는 일본인들을 향한 하나님의 마음은 무엇입니까? 우상 숭배한 나라이기 때문에 진노하고 계실까요? 아니면 죄 많은 민족이라며 당연해 하고 계실까요? 아닙니다. 하나님은 지금 그들과 함께 하시고, 함께 우시며, 함께 고통 받고 계시다는 것입니다.

하루는 예수님께서 예루살렘에 계실 때, 마리아와 마르다에게서 급한 전보가 왔습니다. 사랑하는 오빠, 나사로가 죽었다는 것입니다. 나사로, 마리아, 마르다는 남매 지간입니다. 비록 가난했지만 온 남매가 예수님을 정성껏 섬긴 진실한 성도였습니다. 그런데 그 나사로가 어린 동생 둘만 남겨놓고 죽었다는 것입니다. 그 때 예수님께서 그 집에 찾아 가십니다. 마리아와 마르다가 와서 예수님을 붙잡고 웁니다. 물론 예수님은 죽은 나사로를 다시 살리실 것입니다. 우리 믿음의 사람은 죽어도 죽지 않습니다. 왜 그런가요? 저 천국에서 영생을 소유하며 살기 때문입니다. 우리 모두는 천국에서 100% 다시 만날 줄 믿습니다. 예수님은 그들의 고통을 보시고 함께 하셨습니다. 그리고 "얘들아. 울지 말라, 내가 다시 살릴 것이다. 너희들은 왜 그렇게 믿음이 없니?" 이렇게 하시지 않았습니다. 요한복음 11:35절에 이렇게 기록되어 있습니다. "예수께서 눈물을 흘리시더라." 그 때 이 모습을 본 유대인들이 깜짝 놀라 이렇게 이야기합니다. "이에 유대인들이 말하되 보라 그를 얼마나 사랑하셨는가." 그리고 주님은 나사로를 살려주신 것입니다. 할렐루야!

유명한 '발자국'이라고 하는 시가 있습니다. 캐더린 짐러(Katharine Simler)라고 하는 분이 지은 시인데, 이 시는 우리에게 주는 참 놀라운 은혜가 있습니다. 아시는 분도 많겠지만 이 시의 내용을 한 번 소개해드리길 원합니다.

어느 날 나는 꿈을 꾸었습니다.
꿈속에서 나는 주님과 함께 바닷가를 거닐고 있었습니다.
하늘 위로는 내 인생의 여러 순간들이 마치 영화의 한 장면처럼 지나가고 있었습니다.
나는 각 장면마다 두 사람의 발자국이 모래 위에 새겨져 있음을 발견하였습니다.
그 중 하나는 나의 것이었고 다른 하나는 주님의 것이었습니다.
내 인생의 마지막 장면이 나의 주님에게서 사라지려는 순간, 나는 모래 위에 남겨진 발자국들을 뒤돌아보았습니다.
내 인행의 행로에서 여러 번 오직 한 사람의 발자국만 남겨져 있음을 발견하였습니다.
그리고 그런 일이 내가 매우 슬프고 괴로웠을 때 일어났다는 것을 알았습니다.
이러한 사실로 인하여 너무나 괴로웠던 나는 주님께 물어보았습니다.
"주님! 주님께서는 내가 너와 함께 하리니 너는 항상 나를 따를지어다." 이렇게 말씀하셨잖아요.
그런데 내 인생의 가장 어려웠던 시절을 돌이켜보니 오직 나의 발자국만 남겨져 있더군요.

어느 때보다도 주님이 필요했던 바로 그때 어찌하여 주님은 내 곁을 떠나셨는지 나는 정말로 이해할 수 없었습니다."
그러자 주님께서 대답하셨어요.
"사랑하는 나의 아들아! 나는 너를 누구보다 사랑한단다. 네가 시련과 고통을 당하고 있었을 때 나는 한 번도 네 곁을 떠난 적이 없었느니라. 네가 한 사람의 발자국밖에 볼 수 없었던 바로 그 때는 내가 너를 안고 가던 때였느니라."

우리가 이해할 수 없는 고난을 당할 때 주님께서는 우리를 안고 가시고, 업고 가시고, 주의 지팡이와 막대기로 지켜 보호하여 주시는 줄로 믿으시기 바랍니다. 이해할 수 없는 고난 중에 있을 때 하나님은 어디에 계십니까? 우리와 함께 그 고통에 동참하고 계시다는 것입니다. 그러면 왜 하나님께서 모든 것을 당장 해결해 주시지 않느냐구요? 우리는 모릅니다. 그러나 아는 것은 우리의 고통에 하나님이 함께 고통당하시고, 울고 계신다는 것입니다. 그리고 주께서 함께 하시는 인생은 결국 모든 아픔이 감격의 눈물로 바뀌게 된다는 것만 압니다. 이것이 우리에게 얼마나 큰 위로가 되며 희망이 됩니까?

주님께서 여러분의 고난을 모른 채 하시지 않고, 지금 보이지 않지만 함께 동참하고 계시다는 것입니다. 여러분이 아파할 때 주님이 함께 하시고 아파하신다는 것입니다. 주님이 함께 하시는 인생은 절대로 절망으로 끝나지 않는 것입니다. "나사로야 나오라." 이렇게 외쳐 주시는 것입니다. 그러므로 이해할 수 없는 고난을 당할 때, 지금 나와 함께 하시는 하나님을 바라보며 고난 중에 희망을 보시는 여러분 되시기를 주님의 이름으로 축원합니다.

2. 하나님의 도우심

우리가 사망의 음침한 골짜기를 다닐 때 하나님은 무엇을 하시고 계신다고 합니까? 주의 지팡이와 막대기로 우리를 안위하신다고 합니다. 안위가 무슨 뜻입니까? 보호하다, 싸우다라는 뜻입니다.

간혹 맹수가 와서 양들을 잡아먹으려고 하면 목자는 목숨을 걸고 달려가서 지팡이로 맹수들을 쫓아내고 싸웁니다. 그리고 결국 양들을 안전하게 지켜냅니다. 이것을 안위하시다고 하는 것입니다.

아이들을 키울 때 가장 힘든 경우가 바로 아이들이 아플 때 입니다. 특히 자기표현을 제대로 하지 못하는 1-3세 때, 아이들이 아프면 정말 힘듭니다. 한번은 저희 딸이 2살 때였습니다. 갑자기 고열이 나기 시작하는 것입니다. 그래서 해열제를 먹였는데 열이 떨어지지 않았습니다. 열이 많이 올라가면 아이에게 위험합니다. 그래서 밤새도록 옆에서 물수건을 갈아주었습니다. 그렇게 아이는 색색거리며 잠을 자는데, 저는 정신없이 바쁩니다. 물수건 갈아주고, 찬물에 물수건 빨고, 수시로 체온측정하고 정신이 없습니다. 그렇게 밤을 새는데, 순간 이런 생각이 들었습니다. "자식은 아프고, 부모는 질병과 싸우는구나." 그러면서 "하나님 아버지도 내가 이렇게 아플 때, 나를 위해서 싸우시는가 보다" 하는 생각이 들었습니다.

우리가 지금까지 이렇게 무사하게 어떻게 살아 왔나 돌이켜 보세요. 저는 다 주님의 은혜라고 믿습니다.

"지금까지 지내온 것 주의 크신 은혜라. 한이 없는 주의 사랑 어찌 이루 말하랴!

자나깨나 주의 손이 항상 살펴 주시고, 모든 일을 주 안에서 형통하게 하시네. 할렐루야!"

여러분이 사망의 음침한 골짜기, 이해할 수 없는 고난을 당할 때 주의 지팡이와 막대기로 보호하시고 지켜주심을 믿으시기 바랍니다.

3. 하나님의 일하심

5절을 보세요. "주께서 내 원수의 목전에서 내게 상을 차려 주시고 기름을 내 머리에 부으셨으니 내 잔이 넘치나이다." 여기서 원수가 누구입니까? 우리를 괴롭힌 이웃과 영적인 존재인 마귀입니다. 그는 우리에게 고난과 절망을 주고, 우리가 넘어지고 좌절하기 원하는 것입니다. 마귀는 욥에게 이해할 수 없는 고난을 주고 욥이 믿음을 버리기를 원했습니다. 이와 같이 우리의 원수는 우리를 공격하고 넘어뜨리고자 하는 것입니다. 그러나 우리 주님은 우리에게 잔치 상을 차려주신다는 것입니다.

우리는 인생을 살다가 이해할 수 없는 고난을 만날 때가 있습니다. 왜 사망의 음침한 골짜기를 가야하는지 모를 때가 있습니다. 그러나 그 골짜기의 끝은 '내 잔이 넘치나이다.'가 되게 하신다는 것입니다. 왜 그런가요? 우리 주님은 어둠 속에서 빛을 창조하셨듯이, 우리의 고난을 재창조하사 잔치의 기쁨을 주시길 기뻐하시기 때문입니다.

울보 목사님이 있습니다. 이 목사님은 어렸을 때 매우 가난했습니다. 또한 가정에 불화가 심해서 밤에 집에서 쫓겨나 밤거리를 배회한 적도 있습니다. 그러나 무엇보다 경제적으로 힘들어서 초등학교 때에는 초등학교를 무사히 졸업하는 것이 꿈이었습니다. 그리고 중학교 때에는 중학교를 무사히 졸업하는 것이 꿈이었고, 또 고등학교 때에는 고등학교를 졸업하는 것이 꿈이었습니다. 이 목사님은 어려서부터 스스로 학비를 해결해야 했는데, 새벽에는 신문을 돌리면서 학비를 해결하고 대학을 다닐 때에도 신학교를 다닐 때에도 밤낮으로 일을 해야 했습니다. 그래서 아침마다 코피를 한 바가지씩 쏟아냈습니다. 이 목사님이 청소년 시절에 새벽 신문을 돌릴 때였습니다. 날씨가 무척이나 추웠습니다. 열심히 신문을 돌리는데, 그만 계단에서 넘어지고 만 것입니다. 그 때, 넘어지면서 정강이를 심하게 다쳤습니다. 아무도 없는 추운 겨울 새벽에 정강이를 붙잡고 신음하면서 엉엉 울었습니다. 그리고 한참 후에 다리를 절뚝거리면서 신문을 돌리는데, 날이 밝아 오면서 학생들이 교복을 입고 학교에 등교하는 모습이 보입니다. 그 때, "난 왜 이렇게 살아야 하나. 왜 이해할 수 없는 고난을 당해야 하는가? 하나님이 정말 계시다면 왜 나를 이 절망에서 건져주지 아니하시는가?" 고민하면서 울었다고 합니다. 세월이 흘러 이 목사님은 신학교를 졸업하고 목사님이 되었습니다. 그런데 목회를 하면서 가난으로 고통 받고, 가정 문제로 고통 받고, 질병으로 고통 받는 사람을 보면 눈물부터 나오더랍니다. 왜 그런가요? 그 고통이 무엇인지 온 몸으로 경험했기 때문입니다. 이 목사님이 바로 접니다.

성도의 고통에 눈물을 흘리지 못하는 목회자, 성도의 배고픔에 무감각한 목회자. 이것은 저주입니다. 그러나 성도의 아픔에 눈물로 함께 할 수 있다는 것이 얼마나 큰 축복입니까? 성도의 아픔을 품는 목회자, 주님의 마음을 소유할 수 있는 목회자. 이것은 축복인 것입니다. 저는 그렇게 믿습니다. 할렐루야!

　요셉이 애굽에 노예로 끌려갔기 때문에 요셉이 이집트의 총리가 된 것입니다. 요셉이 가나안 땅에만 있었다면 그는 이집트의 총리가 결코 될 수 없었을 것입니다. 예수님의 십자가의 고난, 십자가의 죽음이 있었기 때문에 우리가 죄용서 받고, 구원받게 된 것입니다. 고난은 축복을 준비하는 인생여정인 것입니다.

　물론 우리는 인생의 모든 고난을 다 이해할 수 없습니다. 왜 이런 일이 일어나는지 모를 때가 많습니다. 그래서 답답하고 억울할 수도 있습니다. 왜 가족에게 핍박을 받아야 하는지? 왜 직장에서 어려움을 당해야 하는지? 왜 내가 이런 질병에 걸려야 하는지? 왜 이런 아픔을 경험해야 하는지 우리는 모를 때가 더 많습니다. 이 때 우리는 얼마나 답답합니까?

　그러나 확실하게 아는 것이 있습니다. 무엇입니까? 그 고난 중에 하나님은 우리의 고통에 동참하고 계시다는 사실입니다. 그리고 우리가 그 고난으로 넘어지지 않기 위해서 주의 지팡이와 막대기로 보호하신다는 사실입니다. 또한 우리의 고난을 축복으로 만들어 가신다는 것입니다. 이 사실을 우리가 압니다.

　그러므로 우리는 이해할 수 없는 고난을 당할 때마다 '사망의 음침한 골짜기로 다닐지라도, 해를 두려워하지 않을 것은 주께서 나와 함께 하심이라. 주의 지팡이와 막대기가 나를 안위하시나이다.'는 분명한 믿음으로 살아야 하는 것입니다. 그래서 절망을 희망으로 바꾸시고, 내 고난과 아픔과 눈물을 잔치로 바꾸시는 하나님의 영광을 누리시기를 주님의 이름으로 축원합니다.

19장

절망을 축복으로 바꾼 여인

삼상 2:6-9

풍차 같은 사람이 있습니다. 풍차 같은 사람은 어떤 사람입니까? 고난의 바람, 절망의 비바람을 축복의 에너지로 바꾸는 사람입니다. 삶의 걸림돌을 인생의 디딤돌로 만드는 사람이 바로 풍차 같은 사람입니다. 제네바의 '피에르 렌치니크(Pierre Rentchnik)' 박사가 이런 말을 했습니다. "세계 역사는 고아가 주도했다." 무슨 말이죠? 그는 인류 역사에 가장 큰 기여를 한 300여 명을 연구했습니다. 그런데 고아가 가장 많았다고 합니다. '알렉산더 대왕, 시저, 루이 14세, 조지 워싱턴 대통령, 나폴레옹, 사르트르, 루소, 데카르트, 파스칼, 공자 등이 다 고아였다는 것입니다. 보통 사람들은 역경이 오면 그 자리에서 주저앉습니다. 그러나 이런 사람들은 역경을 오히려 성장의 디딤돌로 여기며 살았다는 것입니다. 이런 사람들이 바로 풍차 같은 사람입니다. 고난의 바람이 불면 불수록 더 큰 에너지를 얻기 때문입니다.

오늘 우리가 살펴볼 한나가 바로 그런 사람입니다. 한나는 아이를 낳을 수 없는 절망적인 여인이었습니다. 고대 사회에서는 불임을 저주의 상징이라고 생각했습니다. 사람들은 한나를 저주받은 여인으로 생각했습니다. 특히 한나가 아이를 낳지 못하자, 남편은 대를 잇기 위해서 후처를 들여왔습니다. 그런데 그 후처인 브닌나가 여러 명의 아이를 낳은 것입니다. 그러자 이 여자가 아이를 낳을 수 없는 한나를 저주받은 여인이라고 무시하는 것입니다. 때로는 안방마님처럼 행동하면서 한나를 경멸합니다. 또 처음에는 고분고분하던 그 여자가 이제는 한나에게 반말로 명령까지 합니다. 그리고 "애도 못 낳은 주제에"라고 하면서 무시합니다. 얼마나 화가 납니까? 1:6-7을 보세요.

> "여호와께서 그에게 임신하지 못하게 하시므로 그의 적수인 브닌나가 그를 심히 격분하게 하여 괴롭게 하더라. 매년 한나가 여호와의 집에 올라갈 때마다 남편이 그와 함께 하매 브닌나가 그를 격분시키므로 그가 울고 먹지 아니하니."

얼마나 화가 났겠습니까? 얼마나 절망하고 화가 났는지 밥이 목구멍으로 넘어가지 않는 것입니다. 우리 같으면 '너 죽고 나 살자' 하면서 머리채를 잡을 것입니다. 그런데 이런 상황 속에서 한나는 어떻게 합니까? 10절을 보세요.

> "한나가 마음이 괴로워서 여호와께 기도하고 통곡하며."

무슨 말입니까? 자신을 힘들게 한 브닌나에게 복수한 것이 아니라, 하나님을 찾아가서 기도하고 있다는 것입니다. 분노의 에너지를 기도의 에너지로 바꾸고 있는 것입니다. 한나는 브닌나가 힘들게 하면 할수록 더 많이 하나님께 엎드렸습니다. 힘이 없어서가 아닙니다. 남편은 한나를 더 사랑했습니다. 첫째 부인으로서, 둘째 부인을 쫓아낼 권리까지 있었습니다. 그러나 한나는 인간적인 복수보다는 하나님께 엎드렸습니다. 분노의 에너지를 기도의 에너지로 바꾼 것입니다. 한나는 풍차와 같이 절망의 바람을 축복의 에너지로 바꿀 줄 아는 여인이었습니다.

하나님은 그런 한나를 축복하셨습니다. 그래서 어떻게 했습니까? 아들을 주셨습니다. 그런데 이 아들이 보통 아들이 아닙니다. 이스라엘을 살려내는 영적 지도자입니다. 이스라엘 역사에서 가장 탁월한 선지자인 것입니다.

오늘날 우리 그리스도인들에게 가장 필요한 것은 바로 절망의 에너지를 기도의 에너지로 바꾸고, 축복의 에너지로 바꾸는 영적 자세가 아닐까요? 오늘날 해병대 사고의 문제 핵심이 무엇입니까? 분노와 상처의 에너지를 기도의 에너지로 바꾸지 못한 것입니다. 만일 우리가 풍차와 같이 절망의 바람을 기도의 에너지, 축복의 에너지로 바꿀 수 있다면 절망의 바람 때문에 더 크게 성공하는 믿음의 사람이 될 것이라고 믿습니다. 그렇게 되면 바람이 불면 불수록 오히려 더 큰 축복의 은혜를 누리지 않겠습니까? 분노와 절망, 그리고 상처의 바람을 기도의 에너지로 바꾸어 가시는 풍차 같은 사람 되기를 주님의 이름으로 축원합니다.

그러면 어떻게 한나는 절망을 기도의 에너지로 바꾸어 나갈 수 있었을까요? 오늘 한나의 기도를 살펴보면 어떻게 한나가 그런 분노와 절망을 기도의 에너지로 바꿀 수 있었는지를 보여줍니다.

1. 하나님의 시선을 의식하라

3절을 보세요. "심히 교만한 말을 다시 하지 말 것이며 오만한 말을 너희의 입에서 내지 말지어다. 여호와는 지식의 하나님이시라. 행동을 달아 보시느니라."

오늘 한나는 하나님을 어떤 하나님이라고 노래하고 있습니까? '여호와는 지식의 하나님'이시다는 것입니다. 지식의 하나님이란 뜻은 모든 것을 보고 알고 계시는 하나님이시라는 뜻입니다. 한나는 자신의 모든 고통을 하나님께서 알고 계신다고 확신했습니다. 그리고 이 문제의 풀어나가실 분도 하나님이시라고 확신하고 있습니다. 그래서 그녀는 인간적인 복수를 하지 않았습니다. 그녀는 오히려 모든 고난의 근본적인 해결자가 되시는 하나님께 마음을 쏟아부은 것입니다. 이러한 그녀의 단순한 신앙의 자세가 분노를 기도의 에너지로 바꾸게 한 것입니다.

다윗이 골리앗을 이긴 것은 이스라엘 백성에게 큰 축복이었지만 다윗 자신에게는 고난과 아픔의 시작이었습니다. 왜냐하면 다윗이 골리앗을 이긴 사건 때문에 사울 왕의 미움을 받았기 때문입니다. 사울 왕은 다윗을 죽이려고 했습니다. 이것을 안 다윗은 광야로 도망가야 했습니다. 사울 왕은 첩자들을 통해서 다윗이 숨어 있는 곳을 알아내고는 다윗을 찾아와 죽이려고 합니다. 너무나도 비참한 삶이 이어졌습니다. 그리고 고통스러웠습니다. 그런데 어느 날 다윗은 도망을 가다가 동굴에 숨게 되었습니다. 그런데 마침 사울 왕이 용변을 보기 위해서 다윗이 숨어 있는 동굴에 들어오게 된 것입니다. 사울 왕은 군복과 칼을 내려놓고 볼일을 봤습니다. 그 모습을 다윗과 다윗을 따르는 부하들이 보고 있었습니다. 그 때, 부하 중 한 사람이 이렇게 말합니다. "장군님. 지금이 기회입니다. 저 사울 왕을 죽이십시오. 장군님이 저 사울 왕을 죽이지 않으면 나중에 장군님이 죽게 됩니다." 그러나 다윗이 어떻게 합니까? "어떻게 하나님께서 기름 부으신 자를 내 손으로 대적할 수 있느냐?" 하면서 사울 왕을 그대로 살려줍니다. 왜 그랬을까요? 시편 142편에 그 이유가 있습니다. 한번 볼까요? 시편 142편의 표제어를 보면 "다윗이 굴에 있을 때에 지은 시"라고 합니다. 즉 사울 왕과 함께 동굴에 있을 때 지은 시라는 것입니다. 그 때 다윗의 마음은 어떠했을까요? 한번 봅시다.

"내가 소리 내어 여호와께 부르짖으며 소리 내어 여호와께 간구하는도다. 내가 내 원통함을 그의 앞에 토로하며 내 우환을 그의 앞에 진술하는도다. 내 영이 내 속에서 상할 때에도 주께서 내 길을 아셨나이다. 내가 가는 길에 그들이 나를 잡으려고 올무를 숨겼나이다."

지금 다윗이 뭐라고 합니까? "내가 고통당하고 있을 그 순간에 주님은 모든 것을 다 알고 계십니다."라고 말하고 있는 것입니다. 그리고 다윗은 자신의 모든 길을 보고 계시고 알고 계신 하나님께 소리 내어 부르짖었다는 것입니다. 왜 다윗이 자신을 미워하고 죽이려고 하고 또 자신을 고통스럽게 하는 사울 왕에게 복수하지 않았을까요? 왜 다윗은 그분노의 에너지를 기도의 에너지로 바꾸고 있습니까? 하나님이 다 아시기 때문입니다. 다른 말로 하면 하나님이 아시기 때문에 결국 하나님께서 해결해 주신다는 것입니다. 7절을 보세요.

"내 영혼을 옥에서 이끌어 내사 주의 이름을 감사하게 하소서. 주께서 나에게 갚아 주시리니 의인들이 나를 두르리이다."

누가 갚아주신다고요? 주께서 갚아주신다고 합니다. 이것이 바로 분노와 절망을 기도의 에너지로 바꿀 수 있는 힘이 된 것입니다.

고통 속에 있습니까? 나를 넘어지게 하는 상황 속에 있습니까? 인간적인 방법을 쓰고 싶습니까? 그 절망을 기도의 에너지로 바꾸시기 바랍니다. 여러분의 인생길을 하나님이 다 알고 계십니다. 여러분의 인생은 혼자가 아닙니다. 하나님이 아시고, 하나님께서 갚아주시고, 하나님께서 책임져주시는 인생인 것입니다. 힘들고 어려울 때마다 인간적으로 행하지 말고, 주님 전에 달려 나와 부르짖으십시오. 절망과 고통, 그리고 분노의 에너지를 기도의 에너지로 바꾸어 가십시오. 그 때 한나의 기도와 같이 낮은 자가 높아지는 기적을, 가난한 자가 부요하게 되는 축복을, 절망이 찬송이 되는 축복을 누리게 되는 것입니다. 할렐루야!

한국 누가회 회장을 역임했고 현재 샘병원 의료원장인 박상은 박사의 간증입니다. 그가 강연할 때 마지막에 빔 프로젝트를 통해서 한 사진을 띄웠습니다. 그런데 도대체 그 사진을 보니까 사람인지, 괴물인지 알아볼 수가 없습니다. 온 얼굴이 새까만 피부암으로, 포도 알 같은 게 다 붙어가지고, 눈도 잘 보이지 않고, 입도 잘 보이지 않았습니다. 이렇게 비참한 모습, 처절한 모습을 어디서 본 적이 없습니다. 이 박사가 이 사진을 보여주면서 이런 말을 했습니다. 피부암으로 이제 곧, 오늘 내일, 오늘 내일 죽을 날이 가까워 온 분을 치료한 적이 있는데, 이분 곁을 지나가면 항상 뭔가 흥얼흥얼 거리고 있다는 것입니다. 그래서 어느 날 가까이 다가가서 소리를 들어보니까 글쎄 이분이 찬송을 부르고 있는 것입니다. 무슨 찬송을 부르는가? 들어보니 찬송가 23장이었습니다.

"만입이 내게 있으면 그 입 다가지고 내 구주 주신 은총을 늘 찬송 하겠네. 늘 찬송 하겠네."

얼굴이 완전히 피부암으로 덮여서 죽음을 앞두고 있는 이분이 "만입이 내게 있으면 그 입 다가지고 내 구주 주신 은총을 늘 찬송 하겠네. 늘 찬송 하겠네." 이렇게 찬송하더랍니다. 여러분 예수님을 믿는다는 것이 무엇입니까? 그것은 하나님의 자녀가 되었고, 천국 시민이 되었다는 것을 말하는 것 아닙니까? 예수 믿고 하나님의 자녀가 되고 천국 시민이 되었다는 것은 뭡니까? 그것은 하나님 앞에서 승부수를 띄우는 사람이라는 것입니다.

여러분 인생의 모든 문제, 절망, 답답함, 아픔을 기도의 에너지로 바꾸어, 하나님 앞에서 승부수를 내는 인생이 되기를 주님의 이름으로 축원합니다.

2. 하나님의 반전을 기대하라

그런데 하나님은 모든 것을 알고만 계신 하나님이 아니라, 적극적으로 모든 상황을 반전시키시는 전능하신 하나님, 인생의 주인 되신 하나님을 확신했다는 것입니다. 그래서 그녀는 그 인생의 주인 되신 하나님께 부르짖은 것입니다. 자신의 고통, 자신의 눈물을 주님 앞에 쏟아부은 것입니다.

7절을 보세요. "여호와는 가난하게도 하시고 부하게도 하시며 낮추기도 하시고 높이기도 하시는도다."

제가 어렸을 때, 방에서 누우면 가장 보기 좋은 곳에 걸려있는 그림 액자가 있었습니다. 그것이 뭔지 아십니까? 한 청년이 풍랑이 이는 배의 방향타를 잡고 있고, 그 뒤에서 예수님이 그 청년을 붙잡고 손가락으로 방향을 가르쳐주시는 그림입니다. 여러분도 보신 적이 있으실 것입니다. 제가 집에 누우면 꼭 그게 눈에 확 들어옵니다. 저는 그림을 보면서 어린 나이에 이런 생각을 했습니다. "예수님이 인생을 이끌어 가시는 구나."

제가 신학교에 가기 위해서 총신대학교 신학대학원 입시를 준비하는데, 저를 아끼는 친척분이 이렇게 조언해 주었습니다. "그 신학교로 가면 인맥도 없는데 어떻게 목회하려고 하느냐. 목회도 인맥이 중요하다. 그러니까, 총신대학교 신학대학원을 가지 말고, 당신 친척들이 있는 그 인맥이 많은 쪽으로 가라"는 것입니다. 그런데 이 지극히 인간적인 충고를 해주신 분이 바로 목사님이셨습니다. 이게 뭡니까? 내 목회 인생을 이끄시는 분이 하나님이 아니라, 인맥이라는 것입니다. 그게 현실이라는 것입니다.

왜 하나님의 기적을 체험할 수 없습니까? 하나님을 믿지 않고 인맥만 붙들고 살기 때문입니다. 왜 낮은 자를 높이시고, 가난한 자를 부요케 하시는 하나님의 권능을 볼 수 없습니까? 하나님을 믿지 않고 인간적인 능력을 붙들고 살기 때문입니다.

하나님은 자신만을 의지하는 낮은 자를 높이시고, 가난한 자를 부요하게 하시는 분이시라는 것을 믿을 때, 하나님께서 내 삶에 들어오신다는 것을 아셔야 합니다. 하나님이 우리 인생의 모든 상황을 바꾸십니다. 한나는 이것을 믿었습니다. 그래서 그녀는 인간적인 모든 아픔과 절망을 기도의 에너지로 바꾼 것입니다. 그리고 그런 한나에게 이스라엘 백성을 위한 최고의 영적 지도자인 사무엘을 선물로 주신 것입니다.

하나님은 배우지 못한 워싱턴을 미국 초대 대통령, 가장 존경받는 대통령으로 만드셨습니다. 또한 배우지 못한 링컨을 노예 해방을 이룩한 대통령으로 세우셨습니다. 하나님은 세계에서 가장 가난한 나라인 한국을 한류의 나라로 세우고 계십니다. 여러분, 우리가 정말 믿어야 할 것은 무엇입니까? 바로 모든 상황을 반전시켜 주시는 하나님을 믿는 것입니다. 이 하나님을 믿을 때, 우리도 한나와 같이 모든 절망과 아픔을 기도의 에너지로 바꾸게 되는 것입니다. 그리고 낮은 자를 높이시는 하나님을 분명하고 선명하게 경험하게 되는 것입니다. 이런 은혜가 있기를 주님의 이름으로 축원합니다.

3. 하나님의 강력을 확신하라

"그가 그의 거룩한 자들의 발을 지키실 것이요 악인들을 흑암 중에서 잠잠하게 하시리니 힘으로는 이길 사람이 없음이로다."

성도의 견인이라는 교리가 있습니다. 성도의 견인이란 한번 구원 받은 사람은 끝까지 구원받는다는 뜻입니다. 그런데 성도의 견인이라고 할 때, 이 견인이 무슨 뜻입니까? 많은 사람들이 견인차를 생각해서 '끌다'는 뜻이라고 생각합니다. 그러나 성도의 견인이라고 할 때, '견인'은 '끌다'는 뜻이 아니고, '견고함과 인내'라는 뜻입니다. 성도의 견인이란 구원의 영원성과 불변성입니다. 하나님이 우리를 선택하셨기에 우리의 구원은 절대 흔들리지 않습니다.

대표적인 구절이 어디입니까? 로마서 8:35-39절입니다.

> "누가 우리를 그리스도의 사랑에서 끊으리요 환난이나 곤고나 박해나 기근이나 적신이나 위험이나 칼이랴 기록된 바 우리가 종일 주를 위하여 죽임을 당하게 되며 도살 당할 양같이 여김을 받았나이다 함과 같으니라 그러나 이 모든 일에 우리를 사랑하시는 이로 말미암아 우리가 넉넉히 이기느니라 내가 확신하노니 사망이나 생명이나 천사들이나 권세자들이나 현재 일이나 장래 일이나 능력이나 높음이나 깊음이나 다른 어떤 피조물이라도 우리를 우리 주 그리스도 예수 안에 있는 하나님의 사랑에서 끊을 수 없으리라."

예수님을 주로 고백하고 하나님의 자녀가 된 자는 절대로 그 자녀라는 복된 지위를 빼앗길 수 없습니다. 우리는 어떤 상황에서도 반드시 천국에 갈 것입니다. 천사도, 어떤 마귀의 세력도, 심지어 우리의 더러운 죄악까지도 우리가 하나님의 자녀 된 축복을 빼앗을 수가 없습니다. 그 어떤 것도 그리스도 예수 안에 있는 하나님의 사랑에서 끊을 수가 없는 것입니다. 왜 그런가요? 우리를 향하신 하나님의 사랑과 그 자비의 권세를 이길 수 있는 것이 이 세상에 없기 때문입니다.

하나님께서 어떤 일을 하고자 하실 때, 그것을 막을 수 있는 자는 없습니다. 하나님의 권세보다 강력한 것은 없습니다. 한나는 이것을 믿었습니다. 그리고 그녀는 자신의 모든 절망과 분노를 기도의 에너지로 바꿨습니다. 그녀는 인간적인 방법보다 하나님 앞에 기도했습니다. 하나님께서 자기에게 아들을 주시고자 하면 어떤 것도 그것을 막을 수 없다는 것을 믿었습니다. 그런 믿음으로 부르짖는 그녀에게 하나님은 놀라운 축복을 부어주신 것입니다. 우리는 그런 하나님을 믿고 사는 사람입니다.

스페인에 레알 마드리드라고 하는 프로축구단에 아주 세계적인 프로축구 선수, 카카(Kaka: Ricardo Izecson dos Santos Leite)라는 사람이 있습니다. 이 카카 선수는 아주 독실한 크리스천입니다. 골을 넣을 때마다 골 세리모니를 하는데 그가 유니폼 안에다가 "I BELONG TO JESUS. 나는 예수님께 속했습니다."라는 글을 써서 놓고 골을 넣으면 착! 보여주는 것입니다. 그러면 전 세계 TV에 방영이 되는 것입니다. 전 세계 많은 사람들에게 골을 넣을 때마다 이 세리모니를 합니다. 이 청년은 정말 축구를 잘합니다. 미국 TIME지가 선정한 2008년도 세계를 움직이는 100명 중의 한 사람으로 뽑혔습니다. 그리고 2007년도 FIFA의 올해의 선수였고, 2006년, 2007년도에는 유럽 챔피언스 리그에서 최다득점을 한 선수가 되었고, 2009년도에는 컨페더레이션에서 MVP로 선정되었습니다. 2002년, 2006년, 2010년 월드컵 때 브라질 팀 대표선수로 연속 출전을 했습니다.

그런데 그가 이렇게 축구를 잘하게 된 배경에 대해서 이렇게 간증을 합니다. "저는 집에서 뿐만 아니라 경기 전과 후에 늘 하나님께 기도를 드립니다. 그리고 시간이 날 때마다 성경을 읽습니다."

그가 이렇게 주님 앞에 충성하게 된 것은 이유가 있습니다. 열두 살 때부터 예수를 믿게 되었는데 아주 운동을 잘합니다. 만능입니다. 그런데 열여덟 살 때 다이빙을 하다가 그만 머리를 다쳐 척추가 상해버린 큰 사고를 겪었습니다. 그래서 온 몸에 깁스를 하고 평생 불구로 지내야 하는 신세가 되었습니다. 본인이 그렇게 좋아하는 축구를 할 수 없게 되었습니다. 그래서 하나님 앞에 나와 눈물로 기도를 합니다. "하나님 아버지, 나를 고쳐주시면, 고쳐주시면 나의 남은 여생 하나님의 영광을 위해서 헌신하겠습니다. 무엇보다 축구를 하면서 하나님의 영광을 위해서 뛰겠습니다. 나를 고쳐주옵소서."

눈물로 부르짖고, 부르짖고, 부르짖고, 기도했는데 어느 날 하나님의 성령이 임해서 그의 병이 싹 나았습니다. 그래서 그 다음부터 자신의 유니폼 안에 '나는 주님께 속한 자입니다. I BELONG TO JESUS.'라고 하는 옷을 입고 뛰면서 골을 넣을 때마다 재빨리 꺼내서 그것을 보여줍니다. 그 신발에는 또 뭐라고 쓰여 있는가 하면 'JESUS IN FIRST PLACE. 내 삶의 첫 번째 자리에 주님이 계십니다.' 주님이 나의 첫 번째 순서입니다.

신발에 그렇게 써놨어요. 신발을 딱 찍어보면 이게 나옵니다. 그는 이렇게 고백합니다. "주님은 나의 전부입니다. 내가 축구를 하는 이유는 바로 예수님 때문입니다. 우리가 이 땅에서 사는 이유는 예수님을 알지 못하는 사람들에게 복음을 전하기 위해 있는 것입니다. 나는 예수님을 정말 사랑합니다. 전 나중에 축구선수를 그만두면 목사님이 되고 싶습니다."

어떻게 분노와 좌절과 절망을 기도의 에너지로 바꾸느냐고요? 하나님의 능력을 확신하면 됩니다. 그런 사람은 모든 상황 속에서 인간적인 방법보다 먼저 기도하게 됩니다. 그리고 그런 무릎 꿇음 속에 하나님의 도우심과 복 주심이 생생하게 드러나게 되는 것입니다.

지금 여러분을 힘들게 하는 것이 무엇입니까? 여러분을 속상하게 하고 절망하도록 하는 것이 무엇입니까? 그 아픔을 기도의 에너지로 바꾸십시오. 바람이 불면 불수록 풍차는 더 빨리 돌아가고, 그리고 더 많은 전기가 생산됩니다. 풍차 같은 믿음의 사람이 되십시오. 그래서 여러분 앞에 있는 모든 아픔의 바람, 절망의 바람이 축복의 에너지로 변화되는 은혜가 있기를 주님의 이름으로 축원합니다. 아멘.

20장

축복의 전주곡

고전 10:13

오늘은 축복의 전주곡이라는 제목으로 말씀을 나누고자 합니다. 지난 목요일에 우리교회 어르신들과 함께 단양으로 효도관광을 다녀왔습니다. 어르신들이 얼마나 즐거워하셨는지 모릅니다. 그런데 그 전날, 사무장님이 그래요. "목사님, 내일부터 비가 온다고 합니다. 어떻게 하죠?" 그래서 제가 스마트폰을 꺼내서 일기예보를 보니까 정말로 비가 온다고 되어 있었습니다. 내심 걱정이 되었습니다. 그래서 그날 밤에 기도를 아주 간절히 했습니다. "하나님 우리 어르신들이 모처럼 여행을 가는데, 비가 오면 어떻게 합니까? 농사 시작이라 비는 꼭 와야겠지만 가능하면 우리가 가는 곳에는 잠시만이라도 좋은 날씨를 주시기를 원합니다." 이렇게 기도하고 그 다음날이 되었는데 정말 하늘이 맑게 개인 것입니다. 얼마나 날씨가 좋았는지 정말 행복했습니다. 우리 권사님들이 연신 "와 좋다. 좋다" 하시는데 저도 참 행복했습니다.

그런데 그 다음 금요일이 되니까, 비가 오는 것입니다. 그것도 아주 시원하게 왔습니다. 번개도 치고 천둥도 치는 것입니다. 여러분 이것이 바로 인생입니다. 인생이란 맑은 날만 있는 것이 아닙니다. 인생의 날씨가 맑을 것 같지만 때로는 구름이 끼고 천둥 번개가 치고 비바람이 불어 올 때가 있는 것입니다. 그랬다가 또 다시 해가 맑게 보이는 화창한 날이 오는 것입니다.

신앙생활도 마찬가지입니다. 예수 믿으면 시련도 없고 시험도 없이 날마다 화창한 날씨만 있는 것이 아닙니다. 비바람이 치는 날도 있고, 때로는 태풍이 불어오는 날도 있는 것입니다. 그러면 왜 예수님을 믿고 하나님의 자녀가 되었는데 이런 시험이 찾아오는 것입니까? 그것은 우리의 믿음과 우리의 인격을 성숙하게 만들어 축복의 큰 그릇으로 재창조하기 위해서 하나님께서 시험을 주시는 것입니다. 그러므로 시험과 시련은 축복의 전주곡이 되는 것입니다. 많은 사람들이 이런 영적 원리를 모르고 무조건 하나님께 복만 요구합니다. 그러다가 고난이 오면 하나님을 원망합니다. 또한 하나님의 사랑을 의심해서 믿음을 버리기도 합니다.

광산에서 캐낸 금은 그 자체로서는 가치가 매우 떨어집니다. 왜냐하면 그 안에 불순물이 많이 섞여 있기 때문입니다. 그러나 그 금을 불도가니에 넣고 녹이면 불순물은 다 타고 깨끗한 순금, 곧 정금이 되어 나옵니다. 그러면 그 금은 아주 순도가 높은 금이 되고 매우 가치가 있는 금덩이가 되는 것입니다. 마찬가지로 하나님은 우리의 믿음이 순도가 높은 믿음이 되도록 하시려고, 또 우리의 인격이 더 순결하게 하시려고 불도가니와 같은 시련을 주시기도 하는 것입니다. 그리고 이 시련이 다 끝나면 우리의 믿음은 더욱 깊어지고, 또 인격도 성장하게 됩니다. 그러면 하나님은 우리가 성장한 만큼 놀라운 복을 주셔서, 하나님 나라를 위해서 복되게 쓰임 받는 사람으로 들어 쓰시는 것입니다. 그래서 야고보서 1:2절에 "여러 가지 시험을 당하거든 온전히 기쁘게 여기라."고 말씀하신 것입니다.

젊어서 고생은 사서 한다는 말이 있습니다. 왜냐하면 고생할 때 그 사람의 그릇이 커지기 때문입니다. 그러므로 우리는 시험의 비바람이 다가올 때 그것이 바로 축복의 전주곡이라는 것을 믿고 시험의 과정을 영적 지혜로 잘 이겨내야 하는 것입니다. 이런 영적 지혜가 충만하기를 주님의 이름으로 축원합니다.

그러면 시험의 먹구름이 끼고, 시련의 비바람이 불어 올 때 우리가 알아야 하는 영적지혜는 무엇입니까?

1. 하나님 통제 밖에 있는 시험은 없다.

13절을 보세요. "사람이 감당할 시험 밖에는 너희가 당한 것이 없나니 오직 하나님은 미쁘사 너희가 감당하지 못할 시험 당함을 허락하지 아니하시고 시험 당할 즈음에 또한 피할 길을 내사 너희로 능히 감당하게 하시느니라."

시험에는 3종류가 있습니다. 첫째는 테스트(Test)입니다. 이것은 하나님께서 우리를 더 크게 성장시키려고 주시는 시험입니다. 마치 학생이 대학을 들어갈 때 보는 시험과 같은 것입니다. 우리의 믿음이 강한 믿음인지, 순결한 믿음인지, 고난이 와도 주님만 의지할 수 있는지를 흔들어 보시는 것입니다. 그리고 이 과정을 잘 통과하면 더 큰 복을 주시는 것입니다.

둘째는 유혹(Temptation)입니다. 이것은 보통 시험이라고도 하고 유혹이라고도 할 수 있습니다. 이것은 마귀가 주는 것입니다. 우리를 넘어뜨리기 위해서 불시험을 주기도 하고 또 쾌락으로 우리를 넘어뜨리기도 하는 것입니다.

셋째는 시련(trial)입니다. 이 시험은 우리의 죄 때문에 오기도 하고 아무런 이유가 없이 오기도 하는 것입니다. 하나님은 우리가 죄를 지었을 때, 우리가 철저히 깨지길 원하십니다. 그래서 시험을 주시기도 하는 것입니다.

그런데 중요한 것은 모든 시험이 다 하나님의 사랑 안에서 이루어진다는 것입니다. 이것이 우리에게 큰 위로가 됩니다. 심지어 내가 정말 큰 죄를 지어서 벌을 받는 시련을 당해도 그것은 하나님의 사랑의 손 안에서 이루어진다는 것을 알아야 하는 것입니다.

어렸을 때 친척 집에 놀라간 적이 있었습니다. 제 기억에 사촌 형님이 보통 말썽꾸러기가 아닙니다. 하루는 사촌 형이 동네 아이들을 꼬드겨서 나무 위에 올라가서 놀았습니다. 그러다가 한 아이가 나무에서 떨어져서 팔이 부러진 것입니다. 이 사실을 알고 그 아이 엄마가 와서 사촌 형에게 막 뭐라고 하는 것입니다. 이 모습을 본 외삼촌과 외숙모가 화가 나셨습니다. 그날 밤 형님은 정말 죽도록 두들겨 맞았습니다. 그리고 쫓겨났습니다. "이 놈의 자슥, 내가 나무에 올라가지 말라고 몇 번이나 말했느냐? 저 놈 자슥 내 쫓아라. 나가라 이 자슥아! 뭐하노!" 그러자 형님이 막 울면서 나가는 것입니다. 그런데 한참 있다가 외삼촌이 숙모에게 이렇게 소리를 지르는 것입니다. "니는 뭐하고 있노? 저 망할 놈의 자슥 어디가나 쫓아 가봐라!"

더 놀라운 것은 뭔지 아세요. 그 모습을 본 둘째 형님이 그래요. "내 저럴 줄 알았다." 쫓아내시고서는 걱정하시는 것입니다. 왜 그런가요? 사랑하는 아들이기 때문입니다. 하나님 손에 있다는 것, 이것은 축복입니다. 우리는 죄를 짓고 혼이 나도 하나님의 사랑의 손 안에서 징계를 받고 시험을 당하는 것입니다.

그래서 히브리서 12:5-6, 8절에 뭐라고 되어 있습니까? "내 아들아 주의 징계하심을 경히 여기지 말라 그에게 꾸지람을 받을 때에 낙심하지 말라, 주께서 그 사랑하시는 자를 징계하시고 그가 받아들이는 아들마다 채찍질하심이라. 징계는 다 받는 것이거늘 너희에게 없으면 사생자요 아들이 아니니라."

마귀가 우리를 시험하는 시험도 하나님의 사랑 안에서 통제 받고 있습니다. 또한 우리가 잘못해서 받는 시험도 하나님의 사랑 안에서 이루어지고 있다는 것입니다. 그러므로 우리는 어떤 시험이 와도 절망할 수 없습니다. 오히려 시험이 올 때마다 자신이 왜 시험을 받았나 생각하면서 철저하게 회개하고 돌이켜 더 큰 믿음의 그릇이 되도록 해야 하는 것입니다. 시험이 올 때마다 자신을 돌아보아 철저히 깨어짐으로 시험이 축복의 전주곡이 되는 은혜가 있기를 주님의 이름으로 축원합니다.

2. 하나님은 모든 시험을 붙잡고 계신다.

오늘 본문 12절 말씀을 보세요. "그런즉 선줄로 생각하는 자는 넘어질까 조심하라"고 합니다. 무슨 말입니까? 이스라엘 백성의 실패를 보고, 나도 그렇게 실패할 수 있으니 겸손하게 주님만을 의지하라는 말 아닙니까? 그러면 하나님께서 도와주신다는 것입니다.

딸 아이에게 자전거 타는 법을 가르쳤습니다. 다칠까봐, 헬멧을 샀습니다. 또 무릎보호대와 팔꿈치 보호대를 사주었습니다. 그러나 자전거를 처음 배우는 딸은 무서워서 벌벌 떱니다. 그러면서 저를 보고 막 소리를 칩니다. "아빠! 뒤에서 꼭 붙잡아주세요. 절대 손 놓으면 안돼요." 간청을 합니다. 그러면 저는 어떻게 해요? 뒤에서 자전거 잡고 함께 뛰어갑니다. 잘 달립니다. 그래서 손을 살짝 놨어요. 그러니까 자전거가 비틀합니다. 딸아이가 뒤를 돌아보더니 난리를 합니다. 왜 손을 놨냐는 것입니다. 그래서 하루 종일 딸 아이 자전거 뒤 붙잡고 뛰어다녔어요.

우리가 바로 이런 신앙을 가져야 합니다. "하나님, 제 인생의 자전거를 붙잡아주세요. 저는 스스로 설 수 없습니다." 이렇게 늘 부르짖어야 하는 것입니다. 그러면 하나님께서 여러분 인생의 자전거를 붙잡아주신다는 것입니다.

한국의 도자기 산업에 가장 크게 기여하고 있는 한국도자기 김동수 회장님의 '실패는 없다'는 간증이 있습니다. '가이드 포스트' 2001년 1월 호에 간증이 나왔는데요.

가업으로 이 도자기 업을 물려받았는데 빚이 점점 늘어나갖고 매

출액의 40%를 이자로 물어야 했습니다. 점점 사채 빚까지 늘어나서 빚이 무려 300억 원에 달했습니다. 종업원 월급도 석 달이나 밀렸고, 공장을 다 처분해도 전체 빚의 20% 밖에 갚을 수 없는 그런 절망적인 상황에 처했습니다. 자기 혼자 힘으로는 인생의 자전거를 이끌 수 없다는 것을 깊이 깨달았습니다. 그 때부터 주님의 약속의 말씀을 붙잡고 부르짖어 기도하기 시작했습니다. 빌립보서 4장 13절을 그가 약속의 말씀으로 붙잡았습니다. "내게 능력 주시는 자 안에서 내가 모든 것을 할 수 있느니라." 이 말씀을 하루에도 몇 백번씩 외치고, 또 외치고, 또 외치고, "내게 능력 주시는 자 안에서 내가 모든 것을 할 수 있느니라. 내게 능력 주시는 자 안에서 내가 모든 것을 할 수 있느니라. 내게 능력 주시는 자 안에서 내가 모든 것을 할 수 있느니라." 부르짖고 기도하고 또 기도하고 또 기도했습니다. 그리고 주님 앞에 이와 같이 서원기도를 드립니다. "빚만 갚게 해 주시면 제 생명을 드리겠습니다. 내 생명 바쳐 주님을 섬기겠습니다. 나의 남은 여생 주님께 바치겠습니다." 간절히 기도했습니다. 그러자 놀라운 일이 일어났습니다. 매출이 잘되는 것입니다. 해외에서 주문이 몰려옵니다. 공장이 쉴날이 없을 정도로 잘됩니다. 또 그동안 품질 개발도 안되던 것이, 아이디어가 막 떠올라서 품질도 나날이 좋아집니다. 그래서 드디어 1973년 모든 빚을 다 갚게 해주셨습니다.

그래서 장로님은 하나님의 은혜에 감사해서 "이제 남은 여생 주님의 영광을 위해 살겠습니다." 그래서 열심히 주님을 섬기고 열심히 선교하는 일에 앞장서게 되었을 때 하나님께서 한국도자기를 세계 5대 도자기 메이커가 되게 만들어 주셨습니다. 본차이나 분야에서 세계 3위가 되었습니다. 국내 최초로 "국제품질인증"을 받았고, 부채가 0%

의 견실한 회사로 굳게 서게 되었습니다. 절망적인 상황 속에서 자신을 의지하지 않고, 오직 주님만 의지하고 불퇴전의 믿음으로 나아갔을 때 기적이 다가오는 것입니다.

구세군의 창시자 윌리암 부스 목사님에게 누군가 물었습니다. "당신이 기도 응답받는 비결이 무엇입니까?" 그때 대답을 했습니다. "나는 기도할 때마다 나의 목숨을 걸고 기도합니다."

인생의 시험이 다가왔습니까? 시련의 비바람 중에 있습니까? 목숨 걸고 주님만 의지하시기 바랍니다. 그래서 여러분의 모든 시험이 여러분을 더 성장시켜 큰 축복의 그릇이 되게 하는 축복의 전주곡이 되기를 주님의 이름으로 축원합니다.

3. 모든 시험은 꼭 끝이 있다.

오늘 본문 11절을 보세요. "그들에게 일어난 이런 일은 본보기가 되고 또한 말세를 만난 우리를 깨우치기 위하여 기록되었느니라."

여기서 "그들"은 누구입니까? 고린도전서 10장 전체를 보면 400년간 노예 생활을 했던 이집트 땅을 나와서 광야에서 시험을 받은 이스라엘 백성을 말하는 것입니다. 하나님은 이스라엘 백성을 젖과 꿀이 흐르는 가나안 땅에 보내시고자 했습니다. 그러나 이스라엘 백성은 하나님을 불신하면서 그 땅에 들어가기를 주저했습니다. 그리고 오히려 자기들을 구원하신 하나님께 불평과 원망을 쏟아냈습니다. 왜 그랬습니까? 가나안 땅을 차지하여 큰 복을 받을 민족으로 준비되지 못했기 때문입니다. 그래서 하나님은 이스라엘 백성을 고난의 땅, 시련의 땅 광야로 몰아내셨습니다. 이스라엘 백성은 거기서 큰 시험을 당하게 되었습니다. 그리고 하나님의 백성으로서, 젖과 꿀이 흐르는 땅의 주인 될 자로 성장하게 된 것입니다. 그런데 여기서 중요한 것이 있습니다. 이스라엘 백성이 광야에 있는 기간은 무한정의 기간이 아니라, 딱 40년간이었다는 것입니다. 무슨 말입니까? 하나님께서 정하신 때가 있었다는 것입니다.

마찬가지입니다. 모든 시험의 때는 바로 하나님께서 정하신 때가 있습니다. 끝이 있다는 말입니다. 그러므로 우리는 시험의 먹구름이 몰려 올 때, 또 시련의 비바람이 불어 닥칠 때 이 시험이 영원하지 않고 반드시 하나님께서 정하신 때가 있다는 것을 믿고 끝까지 인내하며 시험을 통과해야 합니다. 절대로 중도에 포기하지 말아야 합니다. 고통스러워도 인내하며 통과해야 하는 것입니다. 고통이 심하면 심할수록 그 뒤에 오는 축복도 크다는 사실을 기억하면서 인내해야 하는 것입니다.

왜 많은 사람들이 시험의 비바람이 찾아오면 절망하고 낙심하고 삶을 포기합니까? 왜 시험을 통해서 더 성장하지 못하고 더 불행한 삶으로 떨어집니까? 그것은 모든 시험에는 하나님께서 정하신 때가 있다는 진리를 붙잡지 않기 때문입니다. 모든 비바람은 반드시 끝이 있으며 그 다음에는 축복의 태양이 뜨는 것입니다.

그래서 사도 바울은 로마서 8:18절에서 이같이 말했습니다. "생각하건대 현재의 고난은 장차 우리에게 나타날 영광과 비교할 수 없도다." 할렐루야!

그런데 대게 시험은 먼 곳에서 다가오는 것이 아니라 아주 가까운 사람을 통해 다가오게 됩니다. 즉 남편이나 아내, 직장 동료, 아니면 자녀나 친한 친구 등을 통해 시험이 주어지는 경우가 많습니다. 이렇게 가까운 사람을 통해 오는 시험은 큰 상처를 줄 뿐만 아니라 복잡미묘하여 해결하기가 보통 힘든 것이 아닙니다. 또한 어떤 시험은 내가 가장 믿었던 것으로부터 올 수도 있습니다. 그것이 사업장이 될 수도 있고 또 건강이 될 수도 있습니다. 또한 가장 믿었던 사람으로부터 올 수도 있는 것입니다. 그러나 중요한 것은 무엇입니까? 어떤 시험의 비바람이든지 하나님께서 정하신 때, 곧 끝이 있다는 것입니다.

미국에서 노숙자 사역을 하고 계시는 채 에스더 목사님이라고 하는 분이 있습니다. 이분은 자신을 '신데렐라가 된 거지소녀'라고 말합니다. 이분은 어린 시절 굉장히 어렵고 힘든 가정에서 자라났습니다. 그 어머니가 이 딸을 매우 때렸기 때문입니다. 남편이 죽고 집안이 몰락한 원인이 다 너 때문이라고 하면서 때렸습니다. 얼마나 많이 맞았던지 어느 날은 고막이 터져서 한쪽 청력을 잃었습니다. 그리고 결국 엄마는 가출하여 연락을 끊어버렸습니다. 그 때가 이분이 11살 때였습니다. 그래서 갈 곳 없이 버려진 11살짜리 어린 소녀가 서울에 있다는 오빠를 찾아 무작정 열차를 타고 서울에 올라왔습니다. 그 많은 사람 가운데 오빠를 어떻게 찾습니까? 아무도 도와주는 사람이 없는 서울에 올라와서 쓰레기통을 뒤져서 음식을 찾아먹고 또 추위를 피해 쓰레기더미 속에 들어가 잠을 잤습니다.

어느 미용실 앞에 쪼그려 앉아있던 날 그 소녀를 발견한 주인이 "너 우리 집에 들어와 식모해라."고 하여 식모살이를 했습니다. 그러나 삶이 너무나 힘들었습니다. 정말 살기 싫었습니다. 15살 때 자살하려고 산에 올라가 쥐약을 먹었습니다. 그런데 깨어보니 병원입니다.

경찰이 그녀를 고아원에 데려다 주었습니다. 그러나 나이가 많아서 고아원에 들어와서도 식당일을 해야 했습니다. 그 또한 절망이었습니다. 그래서 한강에 뛰어들기도 하고, 칼로 손목을 베기도 했습니다. 절망이 연속된 인생이었습니다.

그런데 고아원을 방문한 한 미국 사람이 불쌍히 여겨서 미국가정에 가정부로 취직 비자를 내줘서 미국으로 데리고 갔습니다. 그래서 18살 때 미국 사람 집에서 가정부로 일하게 되었습니다. 그런데 이 주인집이 또 다른 나라로 이민을 가는 바람에 이번에는 미국 땅에서 노숙자가 되고 말았습니다. 어떤 때는 바닷가 모래사장에서 그냥 잠을 자기고 하고, 또 공원에서 자기도 했습니다. 그런데 길에서 만난 사람의 도움으로 군부대 식당에서 일을 하게 되었고 거기서 전도를 받아서 예수를 믿게 됩니다. 어느 날 예수님이 이분을 찾아오셨습니다. 그리고 큰 은혜를 경험하게 됩니다.

이제 예수님을 믿고 하나님의 뜻과 섭리를 성경을 통해 배우게 되자, 모든 시험에는 끝이 있다는 것을 알았습니다. 이런 믿음으로 사는데, 자기가 군부대서 만난 한 장교를 보고 짝사랑을 하게 되었습니다. '하나님 아버지, 저분과 꼭 결혼하게 하여 주옵소서.' 얼마나 기도를 세게 했던지 하나님께서 마음을 감동시켜서 결혼하게 해 주셨습니다. 할렐루야! 그리고 믿음의 가정을 세우게 되었는데 얼마나 행복한지 몰라요. 그 때부터 시험의 비바람이 물러가는 것입니다. 그리고 축복의 태양이 자신의 인생을 비추어 주었습니다.

노숙자의 인생인 자신을 구원하신 예수님, 그리고 좋은 남편과 행복한 인생을 살 수 있도록 복 주신 하나님, 그 은혜가 너무 고마워서 늘 눈물로 살았다고 합니다. 그는 새 가정을 이루고 난 다음 "내가 거지로 살았기 때문에 미국에 있는 노숙인들을 돌보겠다."고 마음먹었습니다. 그래서 노숙인들을 찾아 주의 사랑으로 돌보기 시작했습니다. 그래서 하나님께서 은혜를 주셔서 지금 노숙인들 수백 명을 돌보는 귀한 주님의 사역자가 되었습니다. 그런 후 자기를 때려서 귀를 멀게 한 어머니를 초청해 미국으로 모시고 와서, 믿음의 명문가가 되기 위해서 간절히 기도했습니다. 그러자 어머니도 예수를 믿고 권사님이 되었습니다.

시험이 올 때 절대로 포기하지 마십시오. 모든 시험의 비바람에는 끝이 있습니다. 끝까지 믿음으로 인내하면서 더 하나님께 나아와 기도하십시오. 시험이 많고 힘들수록 축복도 커지는 것입니다. 이 믿음으로 여러분의 모든 시험이 축복의 전주곡이 되는 은혜가 있기를 주님의 이름으로 축원합니다.

하나님은 여러분을 사랑하십니다. 모든 시험에는 하나님의 때 곧 끝이 있음을 기억하십시오. 또한 하나님의 징계도 축복의 전주곡이라는 사실을 기억하십시오. 마지막으로 내 혼자의 힘이 아니라, 하나님과 동행하는 믿음으로 살겠다고 결단하십시오. 그러면 여러분 인생의 모든 시험의 비바람은 반드시 축복을 불러오는 전주곡이 될 것입니다. 이 믿음으로 절망을 희망으로 바꾸시는 하나님의 은혜를 선명하게 경험하시는 여러분 되시기를 주님의 이름으로 축원합니다. 아멘.

21장

폭풍 속에서 일하시는 하나님

행 23:26-35

어렸을 때 맥가이버라는 외국 드라마를 본 적이 있습니다. 맥가이버라는 사람은 천재였습니다. 그는 어떤 위기와 절망적인 환경에 빠져도 탁월한 과학지식으로 문제를 해결하는 사람이었습니다. 한번은 그가 창고에 갇혔습니다. 그런데 그는 자기 주머니에 있는 껌 종이 은박지를 사용해서 전기 퓨즈를 만들고, 그것을 통해서 어떻게, 어떻게 해서 위기를 해결하였습니다. 그 때 깨달은 것은 이것입니다. 사람이 과학지식에만 박식해도 내 생각의 한계를 뛰어 넘을 수 있구나 하는 것이었습니다.

여러분, 과학지식 하나로 내 생각의 한계를 뛰어 넘는 것을 경험할 수 있다면, 천지를 창조하신 하나님은 어떻겠습니까? 우리가 신앙생활하면서 가장 안타까운 것은 내 수준과 내 경험으로 하나님을 생각한다는 것입니다. 여러분, 하나님은 인간의 생각에 갇혀 계신 분이 아니십니다. 하나님은 우리가 생각하지 못한 그 이상의 방법으로 우리를 구원하시고, 우리를 도우시는 전능하신 하나님이심을 알아야 합니다. 그 대표적인 사건이 오늘 말씀입니다.

사도 바울이 예루살렘에 들어갔습니다. 그러자 사도 바울을 알아본 유대인들이 구름떼같이 몰려들었습니다. 그리고 하나님의 율법을 무시하는 사람이라고 소리를 지르면서 사도 바울에게 달려와 사도 바울을 폭행했습니다. 사도 바울이 예루살렘에 오기 전에, 성령께서 예루살렘에 가면 고난이 있을 것이라고 했는데, 정말 예루살렘에 들어가자마자, 그런 고난이 온 것입니다. 집단 폭행을 당한 사도 바울은 거의 죽을 뻔 했습니다. 그런데 갑자기 도시가 소란스러워지자, 경찰의 역할을 담당하고 있었던 예루살렘 지역 천부장이 나타났습니다. 그리고 사도 바울을 체포했습니다. 천부장은 사도 바울이 나쁜 사람이라고 생각했습니다. 그런데 사도 바울하고 이야기를 해보니까, 사도 바울은 로마의 시민권을 가지고 있는 엘리트 중에 엘리트였습니다. 그러자 천부장은 일단 사도 바울을 감금하는 척 하면서 사도 바울을 군중으로부터 보호해주기 시작합니다.

사도 바울이 기회를 얻어 유대인 무리들에게 자신의 신앙을 간증했습니다. 자기도 원래 바리새인으로서 율법을 잘 지키는 사람이었으며 오히려 교회를 핍박하던 사람이었지만 부활하신 예수님을 실제로 만난 후 성경을 본 결과 바로 그 예수님이 구약에 예언된 메시야였다는 사실을 간증합니다. 그러자 그 소리를 들은 유대인들이 더 화가 나서 폭도가 됩니다. 그 때도 천부장이 보호해 줍니다.

그런데 40여 명의 유대인들이 모여 사도 바울을 암살할 계획을 세웁니다. 이들은 목숨을 걸고 사도 바울을 죽이겠다고 서약한 사람들이었습니다. 그리고 그들은 유대인 의회를 통해 천부장에게 부탁해서 사도 바울을 의회에 나오게 하고, 사도 바울이 의회로 나올 때 그 길목에서 사도 바울을 암살하기로 계획을 세우게 됩니다. 사도 바울이 죽게 생겼습니다. 그런데 역사의 주인은 하나님이십니다. 그 자리에 우연히 사도 바울의 조카가 있었습니다. 사도 바울의 조카는 이 암살계획을 천부장에게 알려 줍니다.

그러자 위기를 느낀 천부장이 사도 바울을 호송하여 예루살렘을 빠져 나와 가이사랴로 가게 됩니다. 그런데 길에서 그 암살자들을 만날 수도 있지 않습니까? 그래서 천부장은 보병 200명, 기병 70명, 창병 200명을 준비해서 사도 바울을 호위하도록 합니다. 그리고 유대 지역을 통치하고 있던 로마 총독인 벨릭스에게 편지를 써서 사도 바울을 그에게 보냅니다. 그렇게 해서 사도 바울은 로마 군대의 거대한 호위를 받으면서 무사히 예루살렘을 빠져 나오게 됩니다.

여러분 놀랍지 않습니까? 지금 하나님이 어떻게 사도 바울을 보호하고 계십니까? 로마의 정부의 힘을 이용해서 하나님의 사람을 보호하고 계신 것입니다. 로마는 어떤 나라입니까? 로마는 하나님을 모르는 이방인의 나라입니다. 그들은 우상을 숭배하는 나라였습니다. 그리고 유대인들을 핍박하던 정부였으며, 또 그리스도인들을 싫어하는 정권이었습니다. 그런데 하나님은 그런 로마의 천부장을 통해서 사도 바울을 유대인들의 손에서 구원하시고, 철통같이 보호하고 계시다는 것입니다. 쉽게 말하면 원수의 손을 통해서 사도 바울을 보호하셨다는 것입니다. 여러분, 사도 바울이 로마 정부의 힘을 통해서 구원받고, 보호 받게 될 것이라고 생각이라도 했겠습니까? 상상도 하지 못했을 것입니다. 그러나 하나님은 나와 전혀 상관이 없고, 오히려 나를 대적한다고 생각했던 그 로마 군대의 손길을 이용하셔서 사도 바울을 보호하여 주신 것입니다.

그래서 오늘 말씀을 통해서 우리가 꼭 배워야 할 신앙의 진리가 있습니다.

1. 하나님의 능력을 제한하지 말라

하나님이 인간에게 주신 가장 큰 축복은 생각하는 힘을 주셨다는 것입니다. 이것을 이성이라고 합니다. 인간은 이 이성의 힘을 통해서 논리적 사고를 하고, 합리성을 생각해 냅니다. 그리고 인간의 삶을 풍요롭게 만들어 갑니다. 그런데 문제는 뭡니까? 이 이성 때문에 하나님의 능력과 사랑을 믿지 못한다는 것입니다. 그래서 하나님을 자기 생각의 범주 안에 가두어 버리는 것입니다.

이제 조금 있으면 성탄절입니다. 예수님이 이 땅에 어떻게 오셨습니까? 가난한 목수 집안의 아들로 오셨습니다. 그리고 마굿간에서 태어나셨습니다. 또 가난한 갈릴지 지역에서 사셨습니다. 그래서 사람들은 예수님을 메시아로 믿지 못했습니다. 왜 그런가요? 메시아는 다윗의 혈통에서 오실 것이기 때문입니다. 메시아는 다윗의 왕권을 가지고 오십니다. 그러면 어떻게 오셔야 합니까? 화려한 모습으로, 대단한 권세로 오셔야 합니다. 그래서 모든 악한 세력을 심판하셔야 합니다. 그런데 예수님은 어떤 모습으로 오셨습니까? 가장 초라하고 가난한 모습으로 오셨습니다. 그리고 가난한 사람들과, 병자들과, 죄인들과 함께 시간을 보내셨고 결국 가장 초라하고 비참한 십자가에서 고난을 받으시고 죽으신 것입니다. 그래서 유대인들은 예수님을 메시아로 생각할 수 없었습니다. 그들의 생각과 전혀 달랐기 때문입니다. 그러나 하나님은 어떻습니까? 하나님은 예수님을 심판주로 보내신 것이 아니었습니다. 예수님은 가난한 우리들과, 죄인들을 살리시기 위해서 오신 것입니다. 그래서 낮은 자의 모습을 오신 것입니다.

유대인들은 오직 완전하게 의로운 자만이 하나님의 축복을 받을 수 있다고 생각했습니다. 그렇게 하나님의 사랑을 제한했습니다. 그러나 하나님은 죄인들을 사랑하셨고, 용서하셨으며, 절망에 빠진 모든 병자와 외로운 사람들과 가난한 사람들을 품어 주신 것입니다. 오늘날도 하나님의 사랑을 제한하는 사람이 얼마나 많이 있습니까? 어떤 분은 교회에서 가르친 모든 것에 철저하게 순종하는 사람만 축복을 받을 수 있다고 말합니다. 당신이 그렇게 축복받지 못하는 이유는 믿음이 부족해서라고 말합니다. 그것이 사실입니까? 아닙니다. 하나님의 사랑은 그렇게 옹졸하지 않습니다. 그것은 다 그 사람들만의 생각인 것입니다. 하나님은 우리가 부족해도 우리를 사랑하시며 기꺼이 축복하여 주심을 믿으시기 바랍니다.

신학자들 중에는 예수님이 처녀의 몸에서 태어났다는 사실을 부인하는 사람들이 있습니다. 의학적으로, 과학적으로 처녀가 임신할 수 없다는 것입니다. 그리고 의학적인 증거를 들이댑니다. 또 과학적인 증거로 그것이 얼마나 불가능한 이야기인지 A4 용지에 100페이지나 넘게 써서 주장합니다. 각주까지 달고 난리가 아닙니다. 여러분, 처녀가 임신할 수 없다는 사실을 누가 모릅니까? 그것은 의대를 졸업하지 않은 2천 년 전의 15살 소녀도 알고 있는 내용이었습니다. 천사가 마리아를 찾아 갔습니다. 그리고 '보라 네가 잉태하여 아들을 낳으리니 그 이름을 예수라 하라.' 이렇게 말해줍니다. 그러니까 그 어린 마리아가 뭐라고 했는지 아십니까? "나는 남자를 알지 못하니 어찌 이 일이 있으리이까?" 이게 무슨 말입니까? 처녀가 어떻게 임신할 수 있느냐고 묻는 것입니다. 마리아도 다 알고 있는 내용입니다. 처녀가 임신할 수 없다는 것을 누가 모릅니까? 다 알고 있습니다. 그런데 천사가 마리아에게 뭐라고 합니까? "대저 하나님의 모든 말씀은 능하지 못하심이 없느니라."(눅 1:37) 할렐루야!

여러분, 하나님의 능력을 의학으로 제한하지 마십시오. 의사들은 불가능하다고 해도 하나님은 치유하실 수 있습니다. 과학자들은 불가능하다고 해도 하나님은 우리의 생각과 전혀 다른 방식으로 문제를 해결하실 수가 있는 것입니다. 제가 의학을 부인하는 것이 아닙니다. 저는 의사를 존경합니다. 저도 아프면 병원에 갑니다. 저는 의술도 하나님이 주신 능력이며, 하나님의 치료 방법이며, 일반은총의 축복이라고 믿습니다. 그러나 사람이 고칠 수 없을 때, 우리는 어떻게 해야 합니까? 좌절하고 가만히 있어야 합니까? 아니라는 것입니다. 하나님은 하실 수 있다는 것입니다.

몇 년 전에 일어난 일입니다. 교회에서 5살 여자 아이를 봤는데 온몸이 아토피였습니다. 깜짝 놀랐습니다. 얼마나 심했는지, 얼굴과 목이 두꺼운 각질이 있었고, 피와 진물이 흘러나오고 있었습니다. 아이는 가려운지 연신 얼굴과 목을 긁고 있었습니다. 너무나도 불쌍해 보였습니다. 그런데 옆에 있던 집사님이, "목사님, 아이를 위해서 기도해주세요." 하는 것입니다. 그래서 아이를 품에 안고 정말 간절히 치유를 위해서 기도했습니다. 일주일 후에, 아이의 부모님이 아이를 데리고 저를 찾아 왔습니다. 흥분된 목소리로 "목사님, 보세요. 우리 아이 다 치유됐습니다." 하는 것입니다. 그러면서 아이를 보여주는데요, 정말 기적이 일어났습니다. 아이의 아토피가 감쪽같이 사라져 버린 것입니다. 그리고 한 달 후에는 아이의 피부과 백옥같이 되었습니다. 할렐루야! 우리는 하나님의 능력을 인간의 생각과 경험으로 제한하지 말아야 합니다.

오늘 사도 바울은 보세요. 오히려 사도 바울을 핍박해야 할, 로마의 천부장이 사도 바울을 보호하기 위해서 엄청난 군대를 동원하고 있지 않습니까? 여러분, 우리가 믿음으로 하나님과 동행하는 인생을 살 때에는 모든 가능성을 열어 놓고 살아야 하는 것입니다. 하나님이 계시는 한, 이 세상은 살 소망이 있습니다. 내가 아는 방법 하나만 고집하지 마십시오. 우리는 그렇게 살지 말아야 합니다. 하나님의 방법은 다양합니다. 아니 무한합니다. 그러므로 조금 위기가 오고, 답답한 일이 생기고, 내 이성으로 받아들일 수 없다고 해도, 불신앙의 자세를 취하지 말고, 낙심하지 말고, 원망하지 말고, 불평하지 말고, 기도하면서 하나님의 손길을 믿음으로 간구해야 하는 것입니다.

얼마 전에 신문을 보니까, 한 학부모가 교육감으로부터 책망 받는 전화를 받았는데, 그것 때문에 자존심에 상처를 입고 자살했다고 합니다. 여러분, 이게 뭡니까? 우리나라 사람들이 물질은 부요한데, 영적으로는 너무나도 약해졌습니다. 여러분은 절대로 그러지 마십시오. 답답하고 화가 나고 또 길이 막혀도 포기하지 마세요. 사도 바울도 인내하고 믿음으로 사니까, 하나님이 상상 이상의 방법으로 그를 구원하여 주시지 않았습니까? 우리를 사랑하시는 하나님은 전능하신 분이십니다. 그러므로 내 생각으로 하나님을 제한하지 말고, 폭풍 속에서도 일하시는 하나님, 막힌 길에서 홍해를 가르시는 하나님을 의지하고 믿음으로 하나님을 바라보고 기도하시기 바랍니다. 그래서 내 생각 이상으로 도우시고, 채우시고 끌어 주시는 하나님을 경험하시기를 주님의 이름으로 축원합니다.

2. 사람의 말에 낙심하지 말라

40여 명의 유대인들이 사도 바울을 죽이겠다고 결단했습니다. 그리고 수백 수천 명의 유대인들이 사도 바울은 반드시 죽어야 한다고 소리를 질렀습니다. 이런 음모와 이런 분노의 소리가 사도 바울에게 들어갔습니다. 그 때 그가 얼마나 두려웠겠습니까? 사도 바울은 죽기를 각오한 사람이었습니다. 그러나 유대인들이 너무나도 집요하게 달려들고, 그들의 살기가 너무나도 강했기 때문에 사도 바울도 두려움에 빠졌습니다. 얼마나 사도 바울이 두려워했는지, 하나님께서 급하게 사도 바울을 찾아가 사도 바울을 위로해 주십니다. 사도행전 23:11절을 보세요. "그 날 밤에 주께서 바울 곁에 서서 이르시되 담대하라 네가 예루살렘에서 나의 일을 증언한 것 같이 로마에서도 증언하여야 하리라 하시니라."

사도 바울도 사람입니다. 그가 얼마나 두려워했으면 주님께서 직접 위로해 주십니까? 사람은 사람의 말 때문에 상처 받고, 사람의 말 때문에 절망하며, 사람의 말 때문에 두려움과 낙심에 빠지는 것입니다. 눈앞에 보이는 현실보다 더 사람을 넘어지게 하는 것이 바로 '말'입니다. 아담과 하와가 마귀의 유혹을 받아 선악과를 따먹고 타락했습니다. 이 때 아담과 하와가 무엇 때문에 타락했습니까? 바로 마귀의 말이었습니다. 마귀의 말 때문에 유혹에 빠졌고, 그 결과 타락하여

인류가 저주 가운데 빠지게 된 것입니다.

　말은 굉장한 힘이 있습니다. 말로 사람을 죽이고 살릴 수 있습니다. 말에는 아주 오묘한 힘이 있습니다. 그런데 그 사람의 말보다 강한 것이 있습니다. 바로 하나님의 구원의 손길입니다. 유대인들이 사도 바울은 죽어야 한다고 말했지만, 하나님은 유대인들이 감히 어떻게 할 수 없는 로마 군대의 강력한 힘을 동원해서 사도 바울을 구원하여 주신 것입니다. 그러므로 우리는 사람의 말 때문에 흔들리지 말고 오직 낮은 자를 높이시고, 가난한 자를 부요하게 하시며, 절망을 희망으로 바꾸어 주시는 하나님을 믿는 기도의 사람이 되어야 하는 것입니다.

　미국 버지니아 주에 있는 조지 메이슨 대학에 한국인 여자 교수가 있습니다. 정유선이라는 교수님입니다. 이분은 태어날 때부터 뇌성마비였습니다. 말 한 마디를 하려고 하면 온 몸이 비틀어집니다. 그래서 그분의 부모는 그녀를 기도로 키웠습니다. 그리고 정상인들과 함께 교육을 받게 했습니다. 그러자 사람들은 "장애인이 왜 이 곳에 오느냐, 장애인이 배워서 무엇을 할 수 있겠느냐? 뇌성마비가 정상인들과 경쟁해서 성공한다는 것은 미친 생각이다." 그렇게 말을 했다고 합니다. 그 때 정유선 교수가 기도하면서 이렇게 결단했다고 합니다. "하나님이 함께 하시면 세상에 불가능은 없다. '넌 할 수 없다. 그건 네게 불가능한 일이다.'라고 세뇌시키는 세상의 편견을 향해 멋지게 한 방 날려보자. 편견이란 깨지라고 존재하는 것이다." 그런데 정말 하나님께서 놀랍게 도우시고, 이끌어 주시고 축복해 주시니까 대학 교수가 되었다는 것입니다.

　여러분, 사람들의 말에 사로잡히지 마십시오. "너는 배우지 못해서 안 된다. 너는 집안 출신이 천해서 안 된다. 너는 어려서 공부를 못했기 때문에 성공하지 못한다." 이런 말에 흔들리지 마시고, 분노하지도 마시고 또 그 말로 인해 결코 낙심하지도 마십시오. 우리를 붙잡고 계신 하나님은 인간의 말 때문에 흔들리는 분이 아니십니다. 사람들이 아무리 우리를 조롱하고 욕하고 저주해도 거기에는 능력이 없습니다. 우리가 믿음으로 전진하고, 하나님께 내 인생을 맡기고 살면 하나님은 세상 사람들이 이해하지 못하는 방법과 능력으로 우리의 길을 이끌어 주시는 것입니다. 그러므로 사람의 말로 하나님의 능력을 제한하지 마시고, 우주를 창조하신 하나님만 의지하는 믿음의 사람이 되기를 축원합니다.

3. 믿음의 한계를 풀어 놓으라

하나님이 사도 바울을 로마의 군대로 보호하여 주셨습니다. 이것은 정말 놀라운 기적입니다. 그런데 더 놀라운 것이 뭔지 아십니까? 하나님이 그 로마의 군대로 사도 바울을 보호하시면서 로마로 보내 주셨다는 것입니다. 원래 사도 바울은 로마로 가는 것이 목적이었습니다. 그런데 그 길은 쉽지 않았습니다. 또 로마에 가서 개인적인 자격으로 로마 황제를 감히 만날 수도 없는 것입니다. 쉽지 않는 길입니다. 그런데 유대인들이 폭동을 일으키자, 그것이 기회가 되어 천부장을 알게 되었고, 그 천부장이 사도 바울을 벨릭스 총독에게 보내고, 또 그것이 기회가 되어 사도 바울이 로마로 압송됩니다. 그것도 로마 군대의 호위를 받으면서 말입니다. 하나님께서 사도 바울에게 사명을 주셨고, 사도 바울이 그 사명에 순종하자 인간의 방법으로는 감히 만들어 낼 수 없는 기가 막힌 방법으로 사도 바울을 로마로 보내주신 것입니다.

여러분, 하나님은 모든 만물의 주인이심을 믿으시기 바랍니다. 하나님이 원하시면 저 하늘의 새를 통해서도 우리를 먹이실 수가 있으시며, 또 하나님이 원하시면 그 어떤 것을 통해서도 우리를 구원하실 수가 있는 것입니다. 그러므로 우리는 하나님의 계획하심과, 인도하심을 제한하지 말고, 믿음의 범위를 무한정하게 풀어 놓아야 하는 것입니다.

박종국 선교사님이 에티오피아에서 16년이 넘도록 선교하고 계시는데 놀라운 간증을 보내주셨습니다. 에티오피아 현지 신학교인 짐마 신학교 1회 졸업생인 요셉 전도사라는 분이 짜페라는 지역에 가서 교회를 세우고 전도를 하기 시작했습니다. 그 지역은 무당의 힘이 아주 강한 지역이었습니다. 온 마을 사람들이 무당의 힘에 눌려 살고 있었습니다. 요셉 전도사님이 전도를 하니까, 사람들이 관심을 갖더랍니다. 그러자 그 무당이 막 저주의 말을 선포하는 것입니다. 그러니까, 사람들이 무서워서 복음을 다 거부하고 집으로 도망갔습니다. 요셉 전도사님이 선교사님을 찾아와서 '선교사님이 오셔서 복음을 전해주시고, 예수님 영화를 상영해 주세요.' 간절히 부탁했습니다. 그 후 선교사님이 선교팀과 함께 발전기와, 프로젝트, 노트북, 기타 구호품 등을 마련해서 짜페라는 지역으로 들어갔습니다. 요셉 전도사님이 선교사님이 오셔서 복음도 전해 주시고, 영화도 보여준다고 광고하자 사람들이 몰려오기 시작했습니다. 그런데 그러던 중에 선교사님이 전갈에 물려 버린 것입니다. 온 몸이 아파오기 시작했습니다. 주변 사람들이 무당의 저주 때문에 이렇게 된 것이라며 두려워하는 것입니다. 여기서 쓰러지면 전도고 뭐고 다 끝장나는 상황에 빠진 것입니다. 박 선교사님과 선교팀이 간절히 기도했습니다. 그리고 고통 속에서 모인 사람들에게 복음을 전하고, 예수님의 영화를 보여주었습니다. 그런데 예수님이 십자가에 못 박혀 돌아가시는 장면이 나오자, 아프리카 사람들이 통곡을 하면서 영화를 보더랍니다. 그런데 놀라운 것은, 그 통곡하는 사람들 속에 무당도 있었다는 것입니다. 그 날 밤, 무당은 예수님을 구주로 영접했습니다. 무당이 영접하자 마을 사람들이 모두 예수님을 구주로 영접하게 되었습니다. 그래서 지금은 약 600여 명의 현지인들이 매주 모여 예배를 드리고 있다고 합니다. 그리고 선교사님은 놀랍게도 완전히 치유되었습니다. 그러자 그것이 현지인들에게 더 큰 능력으로 나타나게 되었다는 것입니다.

여러분, 하나님의 방법과 능력은 제한이 없음을 믿으시기 바랍니다. 하나님은 무당을 오히려 전도의 도구로 사용하셨습니다. 전갈에 물렸기 때문에 그들이 하나님을 보게 되었습니다. 얼마나 우리 생각과 다릅니까? 원수가 축복의 통로가 되고, 위기가 축복의 도구가 된 것입니다. 이것이 바로 하나님의 능력입니다. 하나님의 방법은 무한하고, 하나님의 도우심은 제한이 없습니다. 그 하나님이 우리를 진정으로 사랑하십니다.

그러므로 우리 믿음의 사람은 하나님을 향한 믿음의 한계를 무한정하게 풀어 놓아야 합니다. 하나님은 전능하십니다. 어떤 위기에도 낙심하지 마십시오. 또 어떤 인간적인 소리에도 흔들리지 마세요. 어떤 고난이 와도 두려워하지 마십시오. 기가 막힌 방법으로 사도 바울을 도우신 하나님께서 여전히 우리를 도우실 것입니다. 세상에 폭풍이 불고, 방법이 없어 보이고, 모든 것이 막혀 있는 듯이 보여도, 하나님은 일하고 계십니다. 믿습니까? 이 믿음으로 모든 낙심과 두려움을 이겨내시고, 하나님의 사랑과 자비와 도우심을 경험하며 사시는 주의 자녀들이 되시기를 축원합니다. 아멘.

22장

셀라하마느곳, 하나님은 우리의 피난처가 되신다

삼상 23:19-29

어떤 장로님이 죽어서 천국에 갔습니다. 천국에 가자마자 배가고 파 식당에 가서 앉았는데, 아무리 기다려도 음식 주문을 받지 않는 것입니다. 참다못한 장로님은 지나가는 종업원을 불러 물었습니다. "왜 물도 주지 않고 주문도 받지 않습니까? 천국 서비스가 왜 이 모양입니까? 여기 천국 맞아요?" 그러자 종업원이 웃으면서 말했습니다. "장로님, 여기서는 셀프서비스입니다." 그러자 장로님이 화가 나서 따졌습니다. "그럼 저기 편히 앉아서 종업원들의 서비스를 받는 사람들은 누구입니까? 왜 사람을 차별하십니까?" 그러자 "아! 저분들이요? 저분들은 평신도들입니다. 저분들은 세상에서 인내하면서 교회를 섬기고 항상 남을 섬겼기 때문에 여기서 섬김을 받는 것입니다. 하지만 장로님은 셀프 서비스입니다." 장로님은 약간 화가 났습니다. 그래서 퉁명스럽게 물었습니다. "그렇다면 목사님은 어디계십니까? 보이질 않는데…" 그러자 종업원이 자리를 뜨면서 "아! 목사님요? 막 배달나가셨는데요?" 그랬답니다. 왜 하나님께서 목회자를 세우셨습니까? 그것은 하나님 아버지의 사랑과 은혜를 사랑하는 백성들에게 배달하라고 목회자를 세우신 것입니다. 오늘 천국에서 배달되어 온 하나님의 은혜와 사랑의 메시지를 통해 여러분의 영혼이 새 힘을 얻기를 주님의 이름으로 축원합니다.

이번에 이스라엘에서 놀라운 일이 벌어졌습니다. 이스라엘 병사 1명과 블레셋 포로 1027명을 맞교환을 한 것입니다. 5년 전에 샬리트라고 하는 이스라엘 청년 한 명이 군복무 중에 팔레스타인 즉 블레셋 사람들에게 끌려간 적이 있습니다. 이스라엘은 5년 동안 샬리트라고 하는 이스라엘 청년을 석방하라고 요구했습니다. 그러나 팔레스타인 사람들은 풀어주지 않았습니다. 그러면서 놀라운 요구를 했는데, 이스라엘 감옥 안에 있는 팔레스타인 포로 1027명을 풀어주면 샬리트라고 하는 청년을 석방하겠다는 것입니다. 이스라엘 내부에서 격렬한 토론이 있었습니다. 1027명은 이스라엘에게 매우 위험한 사람들인데, 이들을 모두 풀어주면 이스라엘에게 치명적인 위협이 될 것이라는 의견이었습니다. 그런 수많은 반대에도 불구하고 이스라엘 정부는 샬리트 청년 1명을 구원하기 위해서 1027명의 포로를 풀어주었습니다. 1명과 1027명을 바꾼 것입니다.

세상 사람들은 이것을 정치적인 쇼라고 말합니다. 그리고 이런 사건을 통해서 이런 저런 말을 많이 합니다. 그러나 정작 이스라엘 사람들에게는 이런 일은 그렇게 어려운 일이 아닙니다. 왜 그렇습니까? 언약 사상 때문에 그런 것입니다. 언약 사상이 뭡니까? 그것은 하나님께서 아브라함으로부터 시작해서 이스라엘 모든 백성에게 주신 말씀인데, "나는 너희의 하나님이 되고 너는 내 백성이 되리라."는 것입니다. 이 언약 사상에서 "나는 너희의 하나님이 되고"라는 의미는 "나는 언제나 너희를 구원하는 구원자가 되며, 너희를 지키는 피난처가 되어 주리라"는 뜻입니다. 이것이 하나님께서 하나님 백성에게 주신 약속인 것입니다. 그래서 이스라엘 정부는 하나님의 언약 백성인 샬리트라는 청년이 버림받는 것은 하나님의 뜻이 아니라고 생각한 것입니다. 그래서 어떻게 했습니까? 그 약속을 지켜내기 위해 1:1027의 포로 맞교환을 행한 것입니다.

예수님을 구주로 고백하는 사람들은 다 하나님의 언약 백성이요, 영적인 샬리트라는 사실을 알아야 합니다. 그래서 이제 예수님 안에서 하나님의 백성이 된 여러분은 하나님의 언약에 따라서 하나님께서 내 인생의 피난처 되심을 누리며 살게 되는 것입니다. 그 대표적인 사건이 바로 오늘 본문의 사건입니다. 다윗이 사울 왕의 미움을 받아 광야에 쫓겨나 도망 다니고 있었을 때입니다. 다윗은 이스라엘 중에서도 가장 살기 힘들어 사람이 쉽게 오지 못하는 십 광야에 숨어 들어가 피신해 있었습니다. 그런데 사울 왕이 그 정보를 알아냈습니다. 사울 왕은 정예 병사 수천 명을 데리고 다윗이 숨어 있는 십 광야로 기습했습니다. 얼마나 빨리 기습을 했는지 다윗이 정신을 차리기 전에 다윗을 완전히 포위한 것입니다. 숨을 곳도 없습니다. 사울은 마치 토끼몰이를 하듯이 다윗을 산꼭대기로 몰아가는 것이었습니다. 다윗은 너무나도 두렵고 다급했습니다. 도망갈 길이 없었습니다. 여러 번 기적적으로 도망갈 수 있었지만 이번에는 길이 없었습니다. 이제 서너 시간만 흐르면 다윗은 잡혀 죽게 될 판이었습니다. 그런데 그 때, 저쪽 광야에서 한 사람이 급하게 말을 타고 달려옵니다. 그리고는 곧장 사울 왕에게 달려갑니다. 그리고 충격적인 보고를 합니다. "폐하! 지금 블레셋 족속이 쳐들어 왔습니다. 한시가 급합니다. 빨리 오셔야 합니다." 이 충격적인 보고를 받은 사울 왕은 추격을 멈추고 블레셋과 싸우기 위해서 돌아간 것입니다. 다윗은 절체절명의 순간에서 기적적으로 구원을 받은 것입니다. 하나님께서 다윗의 피난처가 되어 주신 것입니다. 이것이 바로 언약 백성이 누리는 특권이요 축복입니다.

저는 예수 그리스도를 나의 주로 고백하고 하나님의 언약 백성이 된 여러분 모두에게 이와 같이 '피난처 되신 하나님'을 경험하며 사는 은혜가 있기를 주님의 이름으로 축원합니다. 그러면 언약 백성인 우리는 위기의 순간에 어떤 믿음의 태도를 가지고 있어야 합니까?

1. 버림 받은 자의 피난처 되시는 하나님

다윗을 따르는 사람들이 약 600여 명이었습니다. 다윗은 그들과 함께 가는 곳마다 그 지역 사람들을 돕고 주변 약탈자로부터 목숨을 걸고 지켜주었습니다. 그래서 다윗이 있는 곳은 약탈자들이 함부로 약탈하지 못했습니다. 다윗이 숨어 있었던 십 광야도 마찬가지입니다. 다윗은 그 지역 사람들을 최선을 다해 도와주었습니다. 그런데 그 십 광야에 사는 사람들이 다윗을 어떻게 배신했는지 아세요? 19-20절을 읽어 보십시오.

"그 때에 십 사람들이 기브아에 이르러 사울에게 나아와 이르되 다윗이 우리와 함께 광야 남쪽 하길라 산 수풀 요새에 숨지 아니하였나이까? 그러하온즉 왕은 내려오시기를 원하시는 대로 내려오소서 그를 왕의 손에 넘길 것이 우리의 의무이니이다 하니."

제가 결혼할 때 경제적으로 너무 어려웠습니다. 얼마나 어려웠는가 하면 신부가 들고 갈 부케를 살 돈이 없을 정도였습니다. 그런데 교회에 한 권사님이 오시더니, 기도하는데 자꾸 내 생각이 나더랍니다. 그러면서 신부 한복을 해주시겠다며 한복을 해주셨습니다. 그 권사님은 붕어빵 장사를 하시는 권사님이셨습니다. 저는 그 때, 하나님의 사랑이 얼마나 큰지 이루말로 다 할 수 없었습니다. 이와 같이 사람은 사람을 통해서 하나님의 사랑을 경험하는 것입니다. 하나님은 눈에 보이지 않기 때문에 사람을 통해서 우리는 하나님의 은혜를 경험하는 것입니다. 그런데 사람들이 다 나에게 등을 돌린다면 어떤 느낌이 들겠습니까? "하나님도 나를 버리신 것이 아닌가?" 하는 생각이 들지 않겠습니까? 다윗도 그랬을 것입니다. 장인어른인 사울 왕이 다윗을 버렸습니다. 다윗의 아내도 다윗을 버렸습니다. 또 고향 사람도 다윗을 배신했습니다. 심지어 다윗이 도와준 십 광야 사람들도 다윗을 배신했습니다. 그러나 성경은 뭐라고 합니까? 모든 사람들이 다윗을 배신하고 버렸어도 하나님은 여전히 다윗 편에 서 계시고, 다윗의 셀라하마느곳 곧 다윗의 피난처가 되어 주셨다는 것입니다.

모든 사람들이 여러분에게 상처를 주고, 모든 사람들이 여러분에게 등을 돌려도 하나님은 여전히 여러분 편에 서 계시고, 여러분의 피난처가 되신다는 사실을 잊지 마시기 바랍니다. 사람의 배신이 곧 하나님의 배신은 아닌 것입니다. 왜 그런가요? 사람은 약속을 잊을 수 있고, 사람은 자기 말을 뒤집을 수 있지만 예수님을 보내주신 하나님은 절대로 약속을 깨지 아니하시며, 반드시 여러분에게 하신 언약을 지키시는 분이시기 때문입니다.

우리나라 기독교 역사상 교회가 쪼개지는 분열의 역사는 곤당골 교회와 홍문수골 교회의 분열입니다. 당시 곤당골 교회 목사님은 무어 선교사님이었습니다. 무어 선교사님이 박성춘이라고 하는 백정을 전도해서 신앙생활을 하게 했습니다. 백정이 교회에 오니까, 교회 성도들이 난리가 났습니다. 곤당골 교회는 한양 양반들이 세운 교회인데 양반들이 다니는 교회에 거지 보다 낮고 비천한 백정이 교회에 오니 기분이 매우 나빴던 것입니다. 그래서 교인들 중에는 박성춘을 "어이, 백정 놈아!"하고 부르는 사람도 있었습니다. 얼마나 기분이 나빴겠습니까? 그런데 나중에 이 박성춘이 곤당골 교회 장로로 선출되었습니다. 그러자 양반들이 화가 나서 '저 백정 놈 하고는 신앙생활 못한다.' 하고는 교회를 찢어 홍문수골 교회를 세웠습니다. 그래서 사람들이 "저 백정 놈 때문에 교회가 쪼개졌다."고 말했습니다. 이 때 박성춘이라는 분이 얼마나 힘들어 했겠습니까? 나 때문에 교회가 쪼개지고, 나 때문에 목사님이 힘들고, 나 때문에 전도가 힘들어지니 얼마나 절망이겠습니까? 하나님도 자신을 버리시는 듯한 느낌이 들었습니다. 그러나 어떻습니까? 모든 사람들이 박성춘에게 등을 돌렸어도, 무어 선교사님은 그를 격려했습니다. 그렇게 세월이 지나자 놀라운 일이 벌어졌습니다. 양반들이 다니던 교회인 홍문수골 교회 교인들이 성령의 큰 은혜를 받고 회개를 하고 다시 곤당골 교회와 하나가 된 것입니다. 그리고 모든 양반들이 박성춘을 백정이 아니라, 장로님으로 부르기로 결의한 것입니다. 또 놀라운 일은 하나님이 박성춘을 축복하셔서, 1898년 10월 28일 독립협회에서 주관하는 만민공동의회에서 민족의 대표로 연설을 하게 하셨습니다. 그리고 그의 아들 박서양은 세브란스 의대를 나와 한국 최초의 의사가 되었습니다.

우리가 신앙생활에서 실패하는 이유는 하나님을 믿는다고 하면서도 사람이 주는 상처로 인해 무너지고, 넘어진다는 것입니다. 그러지 말아야 합니다. 모든 사람이 여러분에게 등을 돌려도 하나님은 여전히 여러분 편에 서 계시며, 여러분의 피난처가 되신다는 것을 놓치지 마십시오. 그래서 믿음의 승리를 이루기를 주님의 이름으로 축원합니다.

2. 절박한 자에게 피난처 되시는 하나님

26절을 보세요. "사울이 산 이 쪽으로 가매 다윗과 그의 사람들은 산 저쪽으로 가며 다윗이 사울을 두려워하여 급히 피하려 하였으니 이는 사울과 그의 사람들이 다윗과 그의 사람들을 에워싸고 잡으려 함이었더라."

무슨 말입니까? 다윗이 막다른 골목에 빠져 도망갈 수 없었다는 것입니다. 이제 도망가는 것도 마지막 순간이 된 것입니다. 이제 인간적인 방법으로 길이 없는 것입니다. 그런데 어떤 일이 벌어졌습니까? 도무지 피할 곳이 없는 그 순간에 한 전령이 사울 왕에게 블레셋 군대가 쳐들어 왔다는 보고를 합니다. 그래서 사울이 다윗 쫓기를 그치고 돌아간 것입니다. 하나님은 마지막 순간에도 우리를 위해서 피난처가 되실 수 있다는 것입니다.

조용기 목사님이 이런 간증을 했습니다. 세계에서 제일 큰 교회를 건축하겠다는 꿈과 비전을 가지고 여의도에 교회를 건축했습니다. 그런데 목회자가 건축에 대해서 아는 것이 없지 않습니까? 가지고 있는 돈이 그 당시 몇 백만 원이었는데, 교회 바닥을 시멘트로 깔고 나니까, 돈이 없더라는 것입니다. 기둥도 올라가지 않았는데 돈이 다 떨어졌습니다. 교회 장로님이 아파트를 지어서 팔아, 그 돈으로 교회를 지어보자고 했습니다. 그래서 은행에서 대출을 받아 아파트를 지었습니다. 그런데 그 때 석유 파동이 나서, 기름으로 난방을 하는 아파트에 아무도 오지 않는 것입니다. 아파트를 짓다가 만 상태로 공사가 멈추고 말았습니다. 은행에서는 돈 갚으라고 하지, 돈은 없지 성전 건축은커녕 아파트 문제도 해결하지 못하게 되자 완전히 절망에 빠진 것입니다. 가족들하고 건축도 완전히 되지 않은 아파트 7층으로 이사를 왔는데, 사모님이 "난 이런 곳에서 도저히 못 살겠다"고 소리를 지릅니다. 그래서 부부싸움을 했습니다. 그리고 사모님이 보따리 싸서 친정으로 가버렸답니다. 완전히 막다른 골목에 빠진 것입니다. 그래서 "내가 살아서 뭐하나 싶어 그냥 여기서 뛰어 내려 모든 것을 끝내자" 하는 생각에 빠졌다고 합니다. 그래서 뛰어 내리려고 하는데, 그 순간 하나님의 음성이 그에게 들려왔다고 합니다.

"자살하는 즉시 너는 이곳보다 훨씬 더 고통스럽고 비참한 지옥으로 가게 될 것이다." "지금 사는 것이 너무 힘들어 자살하려고 하는데 이곳보다 더 비참한 곳으로 가게 된다고요?", "창문에서 뛰어내릴 용기는 있으면서 왜 다시 한 번 열심히 해볼 생각은 하지 못하느냐? 지금은 힘들겠지만 참고 견디어라. 그러면 내가 어떻게 일을 마무리하는지 네가 보게 될 것이다."

그리고 나서 열심히 목숨 걸고 기도하는데, 어떻게 소문을 들었는지 한 은행장이 찾아 와서는 담보 없이 당시 5천만 원을 대출해주었다고 합니다. 그것으로 어떻게 인건비 해결하고, 공사비 해결하고 아파트를 완공했습니다. 얼마 후, 아파트가 다 팔렸고 교회 건축이 완공된 것입니다. 이분의 방법이 정당하다고 이 말씀을 드리는 것이 아닙니다. 제가 말씀드리고 싶은 것은 삶을 포기하지 말라는 것입니다. 우리는 끝까지 살아 봐야 하는 것입니다. 왜냐하면 내가 할 수 없을 때 하나님께서 일하실 수가 있기 때문입니다.

여러분, 아파트에 올라가고 싶은 분이 있습니까? 인생의 막다른 골목이라고 생각되어서 모든 것을 포기하고 싶은 생각이 드십니까? 절대로 포기하지 마십시오. 인간이 할 수 없는 바로 그 마지막 순간에 하나님께서 일하시기 때문입니다. 때로는 한 발 뒤로 후퇴해서 다음을 기다리고, 또 그 기간을 기도의 기간으로 삼아 피난처 되신 주님을 의지하십시오. 그러면 마지막 순간에 놀랍게 역사하시는 하나님의 능력을 경험하게 될 것입니다. 이런 은혜가 있기를 주님의 이름으로 축원합니다.

3. 쫓기는 자에게 피난처가 되시는 하나님

절체절명의 순간, 사울 왕이 블레셋이 쳐들어 왔다는 보고를 받고 후퇴하게 됩니다. 그러자 다윗이 와서 그 장소를 뭐라고 불렀습니까? 셀라하마느곳이라고 부릅니다. 셀라하마느곳이 무슨 뜻입니까? 그것은 '분리의 바위'(rock of divisions)라는 뜻입니다. 무슨 말이죠? 쉽게 말하면 '국경선'이라는 뜻입니다.

TV에서 탈북자들이 목숨을 걸고 미국 대사관으로 질주하는 모습을 보셨을 것입니다. 7-8명 정도 되는 탈북자 가족이 막 미 대사관으로 뛰어 들어갑니다. 그러면 공안요원들이 못 넘어가게 하려고 막 잡습니다. 그런데 그 대문 안에만 들어가면 어떻게 됩니까? 뻔히 눈 앞에 있어도 잡아가지 못합니다. 들어오지 못하는 것입니다. 왜 그렇습니까? 미 대사관은 중국 땅이 아니라 미국 땅이기 때문입니다. 그 안에 들어가면 중국 주석도 잡아 가지 못하는 것입니다. 셀라하마느곳. 무슨 뜻입니까? 여기가 하나님 나라의 국경선이다. 그러므로 어떤 악한 세력도 하나님의 피난처 되는 이 땅으로 넘어 올 수 없다는 것입니다.

변화산 위에서 예수님의 제자인 베드로가 놀라운 신앙고백을 합니다. "주는 그리스도시오 살아계신 하나님의 아들이시니이다." 그러자 예수님이 칭찬하십니다. "바요나 시몬아 네가 복이 있도다 이를 네게 알게 한 이는 혈육이 아니요 하늘에 계신 내 아버지시니라. 또 내가 네게 이르노니 너는 베드로라 내가 이 반석 위에 교회를 세우리니 음부의 권세가 이기지 못하리라." 뭐라구요? 음부의 권세가 이기지 못한다는 것입니다. 무슨 말입니까? 음부의 권세 즉 마귀의 세력, 악한 세력, 저주의 세력이 예수님을 믿는 교회들 즉 성도들을 이기지 못한다는 것입니다. 왜 그런가요? 예수님이 바로 셀라하마느곳 신자들을 보호하시는 피난처 곧 분리의 바위가 되시기 때문입니다.

최근에 할렐루야교회 원로목사님이신 김상복 목사님이 하신 이야기입니다. 김상복 목사님은 1936년 일제 강점기에 평양에서 태어났습니다. 그래서 가족과 함께 산정현 교회를 다녔습니다. 이 산정현 교회는 여러분이 잘 아시는대로 순교자 주기철 목사님이 목회하시던 교회입니다. 이 교회에서 순교자가 많이 나왔습니다. 민족의 지도자 조만식 선생도 이 교회를 출석했습니다. 순교자가 여덟 분 이상이 나왔는데, 그것을 보고 자라면서 하나님을 이렇게 목숨을 바쳐 섬겨야 될 분이라는 확고한 신앙을 갖게 되었다고 합니다. 그래서 김상복 학생은 신사참배 할 때 절하지 않고 서 있다가 수없이 매를 맞고 일본 사람에게 찍혀서 죽을 뻔 했다고 합니다. 그러다가 해방이 되었습니다.

1948년 아직 북한에 있을 때, 어느 토요일 날 선생님이 '이 중에 교회 다니는 아이 손들어봐라!' 자신 있게 손을 들었는데 그 때부터 월요일 날만 되면 선생님이 교회 갔다고 아이를 때리는데 대나무자로, 몽둥이로 나중에는 쇠파이프로 온갖 회초리로 때렸습니다. 그리고 수업이 끝나면 교무실로 불려가서 선생님에게 야단을 맞고 복도에서 벌을 서고 두들겨 맞았다고 합니다. 그래서 삼 년이 지난 후에 교회를 다니게 된 학생은 자기하고 목사님 아들인 송채영 둘 밖에 안 남았다고 합니다.

그리고 6.25전쟁이 나기 전에는 평양에서 학교 다닐 때 자신의 영웅에 대해서 써라 했을 때 김일성 장군을 안 쓰고 예수님을 썼다가 또 두들겨 맞았다고 합니다. 그래서 선생님에게 미움 받아 학교에서도 쫓겨나고 반동이라는 명목으로 죽을 뻔했는데, 6.25 전쟁이 나면서 홀로 월남해서 부산으로 기적같이 내려오게 되었습니다. 부산에 와서 엄청 고생을 했습니다. 가난하여 겨우 부산중학교를 졸업했습니다. 졸업한 후에 서울로 올라왔는데 등록금이 없습니다. 그런데 놀랍게도 교장선생님이 선뜻 입학을 허락해주셔서 경복고등학교를 졸업하고 서울대학교에 들어갔습니다.

그런데 이 후 4.19혁명이 나서 학생운동 현장에 있다가 세 번이나 죽을 고비를 넘기기도 했습니다. 졸업 후 미국에 유학할 기회가 생겼습니다. 그래서 유학을 갔지만 미국에서 물질적으로 큰 고통을 받았습니다. 그런데 그 와중에 또 도와주는 사람들이 있어서 결국 미국에서 박사 학위를 받고, 미국에서 교수도 하고 한국에서 목회를 하면서 할렐루야 교회라고 하는 큰 교회를 세우게 되었습니다. 그래서 김상복 목사님이 자신의 72년 인생을 회고하면서 이런 결론을 내렸습니다. "고난은 있어도 절망은 없다." 왜 그런가요? 고난은 있어도 그 고난과 고통이 자신의 영혼과 인생길에 침투해 오지는 못하더라는 것입니다.

오늘날 많은 그리스도인들이 세상을 두려워하며 삽니다. 왜 그런가요? 진리를 모르기 때문입니다. 영적으로 무지하기 때문입니다. 셀라하마느곳 되신 하나님을 알지 못하기 때문입니다. 예수님의 십자가! 그것이 바로 영적인 셀라하마느곳입니다. 십자가만이 우리의 유일한 피난처요 요새입니다. 십자가의 능력은 여러분의 생각보다 훨씬 크고 놀랍습니다. 절대로 악한 세력이 여러분을 건드릴 수 없는 것입니다. 그러므로 두려워하지 마십시오. 어떤 상황, 어떤 문제가 보이면 낙심하지 말고 피난처 되신 하나님께 피하십시오. 그러면 여러분의 생각을 뛰어 넘는 방법으로 하나님께서 여러분을 지키시고 평안으로 인도하실 것입니다. 이 믿음으로 사십시오. 그러면 여러분 인생 말년에 이런 고백을 하게 될 것입니다. "고난은 있어도 절망은 없었다."고 말입니다.

기억하십시오. 사람들이 모두 여러분에게 등을 돌려도 하나님은 여러분의 피난처와 요새가 되십니다. 인생의 마지막 순간에서도 하나님은 여러분의 피난처가 되십니다. 셀라하마느곳, 우리의 원수 마귀가, 악한 영들이 결코 넘어 올 수 없습니다. 나의 피난처 되신 주님을 찬양하며 평생 이 은혜를 누리시는 귀한 언약 백성 되시기를 주님의 이름으로 축원합니다. 아멘.

23장
하나님의 기준은 우리와 다르다
눅 7:36-50

　다른 종교에서 개종하여 교회에 오신 분들이 가장 큰 충격을 받는 것이 무엇인지 아십니까? 교회에는 세상 사람들보다 더 거룩하고 성자 같고 어떤 신령한 능력을 가진 믿음의 사람이 많을 것이라고 생각했는데, 아주, 그리고 지극히 평범한 사람들이라는 것입니다. 그래서 시험에 들기도 하고 때론 교인들을 비판하며 내려다보는 사람도 있습니다. 더 큰 충격은 무엇입니까? 그렇게 지극히 평범하고 때로는 너무나도 부족한 그 사람들이 교회에서 직분을 받고 하나님 앞에 놀랍게 쓰임 받고 있다는 것입니다.

　여러분은 어떻습니까? 교회에 오면 거룩한 천사들만 있을 것이라고 생각했는데, 같이 살아 보니까 아니지 않습니까? 그래서 서로 실망할 때가 있지 않습니까? 더 놀라운 것은 목사에게도 실망하지 않습니까? 그래서 여러분 뭐라고 합니까? "목사도 사람이야." 예, 맞습니다. 목사도 지극히 평범한 사람입니다. 어쩌면 평범한 사람들보다 못한 존재일 수도 있습니다. 사실 우리 모두가 세상에서는 별 볼일 없는 그런 약한 사람들일 수 있습니다. 그것이 교회입니다. 그런데 놀라운 것은 뭡니까? 하나님이 그런 사람들을 기뻐하시고, 사랑하시며 그런 약한 자들을 통해서 하나님의 위대한 일들을 이루어 가신다는 것입니다. 이것이 바로 기독교와 세상과 다른 것이고 또 다른 종교와 다른 것입니다. 이것을 이해할 때 그 사람은 기독교의 진리를 바로 보게 되는 것입니다.

1. 하나님의 기준은 능력이 아니다.

예수님이 한 부자 바리새인의 집에 초대를 받으셨습니다. 예수님은 바리새인과 함께 앉아 식사를 하셨습니다. 그런데 그 때 허름한 옷을 입은 한 여자가 울면서 들어 왔습니다. 이 여인은 그 동네에서 더러운 여자라고 손가락질 받는 여자였습니다. 어떤 사람들은 이 여인을 죄인이라고 불렀습니다. 그 여인의 손에는 값비싼 향유가 담긴 옥합이 있었습니다. 이 여인은 예수님 뒤편으로 가서 그 발아래 엎드렸습니다. 그 여인의 눈물이 예수님의 발등에 뚝뚝 떨어졌습니다. 그 여인은 마치 노예가 하는 것처럼 예수님의 발에 입을 맞추고, 향유를 부었습니다.

이런 광경을 본 바리새인은 '아니, 저 더러운 여자가 어떻게 예수님을 만질 수가 있는가? 예수님이 정말 선지자이시라면 저 여자가 어떤 여자인지 잘 알 것인데 왜 그대로 두시는가?' 하면서 예수님을 의심했습니다. 그 때, 예수님이 기가 막힌 비유를 말씀해 주십니다. "시몬아, 어떤 사람이 5억을 빚졌고, 어떤 사람은 500만원을 빚졌다. 그런데 주인이 두 사람 모두 그 빚을 갚을 길이 없기에 모두 탕감해 주었다. 그러면 그 두 사람 중에 누가 더 고마워하겠느냐?" 그러니까 바리새인이 "물론, 5억을 탕감 받는 사람이겠지요."라고 대답합니다. 그러자 예수님께서 뭐라고 하십니까? "저 여자는 자신이 하나님 앞에 5억을 탕감 받은 사람처럼 감사의 눈물을 흘리며 최선을 다해 나를 섬기고 있다. 그런데 너는 나를 초대해 놓고는 그런 감사의 섬김이 없다." 그러면서 예수님은 그 여인을 승리자로 축복하시고 또 그날의 믿음의 주인공으로 세워주셨다고 하는 것이 오늘 본문의 말씀입니다.

바리새인은 그 당시 최고의 지식인이었습니다. 오늘날로 말하면 대학교수들이었습니다. 또한 예수님을 초대한 바리새인은 잔치를 열 만큼 부자였습니다. 반면에 예수님이 칭찬하시고 세운 여인은 어떤 여인이었습니까? 동네에서 손가락질 받던 더러운 여인이었습니다. 배운 것이 없는 여인이었습니다. 가난한 여인이었습니다. 인간적인 기준으로 본다면 바리새인이 그 날의 주인공이 되어야 합니다. 왜 그런가요? 예수님을 초대한 사람도 바리새인이요, 또 그 동네에서 배운 사람으로 인정받고 돈 많은 사람으로 인정받고 있는 사람도 바리새인이기 때문입니다. 그러나 오늘 예수님은 누구를 믿음의 주인공으로 인정하셨습니까? 가난한 여인이었습니다.

오늘 본문을 통해 우리가 알아야 할 것은 무엇입니까? 하나님은 인간적인 조건과 기준에 흔들리는 분이 아니라는 것입니다. 하나님은 세상의 학력을 보고 그 사람을 주인공으로 사용하시지 않습니다. 하나님은 세상의 직업과 명성을 보고 그 사람을 천국의 일꾼으로 부르시는 분이 아니십니다.

저희 큰 아이와 둘째 아이가 간단한 츄리닝과 같은 복장을 하고 동네를 다니다가, 한 옷가게에 들어갔다고 합니다. 그런데 점원이 거들떠보지도 않더라는 것입니다. "이거 얼마에요?"하고 물어도 대꾸도 하지 않더라는 것입니다. 왜 그런가요? 하고 다니는 행색이 옷을 살 사람이 아니라는 것입니다. 그런데 며칠 후에 제대로 옷을 입고 가서 그 옷가게에 다시 갔다고 합니다. 그랬더니 아주 친절하게 대해주더랍니다. 이것이 세상 사람들의 기준입니다. 눈에 보이는 것으로 평가하는 것입니다. 그래서 우리는 어떻게 생각합니까? 하나님도 우리를 그런 기준으로 부르실 것이라고 생각하는 것입니다. 명문대학을 나온 사람이 예수 믿으면 더 크게 쓰임 받을 것이다. 부자가 회심하고 예수 믿으면 더 능력 있게 쓰임 받을 것이다. 판사, 검사가 예수 믿으면 교회에 더 큰 유익이 될 것이다. 그렇게 생각하는 것입니다. 그러나 성경은 뭐라고 하십니까? 하나님은 오히려 약한 사람, 세상에서 힘이 없는 사람을 부르시고 믿음의 주인공으로 세우시기를 기뻐하신다는 것입니다.

그 대표적인 사건이 어디입니까? 사무엘상 16장입니다. 당시 이스라엘의 영적 지도자였던 사무엘 선지자가 새로운 왕을 뽑기 위해서 베들레헴에 있는 이새의 집으로 갔습니다. 이새에게는 8명의 아들이 있었습니다. 사무엘 선지자가 이새의 아들을 면접 봤습니다. 첫째 아들이 엘리압이었습니다. 사무엘이 엘리압을 보니까 정말 차기 왕으로서 부족함이 없어 보이는 것입니다. 얼굴도 잘 생겼습니다. 키도 커서 누가 봐도 장군감입니다. 또 말을 시켜 보니까 얼마나 박식하고 똑똑한지 모릅니다. 사무엘 선지자가 사람을 한두 사람 만나 봤겠습니까? 평생을 살면서 어떤 사람이 정말 좋은 사람인지 척 보면 아는 고

수 중에 고수가 바로 사무엘 선지자입니다. 이제까지 사무엘 선지자를 만족시킨 인물이 거의 없었습니다. 그런데 이새의 첫째 아들 엘리압을 보는 순간 한 눈에 마음에 든 것입니다. 잘 배웠지, 잘 생겼지, 똑똑하지, 또 강력한 리더십도 있습니다. 그래서 사무엘은 "과연 여호와 하나님께서 부르실 자가 여기 있구나" 하면서 엘리압의 머리에 기름을 부으려고 했습니다. 그런데 그 순간 하나님께서 사무엘에게 이렇게 말씀하셨습니다. "여호와께서 사무엘에게 이르시되 그의 용모와 키를 보지 말라. 내가 이미 그를 버렸노라. 내가 보는 것은 사람과 같지 아니하니 사람은 외모를 보거니와 나 여호와는 중심을 보느니라 하시더라."

무슨 말씀이죠? 하나님의 기준은 세상의 기준과 다르다는 것입니다. 하나님은 키 작은 사람도 부르시고 축복하신다는 것입니다. 하나님은 배우지 못하고 가진 것이 없고 직장이 보잘 것 없어도 그런 사람을 부르시고 주인공으로 세우실 수 있다는 것입니다. 신앙생활을 얼마 하지 않아도 하나님은 능히 그 사람을 세우실 수 있는 것입니다.

우리의 가장 잘못된 신앙이 뭔지 아십니까? 세상의 기준으로 자신을 평가하는 것입니다. "나는 배우지 못했기 때문에 교회에서 크게 쓰임 받지 못할 것이다. 나는 우리교회에 온지 이제 겨우 1년 밖에 되지 않았기 때문에 중요한 인물이 되지 못할 것이다. 나는 가진 것이 없어서 교회에 도움이 되지 못해 부끄럽다." 정말 그렇습니까? 하나님께서 그렇게 말씀하셨습니까? 아닙니다. 신앙은 하나님의 뜻을 찾고 믿는 것입니다. 하나님은 약한 자를 강하게 하시고, 가난한 자를 부하게 하시며 나중 된 자를 먼저 되도록 만들어 주시는 하나님이신 것입니다.

우리는 많이 가졌든지 못 가졌든지, 좋은 조건이 있든지 없든지 하나님 앞에서 믿음의 주인공으로 언제든지 쓰임 받을 수 있습니다. 오늘 예수님을 보세요. 똑똑하고 잘 배운 바리새인이 아니라, 사람들이 손가락질하는 그런 여인을 믿음의 주인공으로 세우시지 않습니까? 하나님은 인간적인 조건과 기준을 보시지 않습니다. 이 여인도 믿음의 주인공으로 세우신 하나님께서 왜 여러분을 믿음의 주인공으로, 교회의 리더로, 하나님 나라의 축복의 통로로 세우시지 않겠습니까? 누구든지 예수 안에서 새로운 존재가 되며, 또 믿음의 주인공이 될 수 있는 것입니다. 이 믿음으로 승리하시기를 축원합니다.

2. 하나님의 기준은 믿음뿐이다.

하나님은 인간적인 조건과 기준을 보시지 않습니다. 그러면 하나님이 보시는 기준과 조건은 무엇입니까? 그것은 바로 믿음입니다. 왜 예수님은 잘 배운 바리새인이 아니라, 왜 손가락질 당했던 여인을 세우셨습니까? 그 이유가 뭘까요? 50절을 보세요. "예수께서 여자에게 이르시되 네 믿음이 너를 구원하였으니 평안히 가라 하시니라." 이 여인이 믿음의 주인공의 된 이유가 무엇입니까? 그것은 이 여인의 믿음 때문입니다.

5월은 가정의 달입니다. 부부가 한 가정을 깨지 않고 끝까지 아름다운 가정을 지켜나갈 수 있는 힘이 무엇입니까? 그것은 사랑과 믿음입니다. 남편이 아내를 사랑하고 아내를 믿어야 합니다. 만약 남편이 아내를 사랑하지만 아내를 믿지 못하면 그 가정은 그 순간 지옥이 되는 것입니다. 믿음이 없으면 아무리 사랑해도 서로의 관계가 끊어지게 되는 것입니다. 믿음이 바로 가족을 세우는 힘이 되는 것입니다. 마찬가지로 하나님과 우리의 관계는 믿음으로 세워지는 것입니다. 우리가 아무것도 가진 것이 없어도 믿음만 있으면 하나님의 자녀가 될 수 있습니다. 믿음이 있으면 하나님의 은혜를 입고 하나님의 권세를 누리게 되는 것입니다.

다윗을 생각해 보세요. 그는 키도 작았습니다. 잘 배우지도 못했습니다. 아버지 이새에게까지 무시당하던 사람이었습니다. 다윗은 하나님을 향한 믿음 외에 아무것도 없었던 청년이었습니다. 그러나 결과는 어떻게 되었습니까? 그 믿음이 능력이 되었고, 그 믿음이 재산이 되었고, 그 믿음이 나라의 지도자게 되게 하는 권세가 된 것입니다.

뉴멕시코의 한 흑인 가정에서 지병으로 마지막 숨을 거두는 어머니가 열두 살 난 아이의 손을 잡고 유언을 남기고 있었습니다. "랠프야, 너에게 물려줄 것은 한 가지도 없구나. 그러나 엄마의 말을 잊지 말아라. 아무리 괴롭고 힘들어도 믿음으로 살아라. 그리고 예수님을 바라보며 기도해라." 랠프는 1년 사이에 아버지와 어머니 모두 잃고 고아가 되었습니다. 그는 LA에 살고 있는 할머니에게 맡겨졌습니다. 주변 사람들이 흑인이라고 놀렸습니다. 그리고 차별했습니다. 그리고 또 고아였기 때문에 같은 흑인들도 잘 놀아주지도 않았습니다. 어려서부터 아르바이트를 하면서 생활비를 보탰습니다. 그래도 학교는 다녔습니다. 인종차별과 가난 때문에 수십 번 학교를 중단할 수밖에 없었습니다.

그러나 그는 그러한 위기 때마다 어머니가 최후로 남긴 말씀을 늘 가슴에 새기고 믿음으로 살았습니다. 아무리 힘들어도 주일 아침이면 제일 좋은 옷을 입고 교회에 나가 앞자리에서 말씀을 들었습니다.

하나님께 드릴 헌금은 없었지만 그는 믿음으로 하나님을 바라보았습니다. 가지고 있는 것은 오직 믿음이었지만 그 소년은 어렵게 공부하면서 결국 대학까지 졸업했습니다. 졸업 후, 그는 UN에 들어가 인류의 평화를 위해 큰일을 하기 시작했습니다. 비록 흑인이었지만, 아니 흑인이었기 때문에 더 힘들고 어려운 자들을 위해서 헌신했습니다. 이 사람이 바로 흑인 최초로 노벨평화상을 탄 랠프 번치(Ralph Johnson Bunche) 박사입니다. 가지고 있는 것은 믿음밖에 없었지만 하나님은 그를 높이셔서, 세상 모든 사람들이 존경하는 사람으로 만들어 주신 것입니다.

당장 가정일이 내 뜻대로 되지 않는다고 낙심하지 마십시오. 직장에 힘든 사람이 있고 힘든 일들이 있다고 좌절하지 마십시오. 물질이 없어도 건강이 없어도 능력이 없어도 하나님은 믿음만 있으면 모든 어려움과 아픔이 오히려 승리의 디딤돌이 되게 만들어 주시는 분이시기 때문입니다. 인간적인 기준으로 자신을 평가하지 말고, 여러분 안에 있는 믿음으로 주님 앞에 나아가시기 바랍니다. 그래서 주께서 높여 주시고 믿음의 주인공으로 삼아 주시는 은혜를 입으시기를 주님의 이름으로 축원합니다.

3. 감사는 하나님을 감동케 한다.

우리의 믿음은 어떻게 나타납니까? 그것은 감사로 나타나는 것입니다. 38절을 보세요. "예수의 뒤로 그 발 곁에 서서 울며 눈물로 그 발을 적시고 자기 머리털로 닦고 그 발에 입맞추고 향유를 부으니."

이 여인은 전에 예수님의 말씀을 듣고 큰 은혜를 받았습니다. 낮은 자를 높여 주시는 하나님, 자기와 같은 죄인을 용서하시고 의롭게 만들어 주시는 하나님을 경험했습니다. 그 은혜에 온몸이 전율할 정도로 깊은 감동을 받았습니다. 그녀는 예수님이 너무 감사했습니다. 그래서 그녀는 옥합에 향유를 담아 예수님을 찾아 온 것입니다. 그리고 자신을 새롭게 하신 예수님을 보며 감사의 눈물을 흘리며 주님의 발에 입맞춤을 하고, 감사의 눈물로 예수님의 발을 씻고 머리털로 예수님의 발을 씻었습니다. 그리고 향유를 부은 것입니다.

믿음이 있는 사람의 특징은 무엇입니까? 하나님이 주신 은혜에 감사해서 눈물이 마르지 않는 사람입니다. 나는 비록 부족해도 나 같은 사람을 천국으로 맞이 해주실 주님의 은혜에 감사해서 늘 감사하다고 고백하는 사람입니다. 이것이 바로 믿음입니다.

탤런트이자 목회자이신 임동진 목사님이 이런 간증을 했습니다. 연기 생활을 하면서 교회에 나오게 되었습니다. 그리고 예수님을 영접하고 큰 은혜를 입었습니다. 예배당에서 나와 하늘을 보는데 얼마나 아름다운지 눈물이 주르르 흐르는 것입니다. 그러면서 모든 것이 다 감사하더라는 것입니다. 그러자 세상이 다르게 보이더라는 것입니다.

모태신앙으로 자란 친구가 있었습니다. 그는 평생 교회를 다녔습니다. 그런데 예수님을 인격적으로 영접한 것은 대학교 2학년 때 한 선교단체 수련회에서였습니다. 그 친구가 그 수련회가 끝나고 설악산에 가게 되었는데, 설악산에서 폭포를 보는데 그 폭포가 너무나도 멋있어 감사가 나오더라는 것입니다. 그 폭포를 만들어 주신 하나님께 너무나도 감사했다는 것입니다. 믿음이 있는 사람은 하나님의 은혜의 크기를 보게 됩니다. 그래서 그 사람은 감사하게 되는 것입니다.

오늘 이 여인이 예수님에게 최선을 다해서 감사를 표현하자 예수님께서 어떻게 했습니까? 그녀를 믿음의 주인공으로 세워주신 것입니다.

여러분 시편을 읽어 보시면 가장 많이 나오는 찬송시가 무엇인지 아십니까? 이것입니다. "여호와께 감사하라 그 인자하심이 영원함이로다." 시편에 보면 이 구절이 가장 많이 나옵니다. 하나님께 감사하는 것이 신앙의 핵심이라는 것입니다. 그런데 시편을 가장 많이 기록한 사람이 누구입니까? 바로 다윗 왕입니다. 믿음은 감사로 나타나는 것입니다.

가진 것이 없어도, 능력이 없어도, 젊은 사람처럼 힘이 없어도 하나님께 감사하십시오. 그러면 하나님께서 감사가 능력이 되게 하시는 것입니다. 날 구원해주심을 감사하고, 생명 주심을 감사하고, 이제까지 불의의 사고를 당하지 않은 것에 감사하고, 가정을 주심에 감사하고, 교회를 주셔서 주일날 예배 할 수 있게 하심에 감사하고, 나 같은 자에게 귀중한 직분을 주심에 감사하고, 또 나를 위해서 십자가를 지시고 죽으신 주님께 감사하고, 천국을 보장해주신 주님께 감사하시기 바랍니다. 그러면 하나님께서 보시고, 여러분의 감사를 받으셔서 하늘의 은혜로 화답하여 주실 줄 믿습니다.

얼마 전에 '힐링캠프'라는 TV 프로그램에서 가수 박진영 씨가 나온 것을 보았습니다. 박진영 씨는 기독교인이 아닙니다. 그런데 기독교인보다 더 기독교인처럼 사는 것을 보고 깜짝 놀랐습니다. 박진영 씨는 어려서부터 '자유'를 제일 중요하게 생각했다고 합니다. 그래서 초등학교 때부터 숙제를 미리 해놓고 그 다음에 자유롭게 놀았다고 합니다. 대학교를 다닐 때에는 꿈이 20억 버는 것이었다고 합니다. 왜냐하면 20억 정도 있으면 돈에 구애받지 않고 자유롭게 살 수 있을 것 같았기 때문입니다. 그래서 대학을 졸업하고 노래를 통해서 돈을 벌려고 하다가, 한 기획사와 함께 일해서 20대 중반에 20억을 벌었다고 합니다. 그런데 돈을 벌고 보니까, 만족이 없더랍니다. 돈 많은 분들 보니까, 돈이 있으면 꼭 어디 협회 회장, 어디 클럽 회장 하면서 명예를 찾더라는 것입니다. 그래서 "아! 저거구나." 하고 명예를 얻으려고 연구하다가, 기왕이면 최고의 명예를 얻어야겠다고 결심하고 미국에 가서 음악으로 도전했다고 합니다.

한국인으로서 흑인음악으로 성공하겠다는 계획으로 미국에 진출했습니다. 그런데 정말 박진영 씨의 음악이 미국 최고의 음악 평가인 빌보드 차트 4위에 오르게 됩니다. 정말 기적이 일어난 것입니다. 박진영 씨는 너무나 좋아서 자기가 만든 음악 앨범을 보고 있는데, 문득 이런 생각이 들더랍니다. "도대체 내가 누구기에 이 어린 나이에 벌써 이런 엄청난 성공을 거둘 수가 있었는가? 나는 정말 지독히도 재수가 좋은 놈이구나." 그래서 종이를 꺼내 자기에게 임한 지독한 운이 무엇인지 적어 나가기 시작했습니다. '좋은 부모님에게서 태어난 것, 어려서 억지로 피아노를 배운 것, 초등학교 때 우연히 미국에 가서 영어를 배운 것, 마이클 잭슨의 음악을 배운 것, 좋은 머리를 주신 것, 좋은 가수와 작곡가들을 만나게 된 것, 지금까지 음악 악상이 계속 떠오르는 것 등등.' 수십 가지를 적어 놓고 보니까, 이 수십 가지 중에서 단 한 가지만 없어도 자신은 절대로 성공할 수 없었다는 것을 발견했다고 합니다. 그 때, 순간 "아! 이 세상을 다스리는 그 어떤 절대자가 있구나. 그분이 나에게 이런 복을 주셨구나." 그래서 그 때부터 지금까지 하늘을 보면서 늘 '감사합니다. 감사합니다.' 하면서 살고 있다고 합니다. 그래서 말로만 하면 안 될 것 같아서 가난한 사람을 도왔다고 합니다. 그래도 마음에 차지 않더랍니다. 어느 날, 마음속에서 '감사하다면서 왜 나에게 찾아오지 않느냐?' 하는 소리가 들렸습니다. 그래서 지금까지 그 조물주가 누구인지 찾고 있다는 것입니다.

저는 충격을 받았습니다. 그는 하나님을 모르면서도 감사하는 인생을 살 수 있다는 점이 참 대단해 보였습니다. 그런데 안타까운 것이 뭔지 아십니까? 그렇게 감사하면 뭐합니까? 하나님이 알아주겠습니까? 그러니까 감사해도 마음이 공허하다고 한 것입니다. 그러나 우리는 어떻습니까? 작은 것에 감사하기만 하면 하나님께서 알아주신다는 것입니다. 이 여인을 알아주시고, 그녀를 믿음의 주인공으로 세워주신 주님께서 우리의 작은 감사, 우리의 입술의 감사, 우리의 삶의 감사를 기뻐하시고 알아주시고, 기억해 주신다는 것입니다. 얼마나 감사합니까? 우리는 이렇게 보장된 인생을 살고 있는 것입니다.

하나님은 세상적인 기준으로 사람을 들어 쓰시지 않습니다. 하나님은 배우지 못해도, 나이가 들어 힘이 없어도, 가진 것이 없어도 하나님은 그를 부르시고 사용하시며 높여 주시는 분이십니다. 믿음만 있으면 하나님은 그 사람을 다윗처럼 우리를 높여 주시는 것입니다. 이 하나님을 믿음으로 늘 감사로 사십시오. 당장 눈앞에 화나는 일, 답답한 일이 있어도 이 모든 것을 변화시킬 수 있는 하나님께서 내 아버지가 되시고 또 나를 사랑하고 계심을 믿고 감사하시기 바랍니다. 그래서 오늘 낮은 여인을 높여 주신 주님의 그 은혜를 삶 속에서 선명하게 누리고 사시는 복된 인생들이 되시기를 주님의 이름으로 축원합니다. 아멘.

24장

인간의 한계 속에 임하는 주님의 은혜

눅 7:36-50 눅 8:40-48

　의지력 강한 한 집사님이 있었습니다. 어려운 가정환경에도 불구하고 고학으로 대학을 나와 작은 사업체를 운영하는 집사님이었습니다. 참 의지력이 강한 집사님이었는데, 이 집사님이 자기 의지력으로 이기지 못하는 것이 딱 하나 있었는데, 담배였습니다. 신앙생활을 하면서 술을 끊었습니다. 그리고 담배도 끊으려고 했습니다. 그런데 담배를 끊으면 금단현상이 오는 것입니다. 밤에 잠을 잘 수가 없습니다. 그래서 담배를 끊기 위해서 귀에 침을 맞기도 하고, 약을 먹기도 했습니다. 할 수 있는 방법을 다 했습니다. 그러나 안 되는 것입니다. 자기 인내와 방법의 한계를 경험했습니다.

　우리 인생을 살다가 보면 인간 한계를 경험할 때가 있습니다. 공부를 하면서 한계를 경험합니다. 자녀 교육을 하면서 한계를 경험합니다. 또 자기 성격에 한계를 경험합니다. 욱하는 성격을 버리겠다고 다짐하고 또 다짐하는데 늘 실패하는 것입니다. 건강의 한계를 경험하고, 인간관계의 한계를 경험합니다.

　오늘 본문에 보면 삶의 한계를 경험하고 있는 여인을 만나게 됩니다. 누구입니까? 12년간 혈루증을 앓았던 여인입니다. 혈루증은 여성의 하혈이 멈추지 않는 질병입니다. 몸에서는 냄새가 나고 얼굴은 피골이 상접할 정도로 초췌해졌습니다. 좋다고 하는 약을 먹었습니다. 그리고 용하다는 의사들을 찾아 해보라는 데로 다 해 봤지만 치유가 되기는커녕 더 악화되는 것입니다. 식이요법도 하고 산 속에 들어가 살기도 했습니다. 아무런 효험이 없었습니다. 백방이 무효였습니다. 방법이 없었습니다. 한계를 경험한 것입니다. 그런데 그 때, 예수님에 대한 소식을 듣게 됩니다. 사람들이 메시야라고 말하는 예수님이 계시는데, 그 예수님에게 가면 어떤 질병을 가진 사람이라도 다 치유가 된다는 것입니다. 그런데 바로 그 예수님이 우리 동네에 오셨다는 것입니다. 그래서 이 여인은 자신의 한계를 품에 안고 예수님에게로 갑니다. 그리고 손을 길게 뻗어 예수님을 만졌습니다. 그러자 어떻게 되었습니까? 12년간 어떤 방법으로 치유되지 않았던 질병이 일순간에 치유되었다는 것입니다.

　오늘 말씀의 핵심이 무엇입니까? 한계를 만났을 때 하나님의 옷자락을 붙들면 하나님의 은혜가 임한다는 것입니다. 하나님의 은혜는 어디에 임합니까? 높은 산에 임하는 것이 아닙니다. 기도원에 임하는 것도 아닙니다. 내가 할 수 없는 그 한계 지점에 하나님의 능력을 의지하면 하나님의 은혜가 임한다는 것입니다. 여러분 삶에 한계를 경험하고 있습니까? 욱하는 성격 때문에, 그 반대로 거절하지 못하는 약한 성격 때문에, 술 담배 때문에, 자녀 교육 때문에, 건강과 인생의 진로 때문에 한계를 경험하고 있습니까? 그 때 하나님의 은혜가 임하는 것입니다.

오늘 12년간 혈루증으로 인간 한계를 경험한 여인이 예수님의 은혜를 누린 것처럼 여러분의 삶 속에도 하나님의 은혜가 임하기를 축원합니다. 그러면 우리도 혈루증을 앓던 여인처럼 하나님의 은혜를 경험하기 위해서는 어떻게 해야 합니까?

1. 한계를 인정하라

오늘 본문 내용과 같은 사건이 기록된 마태복음 9:21절에 보면 이렇게 되어 있습니다. "이는 제 마음에 그 겉옷만 만져도 구원을 받겠다 함이라." 이 여인은 돈이 많았습니다. 그래서 그 돈으로 자신의 병을 고칠 수 있다고 생각했습니다. 그래서 수많은 의사들을 만나보고, 로마 최고의 치유 요법도 받아 봤습니다. 할 수 있는 방법은 다 해봤습니다. 돈이면 다 된다고 생각한 것입니다. 그랬던 이 여인이 무슨 생각을 가지고 예수님께 나아왔습니까? "예수님의 옷만 만져도 구원 받겠다."는 것입니다. 무슨 뜻이죠? "인간적인 방법으로는 안 되는구나." 이것을 깨달았다는 것입니다.

하나님의 은혜가 언제 임합니까? 자신의 한계를 겸손하게 인정하고 주님의 은혜를 구할 때 임하는 것입니다. 인간적인 방법의 한계를 인정하고 주님께 나아올 때 하나님의 은혜가 임하는 것입니다. 사람은 자신의 한계를 인정하지 않는 습성을 가지고 있다는 것을 아십니까? 예전에 이런 일이 있었습니다. 제 스마트폰이 잘 작동되지 않았습니다. 그래서 잘 안 된다고 하니까, 저보다 실력이 없는 큰 딸이 "잠깐 줘 보세요." 하면서 몇 번 시도하더니, "안 되네." 그래요. 그러니까, 그 옆에 있는 작은 딸, "잠깐 줘 봐" 하면서 몇 번 시도합니다. 그러더니 "이거 완전 꾸졌네." 하면서 포기해요. 이 때 스마트 폰에 전문적인 지식이 전혀 없는 저희 집사람이 "어디 봐요" 하면서 스마트폰을 만집니다. 더 놀라운 것은 뭔지 아세요? 옆에 있는 6살짜리 여랑이, 이 꼬맹이가 "어디 봐요, 주세요." 하더라구요. 사람은 자기가 하면 될 것 같은 생각을 하며 삽니다. 방법을 바꾸면 된다고 믿습니다. 한계를 인정하지 않습니다.

유대인들은 율법을 100% 지킬 수 있다고 믿었습니다. 그리고 율법을 통해서 스스로 구원에 이룰 수 있다고 믿었습니다. 그런데 사람들이 율법을 제대로 지키지 못합니다. 그 뿐 아니라 오히려 율법이 하지 말라고 하는 것을 더 적극적으로 범하는 것입니다. 그러자 어떻게 되었습니까? 더 강력하게 율법을 지키자는 운동이 벌어졌습니다. 그래서 율법을 조금만 어겨도 공동체에서 추방하고 또 돌로 쳐 사형을 시키는 것입니다. 그들이 바로 바리새인들입니다. 그런데 어떻게 되었습니까? 그 바리새인들이 숨어서 더 많은 죄를 짓더라는 것입니다. 그럼에도 불구하고 유대인들은 지금도 율법을 지킬 수 있다고 주장합니다. 인간의 힘과 수행, 고행, 깨달음으로 구원받을 수 있다고 말합니다.

그런데 사도 바울은 뭐라고 했습니까? 하나님 앞에 인간의 한계를 인정하자는 것입니다. 인간 스스로의 힘으로 하나님의 거룩함에 도달할 수 없다는 것입니다. 구원받을 수 없다는 것입니다. 그래서 어떻게 하자는 것입니까? 하나님께서 주신 은혜의 방법을 받아들이자는 것입니다. 그것이 무엇입니까? 예수 그리스도의 십자가입니다. 오직 예수님을 믿음으로 믿는 자에게 주시는 하나님의 용서, 사랑, 구원을 받아 누리자는 것입니다.

우리는 어떻게 구원받을 수 있습니까? 스스로 거룩한 존재가 될 수 없고, 스스로 의로운 존재가 될 수 없다는 한계를 인정하고 예수 그리스도의 용서의 십자가 앞에 나아올 때 은혜가 임하는 것입니다. 우리나라 최고의 지성인요, 사회적 리더인 이어령 교수님을 보세요. 70평생 안티기독교로 살았던 분입니다. 그래서 잘 먹고 잘 살았습니다. 사람들에게 존경받았습니다. 사회적으로 성공했습니다. 그러니까, 이제 글을 써서 기독교인들을 훈계하고 가르치려고 했습니다. 사람이 그렇습니다. 하나님 없이 성공한 사람들은 교만해집니다. 그게 전부인 줄 압니다. 그런데 어느 날 자신이 가진 돈과 자신이 가진 명예가 죽어가는 딸을 살릴 수 없다는 사실을 발견합니다. 두 눈이 멀어서 비참한 인생을 사는 딸을 도울 수가 없었던 것입니다. 아무리 노력해도 자기 힘으로는 딸을 행복하게 만들 수가 없었습니다. 앞을 보지 못하는 딸의 눈을 뜨게 할 수도 없었습니다. 70평생 늘 성공적인 인생을 살았던 그가, 처음으로 천 길 낭떠러지에 떨어지는 듯한 한계를 경험했습니다. 그래서 어떻게 했습니까? 자신이 그렇게 비웃고 욕하던 교회에 나갔습니다. 그리고 더듬거리는 목소리로, 그러나 아주 간절한 목소리로 기도했습니다. "하나님, 우리 딸 좀 살려주십시오." 그러자 어떻게 되었습니까? 그 때 하나님의 은혜가 이어령 교수님에게 임하더라는 것입니다. 지금은 71세에 세례 받고 하나님을 위해서 일하는 믿음의 사람이 되었습니다. 어떻게 이런 변화가 일어났습니까? 한계를 경험했기 때문입니다. 그리고 그것을 인정하고 주님께 나아왔기 때문입니다.

한계를 경험할 때가 하나님께서 일하시고 축복하실 때임을 믿으시기 바랍니다. 내 삶에, 내 성격에, 내 인생에 한계를 경험하고 있다면, 그 때 하나님께서 나를 위해서 일하실 때라는 것을 믿고 주님 앞에 나아오시기 바랍니다. 그런 믿음의 사람이 하나님의 은혜를 누리게 되는 것입니다. 그러므로 우리의 한계는 축복의 시작인 것입니다. 그 한계를 인정하고 주 앞에 나아올 때, 내 안에 계신 성령께서 말씀하시고 다스리시고 절망을 희망으로 만들어 주시는 것입니다. 내 방법을 내려놓고, 겸손하게 자신의 한계를 하나님께 인정하시기 바랍니다. 그런 나를 긍휼히 여겨 주시고 은혜를 한량없이 부어주시는 주의 은혜를 누리시기를 주님의 이름으로 축원합니다.

2. 주님의 은혜를 붙잡으라

오늘 12년간 혈루증 앓던 여인은 의학적으로만 문제가 있었던 여인이 아닙니다. 이 여인은 율법적으로, 그리고 영적으로 심각한 상태에 있었던 것입니다.

레위기 15:19을 봅시다. "어떤 여인이 유출을 하되 그의 몸에 그의 유출이 피이면 이레 동안 불결하니 그를 만지는 자마다 저녁까지 부정할 것이요."

구약 율법에서 특별히 부정하다고 규정한 자들이 있습니다. 누구죠? 문둥병자, 죽은 사람이나 유출병 환자들입니다. 이 사람들은 부정한 사람들이기 때문에 마을에서 함께 살 수가 없습니다. 더욱이 함께 예배도 드릴 수가 없습니다. 그는 완전히 이방인처럼 여김을 받아야 합니다. 더 놀라운 것은 이 부정한 사람들과 접촉된 사람들도 역시 부정해진다는 것입니다. 그래서 유대인들은 문둥병자와 유출병자를 최고의 저주받은 사람으로 여겼습니다. 이들과는 상종하지도 않았습니다. 그리고 문둥병에 걸린 사람이나, 유출병자들도 자기 스스로 하나님께 죄를 지어서 저주받았다고 생각했습니다. 그래서 그들은 스스로 마을을 떠났습니다. 그리고 병을 치유하기 위해서 온 나라를 떠돌아 다녔던 것입니다.

그런데 오늘 혈루증에 걸린 여인이 바로 유출병입니다. 이 여인이 바로 율법적으로 본다면 저주받은 부정한 여인이었습니다. 그것도 12년간 부정한 여인이었습니다. 그러니까 유대인들은 그녀를 멀리하고 저주받은 여자라고 손가락질했습니다. 그리고 이 여인의 옷자락이라도 스치는 것도 부정하다고 여겨 이 여인을 멀리했던 것입니다.

그럼에도 오늘 혈루증 앓던 여인이 예수님에게 가서 예수님을 만졌다는 것입니다. 이건 당시 율법적으로 보면 있을 수가 없는 큰 충격적인 사건입니다. 이 여인도 그것을 잘 알고 있었습니다. 그러면 이 여인은 무슨 마음으로 예수님을 만졌을까요? 내가 저주받아 부정해졌으니까, 예수님도 부정하게 만들어야겠다는 마음으로 만졌을까요? 아닙니다. "주님의 은혜와 능력은 나 같은 자에게도 임하신다."는 믿음으로 나아갔다는 것입니다. 즉 하나님의 사랑과 은혜를 붙잡았다는 것입니다.

어떤 믿음의 사람이 결국 하나님의 은혜를 누리며 삽니까? 하나님의 사랑과 은혜를 붙잡고 사는 사람입니다. 나는 비록 부족하지만 구하고 찾는 자에게 반드시 복을 주시는 하나님을 믿는 것입니다. 저는 여러분이 새벽기도에 열정적인 사람이 되기를 바랍니다. 금요 기도회에 목숨을 거는 사람이 되기를 바랍니다. 여러분이 주님의 은혜를 열정적으로 구하는 만큼 주님도 여러분에게 열정을 내시어 관심을 가지시기 때문입니다.

신앙생활을 많이 하고 전심으로 순종하며 믿음으로 살아온 70-90대 어르신 분들에게 '어떤 찬양이 제일 좋습니까?' 하고 물으면 대부분이 이 찬송이라고 합니다. 305장 "나 같은 죄인 살리신 주 은혜의 놀라워 잃었던 생명 찾았고 광명을 얻었네." 왜 이 찬송이 제일 좋은 가요? "나 같이 가능성 없는 자를 그래도 품어주신 하나님의" 은혜를 고백하지 않을 수 없기 때문입니다.

한계를 경험하고 있습니까? 자신이 부족하게 느껴지십니까? 주님 앞에 나아와서 은혜를 붙잡고 부르짖으시기 바랍니다. 주님의 사랑을 붙잡고 새벽에 부르짖으시기 바랍니다. 주님의 능력을 믿고 금요기도회에 나오세요. 주님의 은혜를 사모하며 주일을 철저히 지켜 예배하시기 바랍니다. 그러면 매 시간마다 나 같은 죄인 살리신 주님의 은혜를 경험하는 역사가 일어날 것입니다. 이러한 믿음으로 사는 여러분 되시기를 축원합니다.

3. 기대하고 또 기대하라

오늘 본문에 보면 예수님께서 의도적으로 여인의 질병을 드러내시는 것을 보게 됩니다. 46을 보세요. "예수께서 이르시되 내게 손을 댄 자가 있도다 이는 내게서 능력이 나간 줄 앎이로다 하신대."

혈루증 여인이 믿음으로 예수님에게 손을 대었습니다. 그러자 어떻게 되었습니까? 그 질병이 완전히 치유되었습니다. 그렇게 끝났으면 좋을 것 같습니다. 여인도 자신의 부끄러운 질병을 드러내지 않고 조용히 집에 갔을 것입니다. 얼마나 좋습니까? 그런데 주님께서 가만히 두시지 않으셨습니다. "내게 손을 댄 사람이 있다. 그 사람이 치유 받았다." 큰 소리로 외치십니다. 베드로가 "주님 지금 수많은 군중이 예수님을 밀고 있습니다." 그럼에도 주님은 가시던 걸음을 멈추시고 여인을 바라보며 "내게 손을 댄 사람이 있다."고 하십니다. 그 때 이 여인이 얼마나 당황했겠습니까? 그러자 여인이 두려워 떨며, 자신이 손을 대었다고 말하고 자신에게 일어난 일을 많은 사람들에게 간증했습니다. 그러자 사람들이 웅성거립니다. 왜 그런가요? 그 여자가 바로 12년간 혈루증을 앓았던 여인이요, 그래서 마을 사람들이 왕따를 시키고 의도적으로 피했던 여인이었기 때문입니다. 여인의 치유 간증을 다 들은 예수님께서 뭐라고 선포하세요? "딸아, 네 믿음이 너를 구원하였으니 평안히 가라." 할렐루야! 이 여인을 뭐라고 부르십니까? "딸아"입니다. 무슨 뜻이죠? "예야, 12년 동안 가족과 이웃으로부터 쫓겨나 혼자 살았을 텐데, 얼마나 힘들었니? 이제부터는 너는 하나님의 딸이다. 이스라엘 공동체에 들어와도 된다. 네 믿음을 보니 너는 다른 이들보다 큰 자다."라고 하시는 것입니다.

만약 예수님께서 그냥 지나가셨다면 이 여인은 혈루증을 치유 받았음에도 불구하고 여전히 부정한 여인으로 여김을 받았을 것입니다. 그러나 이 사건을 통해서 어떻게 되었습니까? 오히려 사람들에게 인정받는 믿음의 사람, 기적의 사람이 되었다는 것입니다. 주님께서 직접 나서서 이 여인의 기를 살려 주신 것입니다. 그리고 높여주신 것입니다. 이와 같이 하나님은 은혜를 구하는 자에게 낮을 자를 높여 주시고 가난한 자를 부요케 하시는 은혜를 주시는 것입니다.

믿음이란 무엇입니까? '나를 위해 큰일을 행하실 하나님을 기대하는 것'입니다. 인간적인 계산법으로, 부정적인 마음으로 "안 된다. 할 수 없다. 그것은 불가능하다." 이렇게 말하는 사람은 절대로 하나님을 만날 수도 없고 하나님의 은혜를 누릴 수도 없는 것입니다. 신앙은 하나님을 기대하는 것입니다. 눈앞에 당장 불리한 일이 생기고 안 되는 일이 생겨도 그래도 끝까지 하나님을 믿고 기대하는 것입니다. 내 한계를 내려놓고 주님께 부르짖으면서 하나님을 기대할 때 하나님의 은혜를 누리게 되는 것입니다.

1848년에 목회자로 지원한 한 청년이 있었습니다. 그가 신체검사를 받을 때, 몸에 큰 병이 발견되었습니다. 담당의사는 그에게 "젊은이 이대로 목회하면 1년도 못되어서 죽을 것입니다. 몸이 매우 쇠약하고 몸에 이상이 있습니다. 그러니까, 목회를 포기하든 생명을 포기하든지 둘 중에 하나를 선택하십시오." 목회를 포기하지 않으면 생명의 위기가 온다는 것입니다. 하지만 그 청년은 목회를 계속했습니다. 오히려 순교한다는 각오로 나가서 복음을 전했습니다. 그리고 불우한 이웃을 위해 구제 사업을 했습니다. 무엇보다 그들에게 복음을 생명을 다해 전했습니다. 그런데 신기하게 죽지 않았습니다. 언제 죽을지도 모른다는 마음으로 하나님만 의지해서 살았는데 무려 84세까지 살았습니다. 그리고 놀라울 정도로 목회사역을 잘 감당하게 되었습니다. 이 청년이 바로 구세군의 창설자 윌리엄부스(William Booth)입니다. 그가 말년에 이렇게 고백했습니다. "젊었을 때 의사가 나를 버렸으므로 나도 의사를 버렸다. 그리고 전능하신 하나님만 믿고 주님만 기대하면서 살았다. 이 믿음이 나를 지켜 주었다."

믿음이란 바로 하나님의 선하심을 믿는 것입니다. 믿음의 사람은 끝까지 하나님을 기대합니다. 하나님께 꿈과 소망을 둡니다. 그래서 자신의 삶의 한계가 찾아 왔을 때 오히려 하나님을 더욱 의지함으로써 하나님께서 일하시는 기회로 만드는 사람입니다. 12년간 혈류증을 치유 받지 못한 여인, 아무리 해도 절망뿐이었던 인간 한계, 자기 방법의 한계를 경험한 여인이 예수님을 통해서 치유를 경험하고, 용서를 경험하고 구원의 은혜를 경험했습니다. 하나님의 은혜는 우리의 한계 속에 임하시는 것입니다. 인간 한계를 만날 때마다 자신의 한계를 겸손히 인정하고, 주의 은혜를 붙잡고 간구하시기 바랍니다. 그래서 여러분을 위해서 일하시는 하나님으로 늘 기대감이 충만하고, 소망이 충만하고, 기쁨과 감사가 충만한 인생 되시기를 주님의 이름으로 축원합니다. 아멘.

25장
흠있는 자를 부르시고 사용하시고 높이시는 하나님

눅 5:27-32

　신문을 보다가 국내 한 대기업의 직원 채용 공고를 보게 되었습니다. 거기에는 이렇게 되어 있었습니다. "대학졸업자, 4.5만점에 3.0이상, 외국어가능, 인적성 시험, 면접 후 최종합격 통보함."
　이게 무슨 말인지 아시겠습니까? 쓰임 받기 위해서는 일단 젊어야 한다는 것입니다. 또 학교 공부도 잘해야 한다고 합니다. 특히 인적성 시험을 본다고 하는데, 이 말은 성격도 아주 좋아야 쓰겠다는 것입니다. 분노하거나 욱하는 성격이 없어야 합니다. 모든 사람에게 항상 웃으면서 친절할 수 있어야 쓰임 받을 수 있습니다. 또 리더십도 있어야 합니다. 언변도 있어야 합니다. 위기 상황에 대처할 수 있는 능력도 있어야 쓰임 받을 수 있다는 것입니다.
　저는 이 대기업 입사 공고를 보면서 제 자신이 너무 초라하게 느껴졌습니다. 내 자신이 쓸모없는 사람처럼 느껴진 것입니다. 그런데 저는 복음 안에서 희망을 보게 되었습니다. 왜 그런가요? 오늘 본문을 보니까, 나이가 많아도 쓰임 받을 수 있다는 것입니다. 공부를 못해도 인정받지 못해도 쓰임 받을 수 있다는 것입니다. 욱하는 성격이 있고 세상적으로 타락한 사람이라고 해도 쓰임 받을 수 있다는 것입니다. 리더십이 없어도, 탁월한 능력이 없어도, 심지어 남들에게 손가락질을 당해도 놀랍게 쓰임 받을 수 있다는 것입니다.

그 대표적인 사건이 바로 오늘 본문입니다. 오늘 예수님께서 부르신 레위의 본명은 마태입니다. 그의 직업은 로마를 대신해서 세금을 징수하는 세무공무원이었습니다. 사람들은 이들을 세리라고 불렀습니다. 당시 세리들은 과도한 세금을 징수해서 착복했습니다. 그리고 이스라엘을 억압하는 로마를 위해서 일했습니다. 그들은 율법을 지키지도 않았습니다. 그래서 유대인들은 세리를 더러운 죄인이라고 여겼습니다. 그런 죄인은 절대로 하나님의 축복을 받을 수 없다고 확신했습니다. 하나님은 절대로 그런 사람을 사용하시지 않는다고 믿었습니다. 그런데 어떤 일이 벌어졌습니까? 그 흠 많은 세리를 예수님이 제자로, 위대한 사도 부르신 것입니다.

참된 믿음이란 세상의 기준을 버리고 하나님의 기준으로 사는 것입니다. 그런데 오늘날 얼마나 많은 그리스도인들이 세상의 기준으로 사는지 모르겠습니다. '난 성격이 이렇게 모가난 사람인데 그래도 하나님의 축복을 받을 수 있을까?', '난 이렇게 배우지도 못하고 나이도 많은데 하나님께서 사용하실까?', '난 큰 믿음도 없는 사람인데 하나님께서 기적을 베풀어주실까?' 이렇게 생각합니다. 여기에 영적인 문제가 있습니다. 그것이 무엇입니까? 이것이 세상적인 기준이라는 것입니다. 하나님은 세상의 기준으로 역사하시지 않습니다. 하나님은 세상의 생각과 기준을 뛰어 넘으시는 분이십니다. 그러므로 우리는 세상의 기준이 아니라, 하나님의 기준으로 자신을 하나님 앞에 세워야 하는 것입니다. 그러면 한 영혼을 부르시고 축복하시는 하나님의 기준은 무엇입니까?

1. 하나님은 흠있는 자도 부르신다.

본문 27절을 보십시오.
"그 후에 예수께서 나가서 레위라 하는 세리가 세관에 앉아 있는 것을 보시고 나를 따르라 하시니."

무슨 말입니까? 유대인들이 가장 싫어하는 일을 하고 있을 때, 세관에서 돈을 착복하고 있을 바고 그 순간에 예수님이 마태를 제자로 부르셨다는 것입니다. 많은 사람들이 생각하기를 하나님은 거룩한 사람, 죄 없는 사람, 능력 있는 사람, 영성이 넘치는 사람들만 사용하실 것이라고 생각합니다. 그러나 성경은 뭐라고 합니까? 하나님은 부족하고 흠 많고 부끄러운 사람도 부르시고 사용하신다는 것입니다.

정말 그럴까요? 하나님이 쓰신 사람들을 생각해 보십시오. 야곱을 생각해 보세요. 그는 부모까지 속인 사기꾼이었습니다. 노아는 술주정꾼이었습니다. 하나님의 사람 모세는 말더듬이었습니다. 다윗은 불륜을 저지른 사람이었습니다. 요나는 불순종해서 하나님을 버리고 도망갔던 사람이었습니다. 기드온 겁쟁이였습니다. 도마는 의심의 사람이었습니다. 사라는 하나님을 비웃고 조급증에 걸린 여인이었습니다. 베드로는 다혈질의 욱하는 사람이었습니다. 미리암은 험담쟁이였습니다. 엘리야 선지자는 우울증에 걸린 사람이었습니다. 사도 바울은 살인자였습니다. 사마리아 여인은 5번이나 이혼한 여인이었습니다. 그리고 엘리사 선지자는 대머리였습니다. 조용기 목사님도 대머리였습니다. 그리고 더 놀라운 것은 우리노회 노회장 목사님도 대머리이시더라는 것입니다. 그럼에도 하나님께서 이들을 불러서 복음을 전하고 하나님 나라를 위해 일하도록 부르시니 얼마나 감사한지 모릅니다.

성경이 분명하게 증거하고 있는 것이 무엇입니까? 하나님은 흠있는 자도 사용하신다는 것입니다. 하나님께서 모세를 부르셨을 때에 모세의 나이는 80세였습니다. 보통 그 정도의 나이라면 이제 사회에서 한 자리하고 은퇴하여 편안하게 노후를 보내고 있을 나이입니다. 그러나 그는 초라한 목동에 불과했습니다. 그리고 말도 심하게 더듬었습니다. 그럼에도 하나님께서 모세를 부르시고 모세를 이스라엘의 지도자로 세우십니다. "내 백성 이스라엘을 이집트 왕 바로의 손에서 구원하라"는 사명을 주셨습니다. 그리고 이집트 땅으로 가서 노예로 고통당하고 있는 이스라엘을 이끌어 내라고 하십니다. 그 때 모세가 뭐라고 합니까? 갈 수 없다는 것입니다. 왜 그런가요? 자기는 말을 잘 못하기 때문이라는 것입니다. 하나님께서 직접 모세에게 나타나셨습니다. 얼마나 놀라운 일입니까? 기적을 경험한 것입니다. 이런 놀라운 일을 경험하면 모든 사람들이 그 자리에서 하나님을 찬양하고 '아멘' 하고 순종했을 것입니다. 그런데 모세는 자신은 말더듬이라 자신이 없다고 고백합니다. 왜 그랬을까요? 모세는 늘 자신을 스스로 자책한 것입니다. '나는 늙어서 이제 끝났다. 내가 좀 더 젊었다면 모르지만 지금은 쓰임 받을 수 없다. 나는 말을 더듬기 때문에 사람들을 설득하지 못한다. 오히려 놀림만 당하고 만다. 어떻게 나 같은 사람이 하나님을 위해서 쓰임 받을 수 있겠는가? 나는 흠있는 사람이다.' 아마 이런 생각을 하면서 양을 쳤을지 모릅니다. 그런데 하나님은 그를 부르신 것입니다.

오늘날도 모세와 같은 사람이 얼마나 많습니까? "나는 욱하는 성격 때문에 하나님께서 축복하시지 않을 거다. 나는 모가 난 사람이기 때문에 사람들이 나를 은근히 싫어할 것이다. 나는 배우지 못했기 때문에 인정받지 못할 것이다. 나는 죄가 많은 사람이기 때문에 하나님이 높여 주시지 않을 것이다." 그러나 그렇지 않습니다. 그럼에도 불구하고 부르시고 사용하시고 세우신다는 것입니다. 하나님은 다혈질의 사람을 부르셔서 위대한 사도와 선지자로 세우시는 분이며, 약한 사람, 부족한 사람, 세상이 손가락질하는 사람을 부르셔서 박수 받는 인생으로 사용하시고 세우시는 것입니다. 믿음이 약한 사람도 쓰임 받을 수 있는 것입니다. '겨자씨' 만큼의 믿음만 있어도 쓰임 받는다는 것입니다. 그러므로 이제 우리는 자신의 흠이나 부족한 점을 보고 낙심하거나 믿음의 후퇴를 하지 말아야 하는 것입니다. 흠있는 사람도 하나님께 붙들리면 놀라운 인생이 되고, 놀랍게 쓰임 받을 수가 있습니다. 영적인 자신감을 회복하시기 바랍니다. 나도 할 수 있다 나도 쓰임 받을 수 있다는 믿음으로 전진하시기 바랍니다. 이 믿음으로 주님 앞에 나아가면 낮은 자를 높이시고 부족한 자를 능하게 하시는 하나님을 경험하게 되는 것입니다. 이 믿음으로 승리하시기를 주님의 이름으로 축원합니다.

2. 하나님은 단점들보다 한 가지 장점을 보신다.

세상 사람들은 사람을 평가할 때 이렇게 말합니다. "저 사람은 다 좋은데, 성격이 문제야. 저 사람은 다 좋은데 집안이 문제야, 저 사람은 다 좋은데 키가 좀 작아."

그러나 하나님은 어떻게 하시는지 아세요? "아브라함은 나이가 많고 늙고 의심이 많을지라도 그의 순종이 얼마나 보석같이 놀라운가?, 베드로는 다혈질이며 실수가 많지만 그래도 따라 다니는 것만큼은 잘하니 얼마나 귀한가?" 이렇게 말씀하신다는 것입니다.

오늘 세리인 마태도 보세요. 그는 죄인이고 사람들에게 손가락질을 당하는 사람이었습니다. 남들을 속이는 사람이었으며, 조국을 버리고 로마를 택한 사람이었습니다. 남들에게 자비를 베풀지 않는 이기적인 사람이었습니다. 그래서 유대인들은 그를 보면서 머리를 흔들었습니다. 마태의 친구는 술집에서 만난 친구였으며, 오직 자신만을 위해서 즐기는 인생이었습니다. 너무나도 흠이 많은 사람이었습니다. 그러나 마태에게는 놀라운 장점이 있었습니다. 그것이 뭡니까? 기록을 잘하는 것입니다. 세관에서 일을 잘하려면 계산도 잘해야 하고, 기록도 정확해야 합니다. 사람들에게 손가락질 당한 그 마태가 어떻게 쓰임 받았습니까? 신약 성경의 첫 번째 복음서인 마태복음을 기록한 위대한 사도로 쓰임 받은 것입니다. 아주 작은 장점이지만 하나님은 그것을 붙드셔서 놀랍게 마태를 사용하신 것입니다. 하나님은 흠있는 자도 사용하시며, 그가 가진 장점을 크게 만들어 주시는 분이심을 믿으시기 바랍니다.

제가 젊어서 중학생 과외 지도를 한 적이 있습니다. 중학교 2학년 남자 아이였는데, 정말 문제가 많은 아이였습니다. 수업시간에 온 마음과 정성을 다 바쳐 집중하지 않는 아이였습니다. 또한 최소한의 숙제를 내 주어도 사명감을 가지고 숙제를 하지 않은 아이였습니다. 머릿속에는 날마다 노는 생각만 가득 차 있었고, 시간만 나면 만화를 읽는 아이였습니다. 공부와는 전혀 거리가 먼 불가능한 아이였습니다. 그런데 더 충격적인 것은 무엇인지 아십니까? 제 눈에는 문제만 보이는데, 그 아이의 엄마가 뭐라고 했는지 아십니까? "선생님, 우리 아이가 만화책을 쉬지도 않고 4시간을 읽었어요. 정말 집중력이 대단하죠? 우리 아이는 동기 부여만 되면 정말 공부 잘할 아이에요."

저는 그 때, 선생님과 어머니는 질적으로 다르다는 것을 깨달았습니다. 선생님은 못하는 것만 보이는데, 어머니의 눈에는 그런 것은 하나도 보이지 않고 아주 작은 장점 하나를 태산처럼 크게 본다는 것입니다.

하나님이 여러분을 보실 때 그렇게 보시는 것입니다. 여러분이 실수해서 스스로를 자책할 수 있습니다. 겉으로는 태연한 듯이 살지만 속으로는 '나는 부족하다. 나는 문제가 많다.'고 생각하면서 하나님께 쓰임 받을 수 없을 것이라고 생각할지도 모릅니다. 그렇지 않습니다. 하나님은 여러분이 생각하지도 못한 곳에서 여러분의 장점을 발견하시고, 여러분의 그 모든 흠을 덮어 버리시는 것입니다. 더 놀라운 것은 하나님은 지금 이 순간에도 여러분을 보시며 여러분에게 있는 놀라운 장점을 세고 계시다는 것입니다. "저, 김 집사 봐라. 지금 교회에 나와 예배하고 있다. 얼마나 귀한가? 저 아무개 권사 봐라. 육신이 아프고 힘든데도 어제 새 가족 준비한다고 전심으로 섬겼다. 저 박 아무개를 봐라. 교회 식구들에게 웃는 얼굴로 인사하고 있다. 얼마나 아름다운가?" 이렇게 여러분의 장점을 세고 계시는 것입니다. 이것 하나만 있어도 하나님은 여러분을 사용하시고 축복하시는 것입니다.

청년들과 함께 러시아로 단기선교를 갔습니다. 어떤 청년은 꼼꼼하게 일을 잘합니다. 어떤 청년은 운동도 잘하고 무거운 것도 잘 듭니다. 힘이 셉니다. 그런데 어떤 청년은 소심해서 아무것도 하지 못하는 청년이 있었습니다. '오히려 선교팀에 짐이 되는 것은 아닐까?' 그러면서 출발 전에 많은 분들이 그 청년을 걱정했습니다. 러시아에 갔습니다. 주 타깃이 원래 청소년 선교였는데, 청소년은 거의 안 오고 어린 7-8살 아이들이 많이 왔습니다. 그런데 이 아이들이 성경학교 시작 2시간 전에 오는 것입니다. 일 잘하는 청년은 성경학교 준비한다고 시간이 없어 아이들과 놀아주지 못합니다. 힘세고 운동 잘하는 청년들은 아이들이 무서워합니다. 놀라운 것은 그 소심한 청년이 아이들 하고 잘 맞는 것입니다. 이 소심한 청년, 사람들에게 걱정거리가 되었던 그 청년 때문에 아이들이 얼마나 좋아하고 교회에 잘 나왔는지 모릅니다. 천 가지 흠이 있어도 하나님은 여러분의 작은 헌신과 믿음과 장점을 보시고 여러분을 사용하시는 것입니다. 여러분도 쓰임 받을 수 있습니다. 여러분도 축복의 주인공이 될 수 있습니다. 하나님께서 부르실 때, 아멘으로 순종하며 달려가시기 바랍니다. 그래서 나를 사용하시는 주님의 사랑과 은혜에 감격하는 인생 되시기를 축원합니다.

3. 하나님은 사람의 고소에 흔들리지 않으신다.

오늘 본문 30-31절을 보세요. "바리새인과 그들의 서기관들이 그 제자들을 비방하여 이르되 너희가 어찌하여 세리와 죄인과 함께 먹고 마시느냐 예수께서 대답하여 이르시되 건강한 자에게는 의사가 쓸 데 없고 병든 자에게라야 쓸 데 있나니."

예수님이 마태를 부르시고 그와 함께 기쁨의 잔치에 참여 하셨습니다. 그러자 바리새인들이 들고 일어났습니다. '왜 저런 더러운 죄인에게 그런 축복을 주느냐'는 것입니다. 그 때 예수님께서 어떻게 하셨습니까? 그들의 소리에 흔들리지 아니하시고, 마태의 편에서 마태를 옹호하여 주셨습니다. 우리 하나님은 우리를 고소하는 마귀의 소리에 절대로 흔들리지 않으시는 분이심을 믿으시기 바랍니다. 마귀는 늘 우리의 양심에 찾아 와서 우리를 흔듭니다. "너 같은 놈이 집사냐? 너 같은 인간이 목사냐? 너는 너무나도 부끄러운 인생을 살지 않았느냐? 너에게 거룩한 믿음의 행실이 어디에 있느냐? 너는 기도도 못하고 너는 헌신도 못하지 않느냐? 너는 축복 받을 자격이 없다. 스스로 인정하고 포기하라. 양심의 소리에 귀를 기울여라!" 이렇게 말합니다. 그리고 또 하나님을 찾아가서 그 앞에서 우리의 행실 하나하나에 시비를 걸고 하나님께 고소합니다. 그 때 하나님은 어떻게 하실까요? 마귀의 고소에 흔들리실까요? 절대로 그렇지 않습니다. 오히려 하나님은 우리 편에 서서 우리를 변호하시는 것입니다. 그리고 악한 마귀를 심판하시는 것입니다. 그러므로 우리는 자신이 부족해 보이고 초라해 보일 때마다 "그럼에도 불구하고 하나님께서 나를 격려하시고 세우신다."고 선포하면서 믿음으로 전진해야 하는 것입니다. 우리는 십자가의 은혜로 구원받은 하나님의 백성입니다.

찬송가 493장 2-3절 후반절에 뭐라고 합니까? "예수 보배로운 피

모든 것을 이기니 예수 공로 의지하여 항상 이기리로다. 나는 부족하여도 영접하실 터이니 영광 나라 계신 임금 우리 구주 예수라." 할렐루야!

사람들은 사도 바울을 향해서 글을 잘 쓰지만 말은 아주 어눌하고 능력이 없는 사람이라고 비판했습니다. 어떤 사람들은 바울을 향하여 그는 사도가 아니기 때문에 그에게 헌금할 필요가 없다고까지 말했습니다. 그러나 어떻습니까? 하나님은 그런 비판에도 불구하고 사도 바울을 사용하셔서, 가장 위대한 사도로 세우신 것 아닙니까?

사람들은 전도자 무디 선생님의 학력을 가지고 비판했습니다. 초등학교도 제대로 나오지 못한 사람이 어떻게 하나님의 말씀을 가르칠 수 있느냐는 것입니다. 또 어떤 사람은 무디 선생님의 문법 실력을 놓고 비판했습니다. 배우지를 못해서 영어 문법이 엉망이라는 것입니다. 또 어떤 신문 기자는 자기만 아는 교만한 사람이라고 강하게 비판했습니다. 그러나 하나님은 그런 비판에도 불구하고 무디 선생님을 사용하셔서, 타락한 미국을 건지는 부흥의 도구로 미국의 영적 부흥을 이루어 내셨다는 것입니다.

하나님은 악한 마귀나 사람의 비판을 보고 우리를 평가하시지 않습니다. 하나님은 한번 부르신 사람을 향해서 끝까지 함께 하시고, 책임지시고, 세워주십니다. 그러므로 여러분도 사람들의 비판에 흔들리지 말아야 합니다. 하나님은 흠있는 자를 부르시고, 놀랍게 사용하시며, 크게 세워주십니다. 아무리 흠이 있어도 쓰임 받을 수 있습니다. 예수님은 죄인을 구원하기 위해 오셨고, 부족한 자를 하나님의 사람으로 세우기 위해 오셨습니다.

흠있는 자도 하나님 나라를 위해 놀랍게 쓰임 받을 수 있습니다.

이 믿음으로 승리하시기를 축원합니다.

지금 제 손에 있는 것이 뭔지 아십니까? 골프공입니다. 이 골프공은 표면에 울퉁불퉁한 홈들이 파여져 있습니다. 무려 492개의 홈이 파여져 있습니다. 왜 이렇게 만들었을까요? 원래 골프공은 맨들맨들하게 만들어졌습니다. 그런데 학자들이 연구를 해 본 결과 공에 이런 작은 홈들을 파 놓으면 공이 공기의 저항을 이겨내고 훨씬 더 멀리 날아간다는 것을 알아 낸 것입니다. 그래서 더 멀리, 그리고 똑바로 날아가게 하려고 홈을 파 놓은 것입니다.

여러분의 인생에 492개의 흠집이 있습니까? 남들에게 말하기 부끄러운 흠이 있고, 지금도 아파하는 내 삶의 단점과 약점들이 있습니까? 하나님은 그 홈들을 사용하셔서 여러분의 인생이 남들보다 더 멀리 날아가고, 더 똑바로 날아가도록 이끌어 주실 것입니다. 마귀가 아무리 여러분의 인생의 표면을 보고 흠을 지적하고 욕할지라도, 하나님은 여러분의 흠을 사용하셔서 더 멀리 날아가는 인생으로 만들어 주시는 것입니다. 나는 부족하여도 높이 세워주시는 은혜의 하나님, 자비의 하나님이심을 믿으십시오. 그리고 하나님께서 부르실 때 나도 쓰임 받을 수 있다는 확신으로 아멘하고 따라 가십시오. 그래서 그 어떤 사람보다 더 멀리 날아가는 축복의 인생 되시기를 주님의 이름으로 축원합니다. 아멘.